BASTEI
LÜBBE

Von Justus Pfaue sind außerdem erschienen:

11183 Die Wicherts von nebenan, Band 1
11217 Teufels Großmutter
11263 Die Wicherts von nebenan, Band 2
50001 Oliver Maass

JUSTUS PFAUE

Anna

BASTEI
LÜBBE

BASTEI-LÜBBE-TASCHENBUCH
Band 11 400

Lizenzausgabe: Gustav Lübbe Verlag GmbH, Bergisch Gladbach
Printed in West Germany, Februar 1989
Einbandgestaltung: Manfred Peters
Titelfoto: ZDF
Satz: Ebner Ulm
Druck und Bindung: Ebner Ulm
ISBN 3-404-11400-0

Der Preis dieses Bandes versteht sich einschließlich
der gesetzlichen Mehrwertsteuer

»Philipp!«

Philipp Pelzer drehte sich ohne Eile um und sah zu dem blauen Pritschenwagen hin, der mit laufendem Motor im Gang des Parkhauses stand. Er war nicht begeistert davon, Ute, seine Mutter, am Steuer ihres Lieferwagens zu sehen.

Ute winkte ihm energisch und rief: »Mach schon! Steig ein!«

Philipp fertigte schnell seine letzte Kundin ab: »Zwei Mark fünfzig langt, Firma Philipp dankt!« sagte er einen seiner Sprüche auf. Dann rannte er um den Bus herum auf die Fahrerseite zu seiner Mutter.

»Ich hab' erst das Geld für zwei Fahrstunden verdient«, maulte er und sah sie trotzig an.

Philipp war fast achtzehn Jahre alt und in der Schule eher unauffällig. Vor kurzem hatte er zwei Neigungen entdeckt, die die Familie mit großer Gelassenheit über sich ergehen ließ: Philipp liebte Sprüche, und er hatte beschlossen, seinen Führerschein zu machen. Denn, erst mit dem in der Tasche, meinte er, sei er wirklich ein Mann. Fotos und den Antrag hatte er schon abgegeben und dabei vergnügt bemerkt: »Erst am Steuer wirkste teuer.«

Jetzt stand er vor dem blauen Lieferwagen und war gekränkt, weil ihm seine Mutter die Aussicht auf die dritte Fahrstunde verdorben hatte. Aber es kam noch schlimmer.

Ute Pelzer zeigte unmißverständlich auf die Einfahrt

des Parkhauses, wobei die modischen Armreifen an ihrem Arm klimperten, und sagte: »Dein selbsterfundener Job hier gefällt mir ü-ber-haupt nicht!«

Immer, wenn Ute ernsthaft böse wurde, betonte sie jede einzelne Silbe. Das hatte sie von ihrer Mutter geerbt. »Wenn sie dich erwischen, bekommst du deinen Führerschein nie!«

Damit hatte sie recht. Ihr Sohn fuhr im Parkhaus die Wägen von Kunden, die in der Dunkelheit und zwischen den Betonwänden der engen Rampen ins Schwitzen kamen, an freie Stellplätze.

»Damit verdiene ich Trinkgeld und bekomme Fahrpraxis«, sagte er.

»Ohne Führerschein«, sagte Ute. »Und jetzt rein mit dir! Anna wartet schon!«

Philipp versuchte es mit simpler Erpressung. »Nur, wenn du mich fahren läßt.«

Jetzt wurde Ute richtig böse. »Mach erst deinen Führerschein! Und wenn ich dann den Wagen nicht brauche, kannst du ihn fahren. Vorher auf gar keinen Fall! Und damit wir uns nicht falsch verstehen: Ich gehe davon aus, daß du die Pritsche auch nicht heimlich fährst!«

Schmollend stieg er ein: »Der Vater wollte Anna abholen . . .«

»Schnall dich an! Papa sitzt in der Dienststelle des Landesdenkmalpflegers fest! Sonst noch Fragen?«

Philipp war jetzt auch ärgerlich. Kurz angebunden sagte er: »Nein.«

Die Fahrt verlief in finsterem Schweigen. Ute, die Realistin in der Familie, kochte innerlich vor Zorn über ihren Sohn.

»Kaum zu fassen, daß er mein Kind ist«, dachte sie. »Er muß das von Stefan haben.«

Stefan Pelzer ... Vor knapp 20 Jahren hatte sie ihn auf der Kunstschule kennengelernt und geheiratet. Und sie hatte es bis heute nicht bereut. Sie lächelte ein wenig in sich hinein und dachte an den Anfang ihrer Ehe.

Erst nach der Hochzeit hatte Ute ihre Begabungen so richtig entfaltet. Sie töpferte, und sie schweißte Eisenschrott zu modernen Skulpturen zusammen. Das Kunsthandwerk machte sie glücklich, und Stefan bewunderte ihre Arbeit.

Dann wurde die Künstlerin ohne besonderen Aufwand Mutter: Erst kam Philipp, und fünf Jahre später folgte Anna. Eine ganze Weile sagten Stefan und Ute zueinander »Papi« und »Mami«, aber das gab sich dann.

Und wegen Anna hatten sie auch ihr erstes Zerwürfnis. Nachdem Ute auch für die Kleine die Sachen für den ersten Schultag gekauft hatte, hatte sie ihren Stefan angesehen und gesagt: »Du kannst es drehen und wenden, wie du willst ..., aber das Geld langt hinten und vorne nicht.« Er hatte sie angelächelt und seinen Lieblingsspruch gesagt: »Wird schon reichen. Es hat immer gereicht. Mehr als ein Kotelett kann keiner essen.«

Sie hatte tagelang gegrübelt, wie sie ihren weltfremden Mann zu mehr Aktivität bringen konnte, und dann war sie auf die Idee gekommen, selbst etwas zu tun.

Ihre finanzielle Lage hatte sich aber erst gebessert, als sie eines Nachts, kurz nach dem Tod ihrer Mutter, aus dem Schlaf hochgeschreckt war und die Idee hatte, die das Leben der Pelzers veränderte.

Sie hatte Stefan wachgerüttelt und gefragt: »Weißt du, was der Blumenschmuck auf Omas Sarg und der Kranz gekostet haben?«

»Wenn du so fragst, war er bestimmt teuer«, brummelte Stefan schläfrig.

»So meine ich das nicht!« Ute war enttäuscht und erklärte: »Daran ist was zu verdienen! Verstehst du das?«

»An Beerdigungen?« Jetzt war Stefan entsetzt und mit einem Schlag hellwach.

»Zum Beispiel. Und an Geburten und Taufen und Geburtstagen und Konfirmationen . . .«

Stefan war auch nicht auf den Kopf gefallen. Er hatte Utes Idee begriffen und dachte selbst weiter: »Verlobungen, Hochzeiten . . ., und die Leute kaufen ja auch sonst zu jeder Gelegenheit Blumen. Meinst du denn, daß Omas Geld langt?«

»Leicht«, sagte Ute und weinte ein bißchen bei dem Gedanken, wie lange Oma daran gespart haben mochte.

Das Blumengeschäft, das ihnen nach einer langen Suche durch die ganze Stadt dann schließlich doch von einem Makler vermittelt worden war, mauserte sich unter Utes tatkräftiger Leitung tatsächlich bald zu einem gesunden Unternehmen, und mit der Familie ging es spürbar finanziell aufwärts.

Ja, und ausgerechnet sie mußte einen Sohn haben, der den Realitäten des Lebens völlig ahnungslos gegenüberstand.

Ute seufzte, als sie vor der Ballettschule hielt und nun ihre Tochter auf sich zukommen sah. Und dabei bemerkte sie zum erstenmal ganz bewußt, wie grazil Anna auf den Pritschenwagen zuschritt.

Als Stefan Pelzer am Abend von seiner Dienststelle nach Hause kam, wollte er sofort in Annas Zimmer gehen, um den allabendlichen Gutenachtkuß einzuheimsen.

Er hatte schon die Hand an der Klinke, da rief Ute: »Sie schläft schon.«

Stefan zögerte kurz. Er war runde 40 Jahre alt, trug einen erstklassig gebürsteten Schnurrbart und war von Beruf Restaurator. Er liebte seinen Beruf, konnte sich bei seiner so vielfältigen Arbeit entfalten: Je nach Auftrag war er Maler, Bildhauer, Stukkateur, Maurer, Tischler oder Vergolder, wenn er etwas reparierte, das im Laufe der Jahre und Jahrhunderte Schaden gelitten hatte. Und er war nicht nur irgendein Restaurator, sondern einer mit gutem Auge, Fingerspitzengefühl und Phantasie. Deshalb sagte der Oberlandesdenkmalpfleger hin und wieder: »Sie sind mein bestes Pferd im Stall«, denn reparierte Stefan Pelzer Denkmäler, Reliefs, Skulpturen, Ornamente und Bemalungen, so war auch auf den zweiten und dritten Blick nichts von seiner Arbeit zu sehen.

Stefan legte ein Ohr an die Tür zum Zimmer seiner Tochter. Was er hörte, machte ihn froh, denn er war einer jener Väter, die unbelehrbar daran glaubten, daß Töchter ohne väterliche Küsse nicht gut schlafen. Auch wenn sie schon dreizehn sind.

Anna schlief noch nicht. Sie hatte einen kräftigen Schluckauf, was ihm leid tat. So schlich er ins Zimmer und fragte leise: »Du schläfst noch nicht?«

»Hicks!« antwortete sie. »Ich hab' zuviel Spaghetti gegessen.«

Er grinste und setzte sich auf den Bettrand. »Sind denn Nudeln für eine angehende Primaballerina die richtige Nahrung? Ich denke, du wolltest bloß von Salat und Obst leben, Anna Pelzer.«

»Hicks, Papa, manchmal bist du richtig albern. Erzähl mal, was du heute gemacht hast. Wie war's denn?«

Es tat ihm gut, daß sie sich um ihn Gedanken machte, daß sie Interesse an ihm zeigte. Aber sollte er ihr mit

Fachbegriffen auseinandersetzen, daß er mit der Pinzette stundenlang fünf verschiedene Farb- und Schmutzschichten vom Holz einer dreihundertjährigen Madonnenstatue abgetragen hatte, um die ursprüngliche Tönung freizulegen? Das langweilte sie sicher. Also sagte er nur: »Manche Tage sind ganz unbedeutend. Ich hab' nur geschwatzt und ein wenig getan.«

Sie schien sich mit dieser Antwort abzufinden und kam auf ihre eigenen Probleme zu sprechen: »Du, hicks, Frau Breuer glaubt, daß ich eitel und ehrgeizig bin und unbedingt die Hauptrolle tanzen will in dem Ballett, das sie mit uns einstudiert. Hicks. Wie findest du das?«

»›Frau Breuer glaubt . . .‹, auf dich kommt es an«, tadelte er. »Willst du, oder willst du nicht? Und was ist das überhaupt für ein Ballett?«

»›Die Puppenfee‹, eine Ballettpantomime in einem Akt. Für Weihnachten. Und Frau Breuer hat gesagt, daß ich es könnte und daß meine Linie wundervoll sei. Sie meint, ich hätte das Zeug zur klassischen Tänzerin.«

Stefan war in diesem Moment sehr stolz auf seine Tochter und mußte sich selbst bremsen, um das nicht zu zeigen. Deshalb fragte er nur: »Und wie beurteilst du deine Leistungen?«

»Ich denke, Elke ist besser – auch ihr Adagio.«

»Ihr was?« Stefan wußte zwar, wie seine Tochter beim »Pas du bourrée dessus – dessous« oder beim »Jeté en tournant par terre« die Füße setzte und die Arme hielt, aber ein »Adagio« war ihm neu.

»Der weibliche Charme im ›Pas de deux‹.« Ihre Stimme klang belehrend und altklug.

»Also, Charme hast du auch!« Stefan war sich seines Urteils hundertprozentig sicher. Seine Tochter war für ihn der personifizierte Charme.

Anna rückte nah an ihn heran und überlegte lange, ehe sie fragte: »Meinst du, daß ich über Nacht, hicks, ehrgeizig werden kann?«

»Über Nacht? Nein, sicher nicht. Aber ich würde mich freuen, wenn du Erfolg hättest.«

Etwas Ehrgeiz machte sich bei Anna nun doch bemerkbar. »Papa – du siehst natürlich zu, wenn es soweit ist, oder?«

»Klar!« antwortete er, gerührt darüber, daß sie ihn dabeihaben wollte.

Anna nutzte die Chance, weil sie merkte, daß ihr Vater ganz hingerissen war: »Und morgen nach der Probe holst *du* mich ab! Hicks! Diesmal aber wirklich.«

»Ich versuche es«, schränkte er ein, weil er ihr eine mögliche Enttäuschung ersparen wollte. »In meinem Beruf kann ich nicht sofort alles aus der Hand fallen lassen, wenn es mir paßt.«

»Hicks!« sagte Anna diplomatisch.

Er gab ihr einen schmatzenden Kuß und stand auf. »Soll ich dir ein Glas Wasser bringen? Sieben Schluck und der Schluckauf ist weg.«

Doch Anna schüttelte den Kopf. »Wer zuviel ißt, muß eben leiden.«

»Dann versuche wenigstens, eine halbe Minute lang den Atem anzuhalten – dann geht er vielleicht auch weg.« Von der Tür her sagte Stefan noch: »Gute Nacht, Anna Pelzer.«

Er war mit dem Tagesausklang hoch zufrieden. Seine Tochter, was für ein Mädchen ... eine Tänzerin ..., eine Primaballerina vielleicht sogar ... Das hatte keiner vorausgesehen an dem Nachmittag, an dem sie alle im Garten von Oma, Utes Mutter, gesessen hatten: Anna und Philipp waren durch den Garten getollt, und plötzlich hatte Oma gesagt: »Anna latscht richtig! Ihr müßt mal etwas für sie tun.«

Besorgt hatte Stefan auf die Beine von Anna gesehen und erleichtert gesagt: »Plattfüße hat sie aber nicht.«

»Sage ich das?« Oma hatte tief Luft geholt und erklärt: »Das Mädel läuft nicht gra-zi-ös!« Da war jede Silbe betont – Oma meinte es also sehr ernst: »In meiner Jugend nahmen Mädchen Ballettstunden! Das war gut für ihren Gang und für ihre Haltung!«

Stefan hatte das Gespräch schnell vergessen. Ute hingegen hatte sich nach Ballettschulen und nach den Preisen für Unterricht, Spitzentanzschuhen und Trainingskleidung erkundigt. Denn natürlich wünschte sie sich eine graziöse Anna, immerhin war Ute die Tochter ihrer Mutter.

Unter dem Strich stand dann aber eine Summe, die vom Familienetat nicht verkraftet werden konnte. Ute hatte das ihrem Stefan schonend mitgeteilt.

Seine Antwort hatte aber genau am Problem vorbeigezielt: »Dann soll Oma das doch bezahlen. Sie hat dich ja auch auf den Gedanken gebracht.«

Ute hatte daraufhin nur ein einziges Wort gesagt: »Ach!«

Nun hatte Stefan geahnt, daß er ihr aus irgendeinem Grund in diesem Fall nicht gewachsen war, und hatte eine Erklärung verlangt: »Was heißt ›Ach‹?«

»Ich meine ..., dir macht es nichts aus, wenn deine Tochter wie ein Trampel geht?« hatte Ute hinterhältig gefragt.

»Also – mir ist noch nie aufgefallen, daß Anna latscht, wie Oma sagt. Anna läuft ganz normal ..., nicht anders als ich.«

Genau darauf hatte Ute gewartet. Jetzt spielte sie

ihren Trumpf aus: »Ja, und du stakst! Damals auf der Kunstschule haben wir Mädchen dich hinter deinem Rücken immer ›Schlenkerbein‹ genannt.«

Danach hatte Stefan eine Zeitlang seine Denkmäler sehr aufgebracht restauriert, denn bislang hatte er noch nichts vom »Schlenkerbein« gewußt. Wenn er sich nun unbeobachtet fühlte, machte er vorsichtig Testschritte und setzte seine Füße ganz bewußt auf. Er probte seinen Gang vor dem Spiegel und fühlte sich für alle Zukunft aus dem Tritt geraten. Außerdem studierte er unauffällig die Beine, Füße und Schritte seiner Anna. Er beobachtete ihr Laufen, Rennen und Hopsen, und er kam zu dem Schluß: Wozu Ballett?

Immerhin war das Ganze außerdem noch ein finanzielles Problem. Dann aber war im Juli die Oma gestorben, ein Ereignis, das den Sommer überschattet hatte. Ute hatte viel geweint, und daß Oma ihnen eine Erbschaft hinterlassen hatte, mit der aus der »latschenden« Anna eine graziös schreitende junge Dame werden konnte, hatte ihr den Verlust auch nicht leichter gemacht.

Und dann hatte Ute eines Nachts die Idee mit dem Blumengeschäft gehabt.

Seitdem ging es ihnen gut, und Anna wurde Schülerin in der kleinen, aber feinen Ballettschule von Frau Breuer.

Der Austausch von Gutenachtwünschen mit Philipp lief jeden Abend rauher ab als der mit Anna. »Kasernenmäßig« sagte Philipp immer. Ute hatte das schon bemängelt: »Der Junge braucht auch einmal einen Kuß vom Vater.«

Stefan hielt sein Familienleben für intakt und sagte zu dieser Kritik nur: »Soll ich einen Achtzehnjährigen knutschen? Dafür hat er dich.«

Und weil er meinte, daß ein markiger Vater Vorbild genug für einen Sohn sei, machte er auch diesen Abend nur zackig Philipps Tür auf, steckte kurz den Kopf ins Zimmer und rief: »Gute Nacht – und Licht aus!«

Einen Teil seiner Einkünfte bestritt Philipp auch aus Dienstleistungen für das Blumengeschäft seiner Mutter, indem er Sträuße, Gebinde und Kränze zu den jeweiligen Kunden brachte. Diese einträgliche Arbeit hatte aber einen Nachteil. Da Philipp noch keinen Führerschein besaß, mußte er für den Pritschenwagen immer einen Fahrer engagieren – seinen Freund Andreas. Andreas war schon neunzehn und hatte seinen Führerschein.

Am heutigen Nachmittag wippten die beiden Jungen drei Kränze auf die Pritsche, dann flogen sechs eingetopfte Bäumchen für die Aussegnungskapelle im wahrsten Sinne des Wortes auf die Ladefläche, und der Sargschmuck landete schließlich wie ein Fallschirm neben den breiten Schleifen der Kränze.

Als Philipp die Seitenwände des Lieferwagens hochklappte und mit den Haken sicherte, kam Ute aus dem Laden und fragte Andreas: »Du fährst, das ist euch beiden doch klar, oder?«

»Klar, Frau Pelzer«, beeilte sich Andreas zu antworten.

»Hast du gehört, Philipp?« fragte sie jetzt auch ihren Sohn.

Der blickte zu Boden, hatte jedoch einen seiner Dummsprüche parat: »Du glaub, ich taub?«

»Und fahrt bitte bei der Ballettschule vorbei und holt Anna ab. Papa schafft's nicht. Sie soll sich ihren Schal richtig umbinden . . .«

»Ich weiß Bescheid, ich kenn' die Welt«, flachste Philipp. »Sonst niest sie vielleicht noch, und Papa behauptet dann, wir hätten ihr eine Lungenentzündung an den Hals gewünscht.«

Um dem Streit, der nach dieser Bemerkung in der Luft lag, aus dem Weg zu gehen, setzte sich Andreas hinter das Steuer und startete den Motor, Philipp kletterte auf den Beifahrersitz, kurbelte das Fenster herunter und hängte lässig den Ellenbogen heraus. Andreas fuhr an.

»Vertauscht nicht die Karten an den Sträußen«, rief Ute hinterher. »Und wenn ihr nachher Hunger habt – zu Hause ist genug im Kühlschrank . . .«

Als Anna aus der Tür trat, sah sie den blauen Lieferwagen schon vor dem Haus stehen, in dem sich die Ballettschule befand. Sie seufzte ein wenig: »Wie immer! Papa kann nicht!«

Philipp stieg mit einer Körperhaltung aus dem Fahrerhaus, die Außenstehenden signalisierte, daß jetzt der Boß kam, und tippte gegen seine schwarze Ledermütze, die er heiß und innig liebte. »Genau. Aber wie ich ihn kenne, hat er dir auch nichts versprochen.«

Andreas rutschte für den kurzen Schwatz auf die Beifahrerseite und zupfte Annas eingedrehte Korkenzieherlocken lang. »Wer hat dir denn das eingeredet?«

»Frau Breuer«, gab Anna kurz zurück.

»Die ist gut.«

»Hört mal auf mit dem Kinderkram«, sagte Philipp. »Wir fahren jetzt.« Er lief um den Wagen herum, zog den Startschlüssel ab und hob ihn triumphierend hoch. »Und zwar fahre *ich*!«

Anna dachte, nicht richtig gehört zu haben: »Was? Das geht doch nicht!«

»Du weißt, daß ich fahren kann.«

Anna versuchte es mit Vernunft: »Weiß ich – aber nicht auf der Straße!«

»Was willst du«, schlug sich Andreas auf Philipps Seite: »Fahren kann er, und den Schein bekommt er doch sowieso bald.«

»Dann macht das ohne mich«, rief Anna. »Ich nehme den Bus.«

»Benimm dich nicht so zickig!« fuhr Philipp seine Schwester an: »Los, steig ein!«

Anna schien auf dem Bürgersteig angewachsen zu sein.

»Kommst du mit, wenn *ich* fahre?« fragte Andreas.

Philipp ließ die Autoschlüssel zwischen Daumen und Zeigefinger pendeln. »Andreas. *Ich* fahre, und du bekommst dafür das Geld für die heutige Tour, okay?«

»Sag bloß, das machst du?« Anna war entsetzt.

Andreas hob die Schultern. »Warum nicht? Ist doch ein super Angebot.«

»Mit dem Auto in der Hand kommt man durch das ganze Land«, deklamierte Philipp und startete. Der Gang war eingelegt, er vergaß jedoch, die Kupplung zu treten. Der Pritschenwagen machte einen Satz nach vorn, und die Bäumchen mit ihren Töpfen fielen um wie Schachfiguren.

»Mamma mia«, schimpfte Anna und kletterte auf die Ladefläche, um die Pflanzen zu retten. »Das darf doch nicht wahr sein.«

Nun riskierte Philipp einen Start, der nach Kavalieren benannt wurde, die keine sind: Die Hinterreifen drehten durch und hinterließen schwarze Streifen auf der Fahrbahn. Anna konnte sich nicht halten. Sie kippte nach hinten über, konnte sich am Gestänge halten, trat dabei aber genau in den sorgsam gesteckten Sargschmuck hinein. Die Blumen, etwa hundert, waren zerdrückt.

»Langsam!« schrie sie. »Hier geht doch alles kaputt!«

Andreas schaute aus dem kleinen Rückfenster des Fahrerhauses, sah amüsiert die Bescherung und mahnte Philipp lachend: »Nimm mal Gas weg. Deine Schwester kann sich kaum halten. Gleich liegt sie in den Blumen.«

Philipp hörte gar nicht zu. Das Gefühl, ein Auto richtig auszufahren, riß ihn mit. Die Geschwindigkeit und das Gefühl, nicht nur im Parkhaus auf Schleichfahrt zu gehen, löschte bei ihm jede andere Überlegung aus. Es gab nur noch ihn und das Fahrzeug, das immer schneller wurde.

Er bog in die kurvenreiche Straße zum Westfriedhof ein. Durch das offene Seitenfenster blies ihm kühl der Fahrtwind um die Ohren. Er kniff die Augen zusammen und nahm alle Kurven flott auf der Mittellinie.

Anna hielt die Bäumchen fest. Doch dann bekam sie Angst. Sie hangelte sich nach vorn und schlug mit der Faust auf das Dach der Fahrerkabine. Das amüsierte die beiden Jungs köstlich.

»Idioten!« rief Anna gegen den Fahrtwind und trommelte nochmals auf das Dach.

Philipp beschleunigte den Lieferwagen, der eine überraschend sichere Kurvenlage hatte, und Andreas rief ihm zu: »Alles im Griff?«

»Immer!«

Der Auspuff röhrte, der Pritschenaufbau klapperte,

der Wind pfiff, das Fahrzeug wurde schneller. Philipp hielt jetzt das Steuerrad krampfhaft umklammert und starrte auf den weißen, durchgehenden Strich auf der Straßenmitte. Er schnitt die Kurven und berührte dabei rechts mehrmals den Fahrbahnrand.

Andreas hielt sich am Armaturenbrett fest und brüllte: »Brems doch, Philipp, brems ab. Verdammt.«

Philipp reagierte nicht mehr. Er merkte, daß er den Wagen nicht mehr in seiner Gewalt hatte. Er wollte bremsen und gleichzeitig herunterschalten, war unsicher in der Wahl des richtigen Pedals, blickte für einen Moment nach unten zu den Füßen und ließ auch noch das Lenkrad mit einer Hand los.

Abermals gerieten die Vorderräder an den Straßenrand. Der Aufprall schlug Philipp das Steuer aus der schweißnassen Hand und lenkte den schweren Pritschenwagen mit unverminderter Geschwindigkeit in eine Schneise auf einen Stapel abgeholzter Jungfichten zu. In rasendem Lauf prallte das linke Vorderrad auf den Holzstoß. Die Karosserie wurde hochgerissen, die ganze linke Wagenseite hob ab, neigte sich um 45 Grad seitwärts, das linke Hinterrad, nun ohne Widerstand, drehte sausend durch.

Zweimal, dreimal überschlug sich das Fahrzeug scheppernd über die rechte Seite und wühlte den weichen Waldboden auf. Die Windschutzscheibe sprang heraus, Scheinwerferglas zersplitterte, aus einem Riß des linken Vorderreifens entwich knallend 2,8 bar Luft, Moosfetzen und Grasbüschel wurden herumgeschleudert. Die Stoßdämpfer stöhnten dumpf, als das Wrack auf seinen vier Rädern tief in die Knie ging und schief stehenblieb. Der Motor würgte sich selbst ab, der rechte Blinker leuchtete in monotonem Rhythmus auf.

Danach herrschte völlige Stille am Unfallort. Selbst die Vögel hatten aufgehört, zu singen und zu zwitschern.

Andreas war beim Überschlag aus der Fahrerkabine geschleudert worden. Er lag fünf Meter vom Fahrzeug entfernt auf dem Boden. Sein Gesicht sah übel aus, den rechten Arm konnte er nicht bewegen. Aber er überwand den Unfallschock schnell: Mühsam richtete er sich auf und blickte bestürzt um sich. Ihm wurde elend, als er begriff, was soeben geschehen war.

»Philipp!« rief er fassungslos und stolperte auf die blaue Pritsche zu. »Philipp, wo bist du denn?!«

Als er keine Antwort erhielt, kam er sich völlig hilflos, verzweifelt und allein vor. In den inneren Aufruhr hinein nahm er das Ticken des Blinkers wahr. Er griff ins Fahrerhaus und zog den Startschlüssel aus dem Schloß an der Lenksäule – und dabei sah er Philipp.

Er lag auf dem Boden der Kabine und starrte blicklos geradeaus.

»Warum antwortest du nicht?« fragte Andreas ganz leise.

Philipp schwieg. Er mußte sich erst besinnen. Der elenden Angst im Augenblick des Unfalls war jetzt eine Art Erleichterung gefolgt. Langsam fing er auch wieder an zu denken. Und dann fiel es ihm auch ein . . . Er richtete sich abrupt auf und fragte mit dem Rest von Mut: »Ist Anna bei dir?«

Andreas konnte nur fassungslos den Kopf schütteln. Anna hatte er bis jetzt völlig vergessen gehabt.

Das wirkte auf Philipp wie das Signal zum letzten Gefecht: Bestürzt und zitternd hangelte er sich am Steuerrad hoch und ließ sich aus der offenen Tür auf die Erde rutschen. Er blutete im Gesicht und an den Händen.

Humpelnd und ziellos rannte er vom Autowrack weg und rief: »Anna! Anna!« Immer wieder. Langsam stieg die Panik in ihm auf: »Anna! Anna!«

Auch in Andreas stieg jetzt die Angst um Anna auf. Aber er reagierte anders: Wie gelähmt stand er da und schaute Philipp hinterher, der im Zickzack über die Waldlichtung hetzte, hinter jeden Baum, hinter jeden Strauch und in jede Mulde spähte und alle paar Meter nach seiner Schwester rief. »Anna! Anna!«

Dann fand er sie.

Bewegungslos lag sie hinter einem gefällten Stamm. Sie sah ganz ruhig und friedvoll aus, wie sie so dalag; nicht verkrümmt oder unnatürlich. Auch das Gesicht war nicht schmerzverzerrt. Philipp wagte fast zu hoffen, daß ihr nichts geschehen war. Er ging vor ihr in die Knie und flüsterte: »Anna, du, sag doch was.«

Anna sagte nichts.

Er kniete noch immer völlig geistesabwesend bei ihr auf dem Boden, als Polizei und Notarztwagen, die ein Augenzeuge alarmiert hatte, eintrafen. Der Unfallarzt prüfte Annas Reflexe, erkannte den psychogenen Schock, ließ sie von den Sanitätern auf die Trage heben und legte ihr zur Stabilisierung des Kreislaufs einen Tropf an.

Als Anna in den Notarztwagen geschoben wurde, fragte Philipp mutlos: »Wohin wird sie denn jetzt gebracht?«

»Ins Krankenhaus, junger Freund«, antwortete der Streifenführer und bugsierte Andreas und Philipp, die auf die Polizisten einen geistesabwesenden, sogar verwirrten Eindruck machten, auf die hinteren Sitze des weiß-grünen Einsatzfahrzeugs.

»Wer von euch hat den verunfallten Wagen gefahren?« begann der Streifenführer das Verhör. Philipp, der kaum etwas wahrnahm, hob fast automatisch die Hand und unterdrückte, mit aller Gewalt schluckend, seine plötzlich aufsteigende Übelkeit.

»Und wie heißt du?«

»Pelzer.«

»Wie bringe ich denen zu Hause das bloß bei«, überlegte Philipp.

»Vorname?«

»Philipp.«

»Und Mamas Lieferwagen ist nur noch Schrott, die wird verrückt . . .« Philipp begriff langsam, was geschehen war.

»Wie alt?«

»Achtzehn«, sagte er.

»Wenn sie hören, daß Anna im Krankenhaus ist, wird Papa glatt wahnsinnig – und Mama auch.« Philipp steigerte sich in eine Verzweiflung hinein.

»Kann ich mal deine Fahrerlaubnis und deinen Personalausweis sehen?« setzte der Polizist das Verhör fort.

»Hab' ich noch nicht«, antwortete Philipp mutlos: »Dann bekommst du den Führerschein nie, hat Mama gesagt.« Jetzt fiel es ihm wieder ein.

»Keine Fahrerlaubnis, richtig?« Der Polizist war erschüttert. Aber er kannte das: Ein Fall von vielen, mehr nicht.

Philipp nickte und dachte abermals an den Führerschein, der nun in ganz weite Ferne gerückt war. Und da mußte er endlich weinen. Anna hatte er völlig verdrängt . . . Nur nicht an sie denken . . .

»Wagenpapiere?« zog ihn der Polizeibeamte wieder in die Wirklichkeit zurück.

»Hat er«, sagte Philipp und zeigte auf Andreas.

»Und dein Ausweis?«

»Den habe ich nicht dabei.« Die Tränen liefen an seinen schmalen Wangen herunter und in die Mundwinkel. Er wischte sie mit dem Handrücken weg. Seine Nase war verstopft.

Als die Türen des Fahrzeugs nachdrücklich von außen geschlossen wurden, heulte auch Andreas. Was hatte Frau Pelzer gesagt? »Du fährst, das ist doch klar, oder?« Er dachte auch an seine Antwort: »Klar.«

Rückwärts fuhr der Einsatzwagen mit ihnen aus der Schneise.

Professor Happe, ein Mann mit gebeugter Haltung, im weißen Kittel, grauen Haaren, Spitzbart und Halbbrille, ging den langen, nach Desinfektionsmitteln riechenden Gang im Krankenhaus voran. Stefan und Ute Pelzer folgten ihm.

Drei Schritte hinter seinen Eltern schlich auch Philipp über den braunen PVC-Boden. Auf seinen Gesichtsverletzungen, die sich als unerheblich erwiesen hatten, klebten rosafarbene Pflaster.

Professor Happe blieb vor einer breiten Doppelglasscheibe stehen, die in die Wand eingelassen worden war. Er klopfte mit seinem Siegelring nur einmal dagegen, und sofort zog von innen die diensthabende Schwester einen hellgrauen Vorhang auf die Seite.

Stefan und Ute hatten freien Blick auf jenen Behandlungsbereich der Klinik, in dem lebensbedrohlich Kranke rund um die Uhr überwacht werden konnten. Nur ein Bett war belegt: Anna lag still und bleich zwischen den weißen Kissen. Dünne Kabel liefen zu Monitoren, die Herztätigkeit und Atemfrequenz durch wandernde rote Punkte und hellgrün zuckende Linien anzeigten. Infusionsschläuche verschwanden in ihren Nasenlöchern, andere liefen zu den Armvenen, über weitere wurden Körperausscheidungen abgeleitet.

Ute weinte lautlos und ohne Schluchzen, als sie ihre Tochter im Spezialbett der Intensivstation sah. Ihre Tränen tropften auf das Papier, in das sie die Blumen für Anna eingewickelt hatte, Blumen, die Anna nicht bekommen durfte, die sie gar nicht wahrnehmen konnte.

Stefan preßte seine Zähne aufeinander, um seinen Schmerz, sein Grauen nicht laut herauszuschreien. Er konnte nicht schlucken, weil seine Kehle so eng zu sein schien, als ob ein Kloß darin steckte. Unwirkliche Überlegungen peinigten ihn: »Warum denn Anna, warum kann ich denn nicht an ihrer Stelle dort liegen? *Ich* steck' das mit links weg. Die ganzen Drähte an ihr. Wenn sie das nun nicht schafft? Was mache ich dann?«

Professor Happe gab ein Zeichen, und der Vorhang versperrte gnädig den Anblick von Anna, deren Leben an Maschinen hing. Im schwachen Spiegelbild der großen Glasscheibe erkannte Ute jetzt den grenzenlos verzweifelten Ausdruck in Stefans Gesicht. Sie erschrak furchtbar: Ein ihr fremder Mann stand da ...

»Kommen Sie«, forderte Professor Happe sie auf und ging wieder voran. »Ich halte es für erforderlich, in meinem Büro noch ein paar Sätze mit Ihnen zu sprechen.«

Abermals marschierten sie den langen Gang entlang, diesmal in umgekehrter Richtung. Wieder schlich Philipp hinterher. Er hatte nur kurz in den Raum der Intensivstation geschaut und schemenhaft das Bett wahrgenommen. Doch genau wie seine Mutter hatte auch er die Veränderung bei Stefan wahrgenommen, und er hatte Angst bekommen.

In seinem Zimmer rückte Professor Happe schweigend zwei Stahlrohrsessel vor seinem Schreibtisch zurecht und bedeutete Stefan und Ute, sich zu setzen. Er selbst setzte sich auf seinen weichgepolsterten Sessel und sah sie an. Für ihn schien sein Schreibtisch so etwas wie ein Schutzwall zu sein, hinter dem er sich verschanzte und nun zunächst Krankenpapiere von links nach rechts schob. Dabei hüstelte er einmal, um das laute, erregte Atmen von Stefan zu unterbrechen, was ihm allerdings mit dem Räuspern allein nicht gelang.

So suchte er Zuflucht bei einem medizinisch-diagnostischen Vortrag und sprach über die zwölf Brust- und fünf Lendenwirbel – Verteba, sagte er lateinisch –, die jeweils aus dem Wirbelkörper, dem Bogen, den Quer-, Dorn- und Gelenkfortsätzen bestanden. Dann näherte er sich schließlich dem unvermeidlichen Hauptthema über Querfortsatzbrüche, verschiedene Abbrüche des Dornfortsatzes und endlich den Wirbelkörperbruch: »Wissen Sie, ich habe Ihre Tochter eine Stunde lang auf dem OP-Tisch gehabt. Der vierte und fünfte Wirbel. Wir sind hier auf Schäden an der Wirbelsäule spezialisiert . . .«

Stefan konnte sich kaum noch beherrschen. Ute begriff nicht alles, weil sie an den Zustand Annas dachte und nicht richtig zuhörte.

»Ein Wirbelkörperbruch«, sagte Happe, um unklare Ausdrucksweise bemüht, »braucht zur Heilung seine Zeit. Das wissen Sie sicherlich . . .«

»Nein, das weiß ich nicht!« platzte Stefan der Kragen.

»Ihre Tochter wird acht bis zehn Wochen in einem Spezialbett liegen müssen. Sie darf sich nicht rühren. Wir hoffen, daß es sich nur um eine Einengung des Nervenkanals handelt.«

Philipp war nicht in Happes Büro gebeten worden. Er stand lauschend draußen vor der Tür und hörte alles mit.

»Des Nervenkanals?« fragte drinnen Ute. Es klang wie ein Echo.

»Darf ich darum bitten, daß Sie uns jetzt reinen Wein einschenken«, bat Stefan mit einer Stimme, die ihm nicht zu gehören schien.

Professor Happe suchte nach einem Ausweg, um die schlechte Nachricht noch weiter vor sich herzuschieben, und so nahm er wieder Zuflucht zum medizinischen Vortrag: »Wirbelkörperbrüche sind wegen der damit verbundenen Verletzungsmöglichkeit des Nervenkanals oft lebensgefährlich und führen häufig zu Lähmungen.«

»Was heißt das: ›oft‹ und ›häufig‹?« fragte Stefan verbittert dazwischen. »Trifft das auf Anna zu?«

Happe mußte sich überwinden, Stefan in die Augen zu sehen, doch dann sagte er ihm die Wahrheit: »Im Augenblick ist Ihre Tochter gelähmt.«

Stefan sprang wütend auf, wollte sich auf Happe stürzen, obwohl er wußte, daß dieser Mann im weißen Kittel nichts dafür konnte und im Augenblick nichts weiter war als der unfreiwillige Übermittler dieser entsetzlichen Nachricht. Die Schreibtischkante blockte Stefan ab und brachte ihn zur Besinnung, aber sein Zeigefinger schoß vor, und er tobte los: »Anna im Rollstuhl, ja? Das soll es doch bedeuten, oder? Vielleicht ihr Leben lang, ja? So ein junger Mensch . . .«

»Daran sollten Sie noch nicht denken«, beschwichtigte Happe, der jetzt wieder Boden unter den Füßen hatte: »Wenn meine günstige Prognose, der jedoch zum gegenwärtigen Zeitpunkt keine gesicherte Diagnose zugrunde liegt, wie von mir erwartet eintritt, wird Ihre Tochter in vier bis sechs Wochen wieder ein Gefühl in den Beinen verspüren. Ein Kribbeln, verstehen Sie?«

Stefan zitterte. »Ich verstehe nur, daß meine Tochter gelähmt ist! Querschnittgelähmt! Richtig?«

Professor Happe machte eine Handbewegung, die bedeuten sollte: Das haben Sie gesagt.

In den Tagen danach bewegte Stefan Pelzer sich wie in einem zeitlosen Raum. Alles, was seinem Leben bis dahin Konturen gegeben hatte, verblaßte. Wenn er von der Arbeit nach Hause kam, ging er still in Annas Zimmer. Er betrachtete immer wieder die Poster an den Wänden, strich zehnmal, zwanzigmal ihr Bett glatt, öffnete ihren Kleiderschrank.

Er sprach auch halblaut mit ihr. Allerdings gab er nur irreale Antworten auf nicht gestellte Fragen, nicht gefallene Sätze. »Du, das weiß ich nicht, dazu kann ich nichts sagen. Aber das ist eine Musik, die mir nicht gefällt. Zu laut, weißt du, zu unecht?«

Dann äußerte Anna offenbar etwas, doch er war zu wenig Medium, als daß sie durch ihn sprach, daß er sie verstand.

So versuchte er, ihr Mut zuzusprechen mit Sätzen wie: »Manchmal gewinnt man, wenn man verliert, verstehst du? Aber eines sag' ich dir: Ohne Genialität geht's nicht.« Dabei wußte er genau, daß er versuchte, sich selbst Mut zu machen.

Schwer, doch etwas ausgeglichener und versöhnter mit dem Tag, trennte er sich dann stets von Annas Zimmer. Er ging hinüber in den Wohnraum zu Ute, prallte aber förmlich zurück, wenn er dort auch Philipp am

Tisch erblickte. Kalt sah er ihn an, machte auf dem Absatz kehrt und nahm sich in alttestamentarischer Weise vor, in Zukunft kein Zimmer des Hauses mehr zu betreten, in dem sein Sohn sich aufhielt.

»Siehst du, ich bin für ihn nicht mehr vorhanden«, sagte Philipp und weinte hilflos. »Er hat seitdem auch kein Wort mehr mit mir gesprochen.«

»Mit mir redet er auch kaum«, antwortete Ute leise.

»Aber er muß doch zur Kenntnis nehmen, daß alles meine Schuld ist, daß es mir leid tut und daß ich dafür gradestehen will.«

Ute schaute ihn verständnislos an. »Kannst du mir verraten, was er mit dieser Einstellung anfangen soll? Das weiß er doch. Aber macht ihm das seine Anna wieder gesund? Und gradestehen mußt du vor dem Jugendrichter. Aber das nutzt *ihr* ja nichts.«

»Was kann ich denn für sie tun? Jeden Tag durch dieses Glasfenster starren, nutzt ihr auch nicht.«

»Beten«, empfahl Ute, »das hilft dir vielleicht – und vielleicht auch Anna.«

Beten? Das war für Philipp nur ein Wort. Er verbarg unwillkürlich sein Gesicht in den Händen. Verzweiflung? Hilflosigkeit? Sein Murmeln hinter den Fingern war kaum hörbar. »Mir ist völlig egal, was mit mir passiert ...«

Ute stützte sich mit den Händen auf den Armlehnen des Sessels ab, in dem Philipp zusammengekauert hockte, und beugte sich über ihn. »Es ist schrecklich für uns alle. Am schlimmsten ist es für dich, ich weiß. Nur – keiner kann dir helfen. Damit mußt du allein fertig werden.«

Stefan Pelzer veränderte sich zusehends. Er wurde sich selbst und allen anderen fremd: Er zog sich in sich selbst zurück, kapselte sich von seiner Familie ab und gab insgeheim allen schuld am Zustand seiner Tochter. Für ihn war es nicht Philipp allein, der den Wagen gefahren hatte, der Anna »auf dem Gewissen hatte«. Auch Ute, die Andreas und Philipp bestimmt hatte, Anna abzuholen, trug für ihn Schuld. Und auch Andreas, der Philipp das Steuer überlassen hatte. Ganz tief im Inneren wußte er, daß eigentlich auch Anna selbst nicht richtig gehandelt hatte: Warum war sie auf die Pritsche geklettert? Ja, und schließlich machte er sich selbst schwere Vorwürfe, weil *er* nicht zur Ballettschule gefahren war, um Anna nach Hause zu holen. Auf diese Weise schob er sich allmählich die Hauptschuld zu, entlastete indessen aber die »Mittäter« nicht.

Wie ein programmierter Automat fand er jeden Tag den Weg zur Klinik, stand wie ein Fremder neben Ute vor dem Glasfenster der Intensivstation und suchte Blickkontakt mit Anna. Ihre Augen waren zwar geöffnet, sie nahm ihn jedoch nicht oder nur schemenhaft wahr. Er versuchte verbissen, mit allerlei verzweifelten Mätzchen ihre Aufmerksamkeit zu erregen. Er reckte sich hüpfend, klapperte mit seinem Schlüsselbund, zog jene freundlichen Grimassen, über die sie sich als kleines Kind amüsiert hatte. Erfolglos . . .

Eines Tages legte ihm Professor Happe die Hand auf die Schulter und schob Stefan mit leichtem Druck von diesem für ihn so unseligen Fenster weg. Ute warf einen letzten Blick auf das Bett und folgte den beiden Männern nur zögernd.

Ihr Zaudern brachte sie um ein Haar in Kollision mit einem Rollstuhl, der mit hoher Geschwindigkeit auf sie zu geschossen kam. Auch Professor Happe und Stefan mußten zur Seite springen. Ein Junge saß in dem chromblitzenden Fahrzeug und trieb es mit artistisch schnellen Griffen an den Handläufen der großen Räder voran. Ein paar Meter weiter, mitten auf dem Klinikflur, stand ein Stativ mit laufender Videokamera. Auf die fuhr er zu, bremste kurz vorher ab, zog Kamera und Stativ auf die Knie und schaute den Professor erhitzt und fröhlich an.

»Zufrieden, Rainer?« fragte Professor Happe.

Der schüttelte den Kopf und zeigte eine Stoppuhr. »Mit sieben Komma drei auf dreißig Meter bin ich schwer unter meinem eigenen Rekord.« Er richtete die Kamera auf Professor Happe und schaute durch den Sucher: »Lächeln, Herr Professor.«

Professor Happe lächelte tatsächlich und sagte: »Meine Kollegen von der Inneren Abteilung sind mit deinen Nieren sehr zufrieden. Die Entzündung entwikkelt sich zurück.«

»Wenn man vier Liter Wasser pro Tag trinken muß, ersäuft jede Entzündung«, erklärte Rainer weise.

»Fünf Liter wären besser«, nutzte Happe die Gelegenheit.

»Und dann noch bleifrei, was? Da fängt mein Motor zu klopfen an. Das bremst.«

Professor Happe nahm Rainers Hand und schüttelte sie. »Fünf Liter, abgemacht?« Dann gab er dem Lehnengriff einen kräftigen Stoß, der den Rollstuhl samt Fahrer bis zu den Aufzugstüren beförderte.

Während er dem davonrollenden Rainer nachsah, kam Professor Happe eine Idee. Er wollte diese Begegnung für eine Erklärung nutzen. Deshalb sagte er: »Rainer Hellwig. Er ist im Alter Ihrer Tochter. Sehr munter, immer sehr fröhlich, ungebrochen sozusagen. Unser

Stationsliebling. Ein Skiunfall. Endgültig querschnittgelähmt. Er war schon im Rehabilisierungszentrum. Leider halten seine Nieren nicht Schritt mit seinem Temperament. Ein netter Kerl und ein frecher Bengel. Wir müssen höllisch aufpassen, denn er filmt uns alle ständig mit seiner Videokamera . . .«

»Warum erzählt er uns das?« überlegte Stefan. »Warum hat er uns dieses ›Paradepferd‹ vorgeführt? Will er uns beruhigen? Will er uns zeigen, wie lebenswert für Anna das Dasein im Rollstuhl sein kann? Er blickte Professor Happe lauernd an. »Ist Ihre Diagnose über meine Tochter schon präziser?«

»Es sieht gut aus!« Die Stimme des Professors klang zuversichtlich. »Aber Sie müssen Geduld haben! Sie und Anna!«

Stefan wandte den Kopf zur Seite. Er glaubte dem Arzt kein Wort. »Geduld? Erklären Sie mir, was das ist?«

Nach drei Wochen konnte Anna in ihrem Bett von der Intensivstation in ein normales Krankenzimmer geschoben werden. Ihre Organe funktionierten zufriedenstellend ohne stabilisierende Hilfen. Sie konnte wieder sprechen, sehen, hören, schmecken, schlucken, riechen, den Kopf heben und drehen. Alles war in Ordnung bis auf eins: Sie konnte ihre Beine und Arme nicht bewegen. Die Gliedmaßen waren völlig gefühllos. Anna, zur Bewegungslosigkeit verurteilt, war auf die sogenannte Dekubitus-Matratze gebettet, die Wundwerden und Druckgeschwüre an den Stellen verhindert, an denen die Haut unmittelbar über Knochen liegt: Kreuz- und Steißbein, Darmbeinkamm und Fersen.

Jeden Vormittag kam Schwester Irmtraut, die Krankengymnastin der Klinik, zu Anna. Sie faßte Annas Unterschenkel, hob sie hoch und schob mit ihnen Knie und Oberschenkel auf ihren Bauch zu und wieder zurück wie die Kolbenschieber einer Lokomotive.

Teilnahmslos ließ Anna die Gymnastik, die ihre Muskeln und den Gelenkapparat kräftigen sollten, über sich ergehen. Sie sah ihre Knie in wechselndem Rhythmus auf ihr Gesicht zukommen und wieder verschwinden, und sie vermeinte, daß diese Beine nicht ihr gehörten.

»Laß dich doch nicht so hängen«, rief ihre Bettnachbarin. »Sei doch froh, daß etwas passiert. Bei mir haben sie erst nach sechs Wochen mit den Übungen angefangen.«

Anna hatte aufgegeben und entgegnete nur fatalistisch: »Ach, was soll das alles noch . . .«

Damit kam sie bei ihrer Bettnachbarin nicht durch: »Warum, glaubst du, werde ich schon entlassen? Ich will es dir sagen: Weil ich mir bei der Gymnastik Mühe gegeben habe. Wenn du nicht mithilfst, bleibst du ewig hier drin.«

»Heb doch mal deine Arme«, verlangte jetzt die Schwester.

Annas Arme blieben unbeweglich liegen. Schwester Irmtraut konnte nicht die leiseste Muskelbewegung erkennen, und sie vermißte auch jede Bemühung von Anna, der Aufforderung Folge zu leisten.

»Hast du den Jungen im Rollstuhl gesehen?« schwatzte das Mädchen im Nebenbett munter weiter. »Er heißt, warte mal . . ., Rainer Sowieso. Der ist vielleicht nett, sage ich dir. Er ist so ein dunkelhaariger Typ, weißt du. Seit neuestem kommt er hier jeden Tag vorbei und schaut mal rein.«

Völlig desinteressiert drehte Anna den Kopf auf die Seite, und als die Schwester fragte, ob es schon in den

Beinen zu kribbeln anfinge, antwortete sie verdrossen: »Nein. Und Kribbeln würde mir auch nichts nützen.«

»Du bist heute besonders mies gelaunt, ja?« stellte Irmtraut fest. »Willst du mir nicht sagen, warum?«

Schmerzvoll drehte Anna den Kopf auf die andere Seite und antwortete unter mühsam zurückgehaltenen Tränen: »Mein Bruder wird heute achtzehn – und ich kann nicht dabeisein.«

Ute hatte es für richtig gehalten, Philipps achtzehnten Geburtstag in angemessenem Rahmen und mit seinen Freunden zu feiern. Außerdem ging es Anna besser, da mußte die Situation, in der die Familie sich befand, nicht durch den völligen Verzicht auf alle Aktivitäten verstärkt werden. Ute lehnte es ab, in »Sack und Asche zu gehen«, wie Stefan das von aller Welt erwartete. Und ein achtzehnter Geburtstag schien ihr eine gute Gelegenheit zu sein, den neuen Lebensmut zu feiern.

Deshalb hatte Ute im Garten alles bereitgestellt, und der Anfang des Festes gelang auch gut: Zwischen Utes schwarzgespritzten Blechskulpturen wurde gegrillt. Es gab Limonade und Orangensaft, und zum Plattensound der »Beach Boys« – ein Kompromiß mit den Nachbarn – wurde ein bißchen getanzt. Philipps Stimmung war natürlich nicht heiter und gelöst, aber er tat so, als bedrückte ihn nichts. Nur Andreas war es anzusehen, daß er sich in seiner Haut und als Gast der Pelzers nicht sehr wohl fühlte.

Ute war zufrieden, daß alles harmonisch und ungestört ablief. Doch im Lauf der Zeit spürte sie, daß etwas in der Luft lag: Aus dem Haus tönten Geräusche, als gäbe sich jemand besondere Mühe, laut zu sein. Sie ahnte, daß Stefan, der drinnen mit Geschirr klirrte und Türen zuschlug, kurz davor war, aus der Haut zu fahren.

Und tatsächlich erschien Stefan bald danach in der Gartentür und musterte finster die kleine Gesellschaft auf dem Rasen. Irgend jemand hob den Tonarm des Plattenspielers ab. Die »Beach Boys« erstarben mitten im Lied. Durch die plötzlich eingetretene Ruhe wurden alle jugendlichen Gäste auf die nun folgende Szene aufmerksam. Sie starrten erst zu Philipp, dann zu Stefan, der jetzt einen knallroten Kopf bekam. Wie ein Rächer marschierte er auf sie zu, schwenkte die Arme, als wollte er einen Schwarm Wespen verscheuchen, und rief mit einer fast hysterischen Stimme: »Schluß! Die Feier ist aus! Verschwindet!«

Ratlos und schweigend standen die Jungen und Mädchen um ihn herum. Als die ersten zaghafte Rückzugsbewegungen machten, lief Ute auf ihren Mann zu und sagte beschwörend: »Stefan, ich bitte dich!«

Er benahm sich, als gäbe es sie gar nicht. Verbittert lief er auf Andreas zu und herrschte ihn an: »Und dich will ich hier überhaupt nicht mehr sehen!«

»Leider müssen Sie mich noch mal vor Gericht treffen!« antwortete Andreas überforsch. »Ich bin nämlich mitschuldig, Herr Pelzer!« Damit wollte er zu seiner Schuld stehen, erreichte aber das Gegenteil. Jetzt versuchte auch Philipp, der in eine Art Erstarrung versunken war, die Situation zu retten. Doch sein Beitrag zur Friedenssicherung blieb dünn. Er brachte nur ein Wort heraus: »Vater!«

Stefan schob auch ihn brüsk zur Seite und drang weiter auf die verschreckte Festversammlung ein: »Raus! Alle! Oder ich gehe!«

Diese Drohung galt weniger den Besuchern als seiner

Frau und seinem Sohn. Sie war eine ernstzunehmende Warnung und sollte heißen: Dann seht einmal zu, was ihr ohne mich macht.

Wie ein Schwarm Flugenten, auf den man geschossen hatte, zerflatterten jetzt die Geburtstagsgäste. Versteinert standen Philipp und seine Mutter im Garten zwischen Utes merkwürdigen Skulpturen. Stefan, der momentane Sieger, kippte angewidert einen Eimer Wasser über die glimmende Holzkohle im Grill und machte der kleinen Party damit endgültig den Garaus.

Anna entwickelte sich innerhalb der nächsten drei Wochen zur schwierigsten Patientin von Professor Happe. Sie benahm sich wie ein Pferd, das vor einem zu hohen Hindernis verweigert.

Professor Happe versuchte mit allen Mitteln, sie zu überzeugen: barsch, ernst, freundlich oder überfreundlich ... nichts nützte. Er redete gegen eine Wand.

»Willst du mir nicht doch einmal deine Hand geben, Anna«, sagte er oft.

Sie reagierte nicht.

Sie war nicht ansprechbar in diesem Punkt, gab auch keine Antwort und gefiel sich anscheinend in ihrer Rolle als armes beklagenswertes Kind.

Professor Happe gab nicht auf. »Deine Arme sind gesund«, erklärte er. »Du kannst sie bewegen. Essen kannst du auch. Du mußt nur wollen. Seit zwei Monaten versagst du uns jede Hilfe – wir können so nicht genug für dich tun, versteh das doch!«

Sie nahm keine Kenntnis.

Er versuchte es abermals, obwohl er keine Reaktion

erwartete: »Nun gib mir mal die Hand. Ich drücke sie, und dann kribbelt es vielleicht in deinen Beinen.«

Anna sperrte sich, hatte abgeschaltet.

Enttäuscht, wieder nichts erreicht zu haben, verließ er eines Nachmittags das Krankenzimmer und eilte in sein Büro, wo Ute Pelzer auf ihn wartete.

»Manchmal zweifle ich an meinen Fähigkeiten!« polterte er dort los. »Ihre Tochter verweigert sich total! Der Befund ist sehr viel positiver als ihr Verhalten! Sie spielt uns hier einfach die Rolle der total Gelähmten vor! Mit Sicherheit kann sie ihre Arme bewegen, aber sie tut es einfach nicht!«

»Sie meinen, das ist psychologisch bedingt?«

»Ja, aber ich kenne den Grund noch nicht. Hat sie sonst auch so wenig Ehrgeiz? Hat sie vorher Sport getrieben?«

»Sie war im Kinderballett ehrgeiziger, als sie zugegeben hat.«

»Wenn Ihrer Anna nach all diesen schlimmen Wochen noch immer der Lebensmut fehlt, kann das sehr gefährlich werden! Sie muß *wollen*! Sonst setzt irgendwann der Muskelschwund ein.«

»Kann ich dabei helfen?« Ute war viel besorgter, als es den Anschein hatte, aber auch sie wußte keinen Rat.

»Ich fürchte – nein. Aus dem inneren Kreis ist ein positiver Einfluß nicht zu erwarten. Die Menschen, die Anna nahestehen, sind zu sehr intimes Publikum – wenn Sie wissen, was ich meine. Hilfe kann, denke ich, nur von jemandem kommen, der Annas Zustand nicht so ernst nimmt. Der kann sie eines Tages übertölpeln. Wohlgemerkt, Frau Pelzer, im Augenblick geht es nur um die Beweglichkeit der Arme. Vorerst habe ich Martina in ihr Zimmer gelegt – äh, ein Halswirbelschaden, den ich rasch beheben konnte. Dieses Mädchen ist schon sehr vernünftig und sagt oft das rechte Wort zur rechten Zeit.«

Ganz falsch lag Professor Happe nicht mit dieser Entscheidung. Die Schwester brachte das Mittagessen, servierte es auf Annas Bettisch und entfernte sich auf Weisung des Professors sofort.

So stand der Teller mit dem Kalbsschnitzel, dem gemischten Gemüse und Kartoffelpüree direkt vor Annas Nase und duftete lieblich. Nur als Augenschmaus sozusagen.

»Hast du keinen Hunger?« wollte Martina wissen und schwang die Beine aus dem Bett.

»Doch.«

»Dann iß! Du bist unheimlich dünn«, sagte Martina roh.

Anna schüttelte eigensinnig den Kopf, ließ jedoch das Essen nicht aus den Augen.

Martina erhob sich und ging auf Annas Bett zu. Ihre Bewegungen wirkten noch ein wenig roboterhaft, weil sie eine Gummimanschette um den Hals trug und der Kopf steif die Bewegungen ihres Oberkörpers mitmachen mußte. »Ich habe nicht die geringste Lust, dich zu füttern. Du kannst nämlich allein essen – du willst nur nicht.«

»Es geht nicht«, antwortete Anna in jenem halbweinerlichen Ton, den sie sich angewöhnt hatte.

Martina war gänzlich unbeeindruckt. Statt auf die verborgene Klage Annas näher einzugehen, stellte sie rigoros fest: »Und ich habe auch keine Lust, dich in Zukunft noch auf den Topf zu setzen!«

Anna schluchzte ein bißchen, und eine Träne lief aus dem Augenwinkel auf ihr Kopfkissen. »Ich schwöre dir, es geht nicht!«

Martina zeigte kein Mitleid. Sie war überzeugt, daß Anna markierte. Sie schnitt ein paar Fleischstückchen ab, schob sie nacheinander in Annas Mund und gab ihr auch etwas Kartoffelbrei und Gemüse. Als sie merkte, daß es Anna zu schmecken begann, sagte sie liebenswürdig: »Weißt du was? Den Rest esse ich! Du hast ja eh keinen Appetit!« Sie lächelte. »Schade, daß du deine Arme nicht bewegen kannst.«

Als Professor Happe von Martinas Trick erfuhr, befand er ihn in diesem besonderen Fall als therapiegeeignet. Doch Anna ließ sich weder von der Schwester noch von Martina übertölpeln, wie er gehofft hatte. Sie ließ sich weiter füttern – auch wenn sie meistens nur die Hälfte bekam.

Stefans Gehilfe, Josef, hatte längst gemerkt, daß mit seinem sonst so umgänglichen Chef eine Veränderung vor sich gegangen war. Stefan Pelzer besaß nämlich die schätzenswerte Eigenschaft, während der Arbeit in der Werkstatt zu »schwatzen«. Nicht, daß er Unsinn redete, um die Zeit totzuschlagen, sondern wie ein Chirurg sprach er das aus, was er am Objekt ausführte. So wußte Josef über jeden Handgriff Stefans Bescheid, konnte einspringen und die Arbeit fortsetzen, wenn sein Chef zur Dienststelle gerufen wurde, oder wegfuhr, um ein Gutachten zu erstellen, um das man das Landesdenkmalamt gebeten hatte.

In letzter Zeit jedoch arbeitete Stefan verbissen für sich allein und schwieg sich aus. »Es muß eine Lust sein, *nicht* mit ihm zu arbeiten«, überlegte Josef und ging, wo immer es auch möglich war, seinem Chef in großem Bogen aus dem Weg. Und noch etwas störte Josef, weil er es sich nicht erklären konnte. In einem Nebenraum der Werkstatt hatte Stefan ein Bett aufgestellt.

Aus diesen Gründen hatte Josef jetzt auch »etwas Wichtiges zu erledigen«, als er Ute auf die Werkstatt zukommen sah: Schon einmal war er Zeuge eines ehelichen Zwists geworden, er hatte die feste Absicht, nicht noch einmal in eine so peinliche Situation zu geraten.

Ute öffnete einen großen Umschlag und zog ein Bündel Papiere heraus. Stefan ordnete sichtlich desinteressiert zugeschnittenes Buntglas für die Restaurierung eines Kirchenfensters und nahm von seiner Frau keine Notiz.

»Die Krankenhausrechnungen müssen zur Versicherung«, sagte sie und trat auf ihn zu. »Sieh dir das doch an – eine enorme Summe.«

Er wich zurück, als wollte er nicht, daß eine bestimmte Distanz zwischen ihnen unterschritten wurde. Kalt sagte er: »Dann schick sie ab.«

»Wir müssen das auslegen, Stefan! Ich kann ohne dich solche Summen nicht überweisen. So viel ist gar nicht auf dem Konto. Und um was ich dich noch bitten wollte: Sprich wieder mit Philipp ...«

Er zog sich noch weiter zurück, maß scheinbar konzentriert Bleieinfassungen für die Glasornamente ab: »Das tust *du* doch! Reicht das nicht? Leg die Rechnungen her. Ich überweise alles.«

Mit einem zweiten Kuvert näherte Ute sich abermals ihrem Mann. »Hier, das ist Geld von Philipp. Er hat hart dafür gearbeitet. Er möchte sich am Honorar für Andreas' Anwalt beteiligen.«

Stefan benahm sich, als wäre er taub. Er marschierte um den breiten Werktisch herum und betrachtete gewissenhaft eine Großfotografie des Kirchenfensters, das er restaurieren sollte.

Ute machte einen letzten Versuch. »Bitte, Stefan! Der Junge braucht dich!«

»Ich habe viel zu tun.« Stefan klappte einen Zollstock auseinander, widmete sich ganz seiner Arbeit und wies, wie zufällig, hinter sich auf die Tür des Nebenraumes. »Übrigens – ich werde in nächster Zeit *hier* schlafen.«

War ihre Ehe kaputt, war Stefan total verwirrt? Ute begriff nicht und fragte fassungslos: »Was soll das heißen?«

»Habe ich mich undeutlich ausgedrückt?« Er schob einen Berg Verschnittglas mit heftigem Schwung vom Werktisch hinunter in eine Abfallkiste. Es splitterte, klirrte, schepperte. »Ich habe viel zu tun!«

Nach weiteren drei Wochen wurde Anna ein Stützkorsett angepaßt. Jeden Tag nahmen die Schwestern sie jetzt für kurze Zeit aus dem Bett und schoben sie im Rollstuhl in den Klinikgarten. Daß das schon ein Erfolg war, wollte Anna nicht sehen. So teilnahmslos, wie sie im Bett gelegen hatte, so mürrisch und launenhaft saß sie auch an der frischen Luft.

Rainer hielt sich stets in ihrer unmittelbaren Nähe auf und umkreiste sie wie ein Satellit. Aber auch ihm gelang es nicht, sie aus ihrer Lethargie zu reißen.

Er hielt ihr eine Flasche seines üppigen Getränkevorrats hin: »Möchtest du einen Schluck Limo?«

Anna reagierte nicht. Das Laster hatte sie anscheinend von ihrem Vater geerbt.

Rainer druckste herum und suchte nach einem Thema, das sie mit ihrem augenblicklichen Zustand versöhnen könnte. »Ich sitze schon seit zwei Jahren in dem Ding«, versuchte er einen Frontalangriff: »Kaum hatte ich mich daran gewöhnt, wollten meine Nieren den Geist aufgeben, und ich mußte wieder liegen.«

Anna sah in den Himmel und fiel tiefer in ihren Zustand: Sie fühlte sich allein auf der Welt. Ganz allein: Hinter ihr, vor ihr, neben ihr gab es nichts . . ., nur Leid.

»Nach all den Monaten kannst du mich ruhig mal ansehen oder mich begrüßen«, rief er ihr zu und ärgerte sich überhaupt nicht. Er blickte tiefer . . .

Sie schaute ihn nicht an. Sie begrüßte ihn nicht. Wie sollte sie auch, es gab ihn ja nicht. Offenbar war sie froh, daß eine Krankenschwester sie vom Garten ins Haus zurückschob.

Da riskierte er eine halsbrecherische Slalomfahrt durch das Klinikgelände, über die Rampe ins Hauptgebäude und rollte erst wieder gesittet durch die Gegend, als er Stefan und Ute Pelzer auf dem Gang vor Annas Zimmer traf. Er deutete auf die Tür und verkündete: »Ihre Tochter nehme ich demnächst in die Dings, in die Mangel.«

Er klopfte auf die Videokamera, die auf einem Halter am Rollstuhl steckte. »Sie sollte mehr Zähne zeigen – lächeln, meine ich. So ist sie völlig unfotogen. Ich kann alles löschen, was ich bisher von ihr habe. Irgendwas muß passieren.« Er überlegte. »Aber ich schaff' das schon. Sie wird wieder lachen . . . Das können Sie mir glauben.«

Die Pelzers konnten nur völlig erstaunt nicken. Ute sagte schließlich ein bißchen ungläubig: »Das wäre zu schön. Da würdest du ihr – und uns sehr helfen.«

Bevor sie die Klinke drückte, wisperte sie Stefan zu: »Laß dir nichts anmerken.«

»Was soll ich mir nicht anmerken lassen?« flüsterte er begriffsstutzig zurück.

»Daß du sie bedauerst und daß wir beide in einer Krise stecken«, zischelte sie. »Wir haben das so abgemacht! Wir müssen Anna motivieren, die Ärzte allein schaffen es nicht. Nun geh schon rein.«

Anna lag wieder im Bett. Auf den Ohren steckten Kopfhörer vom Walkman, der Apparat war jedoch nicht eingeschaltet. Sie benutzte das kleine Kassettengerät als Alibi, um sich noch tiefer in sich selbst versenken zu können, statt auf ihre Umwelt reagieren zu müssen. Ute beugte sich hinunter und gab ihr einen Kuß.

Da erst schlug Anna die Augen auf und wunderte sich: »Ihr seid ja außer der Reihe hier.«

»Du weißt doch, daß wir immer kommen, wenn wir Zeit haben, Anna Pelzer«, sagte Stefan, nahm ihr die Hörer vom Kopf und küßte Anna flink auf Stirn, Nase und Mund.

Es waren kleine, zärtliche Bewegungen, die Anna an einen Specht erinnerten.

Er hatte den Eindruck, daß sie lächelte, und deshalb warf er Ute einen triumphierenden Blick zu.

»Was macht Philipp?« fragte Anna leise.

Ute wußte darauf keine Antwort zu geben.

»Wir wissen, daß du ihm nicht so schnell verzeihen kannst.«

»Wieso?« Für Anna schien das ein außerordentlich weit hergeholter Verdacht zu sein. »Ich bin ihm nicht böse – ich war ihm nie böse.«

Zum erstenmal seit langer Zeit blickten Ute und Stefan sich wieder in die Augen. Sie waren sprachlos, denn sie hatten eine völlig andere Reaktion von Anna erwartet – schließlich war Philipp schuld an ihrem Zustand. Und sie hatte ihm verziehen? Einfach so?

Heute schien ein besonderer Tag zu sein. Deshalb glaubte Stefan, eine besondere Forderung stellen zu können: »Dann streck doch mal deine Arme aus – vielleicht geht's ja«, sagte er munter.

Ihre Antwort klang verstockt: »Ich kann es nicht. Es geht nicht.«

»Schätzchen, du willst nicht«, stellte Ute trocken fest.

Anna wechselte das Thema. »War das Ballett von Frau Breuer ein Erfolg?«

»›Die Puppenfee‹? Das wissen wir nicht«, sagte Ute. »Wir waren ja nicht dort. Aber ohne dich kann es kein Erfolg gewesen sein.«

Stefan zog über seinen Knopfaugen einige Dackelfalten und wollte eine Neuigkeit verkünden. »Übrigens . . .«

Exakt in der gleichen Sekunde sagte Ute: »Das ist . . .«

Wieder sahen sie sich an, und Stefan nickte Ute zu: »Du zuerst.«

»Nein, Stefan, du hattest eher angefangen.«

»Also dann, Anna. Man hat uns ein hervorragendes Sanatorium genannt, in dem du nach den modernsten therapeutischen Erkenntnissen behandelt wirst. Es wird garantiert, daß du innerhalb weniger Monate wieder normal herumspringen kannst. Aber du mußt mithelfen . . .«

»Das ist das Wichtigste bei dieser Therapie«, vollendete Ute.

Ob Anna das erfreute, konnten beide nicht erkennen, und Stefan ließ seiner Tochter auch keine Zeit zum Grübeln. Er hockte sich vor ihr Bett und rubbelte ein wenig ihre Knie. »Kribbelt es schon? Professor Happe sagte, es müßte eigentlich . . .«

»Ich weiß es nicht. Manchmal glaube ich, warm und kalt auseinanderhalten zu können.«

Stefan sprang auf. Er war mit einemmal so glücklich und voller Hoffnung, als hätten Anna – und vor allen Dingen er – eine Riesenleistung vollbracht. Geradezu hastig, als wollte er den kostbaren Moment nicht ungenutzt vorübergehen lassen, tastete er alle Taschen seines Jacketts ab, bis er auf das kleine Futteral stieß, das er zu Hause eingesteckt hatte. Er zog es heraus, öffnete es und zeigte Anna den Inhalt, einen herzförmigen Goldanhänger, umrahmt von Diamantsplittern. Mit Daumen und Zeigefinger zog er ihn an dem goldenen Kettchen heraus, ließ ihn vor ihren Augen baumeln und sagte erst: »Voilà!« und dann: »Bitte!«

Das sollte ein Trick sein: Er hatte sich ausgemalt, wie Anna jubelnd zufassen und das Theater mit den lahmen Armen vor Freude vergessen würde. Nichts. Anna rührte sich nicht.

Ute, eingeweiht, bat leise: »Häng ihn doch selbst um, Anna – du kannst es.«

In Annas Gesicht zeigte sich zuerst Nervosität, dann Abneigung. »Bitte – ich möchte jetzt allein sein«, sagte sie gepreßt.

Ute seufzte enttäuscht, und Stefan löste ohne ein weiteres Wort das Kettenschloß. Er nahm jedes Ende in eine Hand und legte seiner Tochter den Anhänger um. Anna hob nicht mal den Kopf, um ihm die Sache zu erleichtern.

»Ute«, rief er, als wäre seine Frau an der Situation schuld, »hilf mir doch mal! Du siehst doch, daß das Kind sich nicht rühren kann!«

Wieder drei Wochen später reagierten Annas Beine tatsächlich positiv auf Temperaturunterschiede, und bei den ersten Übungen am automatischen Therapiegerät taten ihr die Muskeln weh. Stefan geriet in seiner Werkstatt vor Freude völlig aus dem Häuschen, als er die Nachricht von Professor Happe bekam.

Philipp konnte mit dem Kalt-warm-Empfinden von Anna nicht viel anfangen – Ute erzählte ihm davon ausgerechnet an dem Tag, an dem er vom Jugendrichter wegen des Unfalls und Fahrens ohne Führerschein zu 130 Stunden Arbeit in einer Behindertenwerkstatt verurteilt worden war.

»Daß ich nicht zu Jugendarrest verurteilt worden bin, ist pures Glück«, sagte er kleinlaut im Blumenladen. Und weil er ständig ein schlechtes Gewissen hatte, erklärte er: »Ich glaube, wir brauchen das Geld dringender für etwas anderes.«

Ein bißchen gerührt war Ute schon, und weil sie nicht wußte, was sie dazu sagen sollte, strubbelte sie, dankbar für den guten Willen, durch seine Haare.

»Außerdem habe ich auch noch Omas Sparbuch«, trieb Philipp jetzt seine tätige Reue auf die Spitze.

»Aber Philipp, wir verhungern nicht. Ich halte es für wichtiger, daß du Anna im Krankenhaus besuchst. Sie braucht viel Ansprache.«

Er glaubte, nicht richtig gehört zu haben. »Besuch von mir?«

»Gerade von dir!«

»Wann kann ich denn hin? Sind da Besuchszeiten?« Philipp war aufgeregt. Genaugenommen hatte er sogar Herzklopfen.

»Nachmittags darfst du immer hingehen.«

Wie befreit stürmte er sofort los, doch bevor er die

Glastür hinter sich schloß, drehte er sich um und fragte: »Sag einmal, Mama – laßt ihr euch eigentlich scheiden?«

Ute war entsetzt. »Wie kommst du denn auf die Idee?«

»Weil ich Augen im Kopf habe. Papa schläft in seiner Werkstatt, und du bist nicht besonders guter Laune. Ihr trefft euch nur, wenn ihr ins Krankenhaus geht.«

»Es gibt Krisen, und die kann man meistern. Das wirst du später auch noch durchmachen«, antwortete Ute und wollte ihre eigenen Worte so gerne glauben.

Ihm schien diese Erklärung zu genügen. Er lief den ganzen Weg bis zur U-Bahn-Station.

Im Krankenhaus fragte er sich zu Annas Zimmer durch – die Nummer hatte er in der Aufregung völlig vergessen. Vor der grüngestrichenen Tür fiel ihm dann noch ein, daß er nicht einmal Blumen besorgt hatte, aber er hoffte, daß es darauf nun nicht mehr ankam.

Anna, im Bett liegend, schüttelte ihre Apathie sofort ab, als er vor ihr stand, und ließ sich haarklein berichten, wie es ihm ergangen war. Er erzählte von der Schule, vom Gericht und vom Urteil.

»Ist Andreas auch verurteilt worden?« fragte sie neugierig.

»Der ist mit einer Verwarnung davongekommen. Sie haben gesagt, er habe die Tragweite seiner Handlung nicht ermessen können.«

»Was für eine Handlung denn?«

»Na, daß er mich ans Steuer gelassen hat.«

Anna dachte nach: »Und – trefft ihr euch noch?«

»Warum nicht? Natürlich wissen Papa und Mama nichts davon. Wir halten das für besser. Du doch auch?«

Anna nickte heftig.

Er nahm ein Glas vom Nachttisch und gab ihr einen Schluck zu trinken. »Und den Führerschein darf ich laut richterlichem Beschluß erst viel, viel später machen, weil mir noch die charakterliche Reife fehlt, hat er gesagt.«

»Wer? Der Richter?«

»Na sicher, wer sonst. Vielleicht stimmt es ja auch.«

»Das ist aber nicht gut!« rief Anna verstimmt.

Philipp holte tief Luft, weil er das auf sich bezog.

»Soll ich lieber gehen?« bot er ihr an.

Anna lächelte fast ein bißchen, als sie sagte: »Rede keinen Unsinn! Ich finde es deshalb nicht gut, weil ich dich doch mal als Fahrer brauche.«

Er mußte erst eine Zeitlang nachdenken, bis er begriff, was sie mit ihren Worten gemeint hatte. Dann platzte er heraus: »Nun mach aber mal einen Punkt! Du willst doch nicht immer so bleiben! Du sollst doch bald in eine Superklinik kommen, und dann kannst du wieder gehen. Und laufen. Und tanzen. Und alles, was du willst.«

Anna öffnete kaum die Lippen, als sie offenbarte, was sie als tiefere Wahrheit zu kennen glaubte: »Ich werde mein ganzes Leben im Rollstuhl verbringen.«

»Hör doch mal auf damit!« fauchte Philipp völlig entsetzt, als er verstand, daß sie es ernst meinte. »Wie kommst du nur auf so etwas!«

Anna sah ihm fest in die Augen: »Ich weiß es.«

Professor Happe registrierte sehr zufrieden den günstigen Einfluß, den Rainer Hellwig auf Anna ausübte. Und weil die Nieren des Jungen einer stationären klinischen Kontrolle nicht mehr bedurften, koppelte er ihn mit Anna zusammen, als sie ins Sanatorium zur therapeutischen Behandlung und Rehabilitierung verlegt wurde.

Rainer hatte dort ohnehin schon einige Monate nach seinem Skiunfall verbracht, und er zog ein wie ein lange vermißter Stammgast.

Anna wurde von den Therapeuten nach ganz kurzer Zeit durchschaut. Sie glaubten ihr die völlige Lähmung und Gefühllosigkeit ebensowenig wie Professor Happe. Daß sie ihre Beine nicht bewegen konnte, war nachweisbar. Doch warum sie ihre Arme weiterhin beharrlich als gelähmt ausgab, war nach ärztlichem Ermessen nicht zu erklären. Frau Dr. Mangold, die Therapeutin in der Abteilung, erkannte, daß Annas psychischer Sperre, an die sie fest glaubte, nur mit vorsichtiger Rücksichtslosigkeit beizukommen war. Daher ordnete sie eine Probebehandlung im Warmwasser-Schwimmbad an.

»Was macht Rainer eigentlich hier?« wollte Anna wissen.

»Der ist oft hier in der Klinik«, sagte die Ärztin. »Er trainiert bei uns und hilft uns bei unserer Arbeit. Er motiviert Leute wie dich. Du wirst schon sehen . . .«

Am Tag nach diesem Gespräch lag Anna auf der absenkbaren Plattform eines Hydraulikkrans, die vom Bademeister per Knopfdruck ins Wasser gelassen wurde. Langsam ließ er Anna hinab, bis der Rücken das warme Wasser berührte. Eine junge Assistentin im Badeanzug wartete im Pool, um eventuell Hilfestellung zu geben.

»Ich kann mich aber nicht bewegen«, warnte Anna, als das Wasser um sie herumgluckerte.

Die Plattform wurde immer tiefer abgesenkt. Das Wasser reichte Anna schon bis zum Mund. Sie schluckte und blubberte es wieder aus.

Rainer rollte elegant durch die Schwingtüren an das Badebecken und hielt mit der Video-Kamera fest, was mit Anna geschah.

»Du bist ganz schön neugierig«, rief Frau Dr. Mangold ihm zu.

Er machte eine wegwerfende Handbewegung. »Anna und ich sind alte Freunde aus München.«

»Freunde?« lehnte Anna ängstlich ab, und ganz allmählich verschwand ihr Körper im Wasser. Nur der Kopf mit der roten Badekappe war noch zu sehen.

Ärztin und Bademeister verständigten sich mit kurzem Blick, und die Plattform verschwand unter Wasser. Rainer richtete in aller Ruhe seine Kamera auf die Luftblasen an der Oberfläche.

Anna versank, tauchte prustend auf, hustete, spuckte Wasser, ruderte in Todesangst mit den Armen, brüllte: »Ich hab' doch gesagt, daß ich mich nicht bewegen kann!«

Rainer ließ ungerührt die Kamera laufen.

Die Assistentin tauchte zu Anna hin, hielt sie hoch, konnte sie jedoch kaum bändigen. Nun sprang auch der Bademeister in voller Kleidung ins Wasser, und zusammen trugen sie Anna aus dem Becken.

Obwohl Annas Bad nicht eine Sekunde unkontrolliert geblieben war und alle Beteiligten an diesem kleinen Drama alles geplant hatten, so daß sie zu keiner Zeit in Gefahr war, entschuldigte der Bademeister sich: »Ist schon gut, Herzchen. Wir hätten dich anschnallen müssen. Es war unsere Schuld.« Er konnte nicht gut sagen: »Wir wollten mal sehen, wie du dich verhältst.«

Bis zum Hals zugedeckt, lag Anna im Bett und vergegenwärtigte sich unwillkürlich jede einzelne Phase des Unfalls mit dem blauen Lieferwagen. Wie jeden Abend. Insgeheim nannte sie das »Todesvision«. Und sie fürchtete sich vor dem Traum:

Der Wagen überschlägt sich, wühlt den Waldboden auf. Sie wird in hohem Bogen mit Blumen und Bäumchen von der Pritsche geschleudert – wie in Zeitlupe läuft das in ihrer Erinnerung ab –, sie hört Glas splittern, Blech scheppern, versucht, sich in der Luft zu drehen. Grasbüschel treffen sie im Gesicht, dann landet sie hart auf dem Waldboden. Und der letzte Gedanke: »Ich hab' ein weißes Kleid an!«

Sie schreckte auf, weil Rainer die Zimmertür öffnete und hereinrollte. Ohne Vorankündigung warf er ihr einen triefendnassen Badeschwamm an den Kopf.

Rainer erwartete nach seinen Beobachtungen in der Schwimmhalle, daß Anna reagieren und den Schwamm auffangen würde. Sie tat es nicht, sondern blieb stocksteif liegen.

»Irrtum vom Amt«, entschuldigte er sich und nahm ein Handtuch vom Halter am Waschbecken. »Alle sagen, du hättest nichts mit den Armen und markierst nur.« Er trocknete ihr Gesicht sorgsam ab. »Vielleicht ist es ein vorübergehendes Problem.«

»Von mir aus sollen sie reden«, antwortete Anna verstockt.

»Weißt du, bei mir, ja, da ist nichts vorübergehend, da ist alles endgültig.« Er machte eine elegante Handbewegung über seine Beine.

»Bei mir auch.«

»Sag bloß«, flachste er. »Verrat mir mal, was du früher gemacht hast.«

»Was heißt gemacht? Ich bin zur Schule gegangen.«

»Aber man geht doch nicht nur zur Schule. Hast du keine Hobbys oder so?« Rainer ahnte, daß Annas Problem tief saß, und als sie jetzt sagte: »Ich hab' getanzt«, konnte er sie auf einmal verstehen. Er ließ sich aber nichts anmerken: »So, getanzt. Dein Wasserballett im Schwimmbad war nicht schlecht.« Er wendete den Rollstuhl um neunzig Grad und fuhr zur Tür. »Das mit dem Schwamm tut mir leid.«

»Depp!« rief sie ihm hinterher.

Auch bei der nächsten Warmwasserbehandlung wurde Anna, ohne daß sie es wußte und bemerkte, überlistet. Sie kam ahnungslos in die Schwimmhalle und erhielt von zwei Helferinnen einen modernen einteiligen Badeanzug verpaßt. Dann wurde sie im Rollstuhl an den Rand des Schwimmbeckens geschoben, in dem die übrigen Patienten, die ihre Beine nicht bewegen konnten, sich schon mit Hilfe eines Schwimmbretts im Wasser bewegten.

Während Anna die Szene noch teilnahmslos beobachtete, befahl Frau Dr. Mangold überraschend: »Anna Pelzer! Du bist jetzt dran!«

Wie auf Kommando – und genau das war es – trugen die Assistentin und der Bademeister Anna sofort ins Becken, schoben ihr ein Schwimmbrett unter den Oberkörper und ließen sie los. Das alles hatte kaum ein paar Sekunden gedauert, und Anna, der die Angst vom letzten Mal noch in den Knochen saß, streckte automatisch die Arme aus und hielt sich am Brett fest.

Auch diese Szene hatte Rainer gefilmt, der sich hinter einer Säule versteckt hatte. Jetzt rollte er geschickt zum Beckenrand und rief Anna fröhlich zu: »Ganz edel, das Wasserballett!«

Als Anna die Kamera sah, ahnte sie, daß sie irgendwie hintergangen worden war, und rief ärgerlich: »Mach, daß du wegkommst!«

Rainer setzte nur die Kamera ab und lachte von einem Ohr bis zum anderen.

»Nein, nicht!« zeterte Anna und versank dabei unter den Wasserspiegel. Die Assistentin mußte zugreifen.

»Italienisches Wasserballett«, kicherte Rainer und rollte aus der Halle.

Aber kaum war Anna für die vorgeschriebene Ruhezeit wieder ins Bett gebracht worden, stieß Rainer ihre Tür auf und rollte ins Zimmer. »Du bist eine ziemlich dusselige Kuh! Was heißt das auf italienisch?«

Anna erschrak, weil seine Stimme einen anderen, viel schärferen Klang hatte. Sie hob abwehrbereit den Kopf.

»Was fällt dir ein?!«

»Das frage ich dich«, blaffte der sonst so sanfte Rainer sie zornig an. »Was fällt dir ein? Warum gehst du unter wie eine bleierne Ente und schluckst dieses scheußliche Wasser, wenn dir jemand zuschaut?«

»Interessiert mich nicht! Laß mich zufrieden!« Anna war dabei, in Panik zu geraten. Sie war gelähmt und würde es immer bleiben . . . was also wollte er . . .?

Statt auf sie einzugehen, riß Rainer die Rollstuhlräder zum Rückwärtssprint nach hinten ans Waschbekken und griff einen klatschnassen Lappen, der dort einsam vor sich hin tropfte.

»Natürlich interessiert dich überhaupt nichts mehr«, rief er und drehte sich in eine günstige Wurfposition. »Und jetzt passiert's noch einmal! Aber ich entschuldige mich nicht mehr!«

Sein Arm fuhr hoch, der nasse Lappen segelte spritzend durch die Luft und traf patschend Annas Gesicht.

Sie schrie wie am Spieß, griff mit einer Reflexbewegung den Lappen und schleuderte ihn gekonnt zurück.

Ohne jeden Versuch auszuweichen, blieb Rainer ganz ruhig sitzen, bis das nasse Geschoß genau in seinem Gesicht gelandet war. Endlich hatte Anna seinen Verdacht bestätigt! Er grinste glücklich: »Bravo!«

Verblüfft schaute Anna auf Arme und Hände, als habe sie eben zum erstenmal entdeckt, daß sie zu ihr gehörten. Und weil der Bann jetzt gebrochen war, wurde sie knallrot im Gesicht.

Rainer hob den Lappen auf und brachte ihn zurück zum Waschbecken. »Du – wir könnten eigentlich morgen zusammen frühstücken. Ich hab' hier gute Beziehungen . . .«

»Beziehungen?« fragte Anna.

»Sag' ich doch. Und deine Semmeln schmierst du dir selber, okay?«

»Va bene.«

»Wohl zu oft in Italien gewesen?« spottete Rainer, und ehe Anna eine Antwort geben konnte, war er aus ihrem Zimmer gerollt.

In dieser Nacht träumte sie zum ersten Mal nicht mehr vom Unfall, sondern von allerlei Mahlzeiten und davon, wie sie sie mit Vergnügen aufaß: Schnitzel, Spaghetti, Pudding, Weihnachtsgans, Kekse . . . Im Morgengrauen erwachte sie heißhungrig schon lange vor dem offiziellen Wecken und wartete auf die Schwester, die ihr beim Aufstehen und Anziehen half und sie in den Rollstuhl setzte.

Als sie besonders hübsch angezogen Rainer endlich am Frühstückstisch gegenübersaß, fühlte sie sich wohl und froh. Und so wie sie es ihm versprochen hatte, strich sie sich ihre Brötchen selbst.

Frau Dr. Mangold und der Bademeister, die auf dem Weg zum Selbstbedienungstresen des Kantinenraumes an ihnen vorbeigingen, betrachteten die beiden erstaunt.

»Nicht zu glauben«, wunderte sich die Ärztin. »Anna hat beschlossen, ihre Arme wieder zu benutzen! Ich könnte mir vorstellen, daß wir das Rainer zu verdanken haben.«

»Ganz ohne Zweifel – er ist wirklich Klasse«, sagte der Bademeister leise. »Soll ich Ihnen mal etwas verraten? Gestern hat er mich beim Tischtennis einundzwanzig zu neun geschlagen. Der Junge ist mit seinem Rollstuhl wendiger als mancher mit zwei gesunden Beinen. Und als ich ihm prophezeite, daß ich ihn bei der Revanche schlagen würde – wissen Sie, was er da sagte? ›Im nächsten Winter vielleicht beim Skilaufen.‹ Der gibt nicht auf.«

»Das Kerlchen ist ungebrochen, weiß Gott«, raunte Frau Dr. Mangold. »Haben Sie ihn mal in seinem Rollstuhl tanzen sehen? Wie ein Artist. Wir müssen nur darauf achten, daß er genug trinkt. Vier Liter sind das Minimum.«

Anna goß Rainer Pampelmusensaft ins Glas, das er folgsam mit einem langen Zug austrank. »Ich muß mindestens noch vier volle Gläser Saft trinken«, sagte er.

Abermals nahm sie die Kanne und schenkte ihm ein. »Warum denn?« fragte sie ein wenig geistesabwesend.

Er schaute sie an, als täte ihm ihre Frage leid. »Du bist schließlich nicht die einzige Kranke hier, *va bene*? Prost!«

Frau Dr. Mangold trug ein Tablett mit ihrem Frühstück vorüber, stockte überrascht und tat, als sähe sie Anna und Rainer heute zum ersten Mal und ganz zufällig.

»Guten Morgen, ihr beiden«, fing sie das Gespräch

an. »Habt ihr euch endlich angefreundet? Rainer ist ja lange genug hinter dir her gefahren.«

»Ich habe es gemerkt«, bestätigte Anna und setzte mit dem Brustton der Überzeugung hinzu: »Ein unmöglicher Typ.« Dabei lachte sie Rainer fröhlich an.

Rainer feixte zurück: »Aber sie steht mehr auf Italiener, fürchte ich.«

Die Ärztin lachte und zog einen Stuhl für sich heran. Sie goß Kaffee in ihre Tasse, und währenddessen offenbarte sie Anna: »Wir wußten, daß deine Arme in Ordnung sind. Deine Eltern wußten das auch.«

»War rein psychosomatisch, nicht wahr?« bemerkte Rainer so nebenbei, als gehörte das Thema seit Urzeiten zu seinen elementarsten Erkenntnissen.

Frau Dr. Mangold zwinkerte Anna aufmunternd zu. »Er ist Fachmann, merkst du das? Und jetzt kriegen wir deine Beine auch wieder hin.«

Was Anna nun an therapeutischen und orthopädischen Behandlungen auch durchmachen mußte, stets waren Rainer und seine Videokamera mit dabei. Rainer hatte es sich in den Kopf gesetzt, eine lückenlose Dokumentation ihrer Genesung aufzuzeichnen. Doch dafür mußte sie gesund werden. So war er stets in ihrer Nähe, und sobald sie mutlos wurde, half er ihr mit flotten Sprüchen über den Berg; wenn sie uneinsichtig war, zeigte er ihr mit seiner einfachen, aber wirkungsvollen Psychologie, daß Aufgeben nicht »galt«.

Dann kam der Tag, an dem Anna zum erstenmal Gehhilfen angepaßt wurden. Diese Gelenkschienen, am Oberschenkel mit einer breiten Ledermanschette verschnürt und an derben Schuhen festgenietet, hielten die

Beine zwar gerade, aber um sich fortzubewegen, mußte sie sich mit zwei Krücken voranschwingen – eine mühsame und schmerzhafte Angelegenheit. Frau Dr. Mangold und zwei Orthopäden beobachteten ihre ersten Gehversuche.

Anna stützte sich auf beide Krücken, schleifte die Beine hinterher und stöhnte verzweifelt: »Ich kann das nicht! Ich kann das einfach nicht!«

Rainer rollte zu ihr und schaute sie herausfordernd an. »Guck *mich* an! Ich kann das auch nicht, aber ich wünschte mir, ich könnte das auch noch einmal lernen! Es geht aber leider nicht.«

Er erwartete, daß sie sich nun zusammenreißen würde, doch sie wiederholte eigensinnig: »Ich kann es trotzdem nicht.«

Rainer klopfte mit dem Fingerknöchel an die Unterarmstütze ihrer Krücke. »Hast du mal dran gedacht, daß deine Eltern am Samstag kommen? Die wollen was sehen!«

»Depp!«

»Wie sagt man auf italienisch ›Auf geht's‹?« wollte Rainer wissen.

»*Andiamo*«, antwortete Anna mit einer Art Galgenhumor.

Er machte seine Kamera schußbereit. »Dann tun wir das doch! *Andiamo*!«

Anna schleppte sich mühsam voran. Ihre gefühllosen Beine hingen an ihrem Körper wie zwei fremde, funktionslose Stelzen. Rainer richtete die Kamera auf sie, fuhr rückwärts vor ihr her und schwatzte auf sie ein: »Wie ist es eigentlich in Italien? Wie oft warst du schon dort?«

»Jedes Jahr«, sagte Anna, die sich voll und ganz auf

den Versuch, zu gehen, konzentrierte. »Stell das blöde Ding ab.«

»Jedes Jahr in Italien? Ist das nicht langweilig auf die Dauer?« Rainer war gewillt, sie abzulenken, und hatte Erfolg:

»Ist es nicht!« rief sie ärgerlich. »Ich hab' gesagt, du sollst deinen dämlichen Apparat wegtun.«

»Warst du auch schon in Venedig?«

Anna hatte Schmerzen, doch sie schleppte sich tapfer voran. »Ja, auch.«

Rainer stellte seine Fragen schnell und ohne nachzudenken. Ihm kam es nur darauf an, daß Anna nicht an die qualvolle Laufübung dachte. »Warst du auch bei der Mafia in Sizilien?«

»Nein.«

»Du hast so gut Italienisch gelernt . . .«

Anna blieb stehen. Tränen liefen über ihre Wangen, aber noch schluchzte sie nicht. Blicklos starrte sie Rainer an, der den Rollstuhl stoppte und die Kamera absetzte. »Weil die Eltern meines Vaters ein Haus in Italien haben. Sie leben dort, seit mein Großvater pensioniert ist.«

Rainer setzte den Rollstuhl wieder in Bewegung, um sie so zu zwingen, weiterzugehen. »Ist das Haus deiner Großeltern auf einem Berg?«

Anna war bis zum Zerreißen angespannt. Viel zu laut antwortete sie: »Ja – sonst noch was?«

»Ist es schwer, da raufzukommen?«

»Nein.« Das klang schon wie ein Schrei.

»Wär's für mich schwer?« bohrte er weiter.

»Für dich? Überhaupt nicht?« rief sie jetzt schluchzend und beinahe schon hysterisch. »Du kannst doch alles! Du kommst doch überall hin!«

Er stieß mit dem Rollstuhl rückwärts gegen die hohe

Sprossenwand des Trainingsraumes und sagte scharf: »Irgendwo muß Schluß sein!«

Schwerfällig polterte Anna an ihm vorbei und hielt sich ächzend und zitternd an den Sprossen fest. Nun erst weinte sie richtig. Sie konnte gar nicht aufhören.

»Ein Rekord«, lobte Rainer. »Du hast die ganze Halle geschafft!«

»Das reicht für heute«, rief Frau Dr. Mangold. »Das war sehr gut fürs erste Mal.«

Anna drehte sich mit den schweren Schuhen und den Metallschienen stampfend um. Etwas vorgeneigt setzte sie die Krücken auf. »Nein! Ich komm' jetzt wieder zu Ihnen rüber!« Sie wandte den Kopf und blickte Rainer nachdenklich an. »Jetzt darfst du mich filmen. Aber ich möchte das später sehen!«

Wochenlang setzte Anna diese Gehübungen fort, trainierte in der Orthopädie an Geräten, die ihre Beinmuskulatur aktivierten und stärkten, doch sie sah keinen echten Erfolg. Die Gehschienen taten weh und quälten sie beim schwerfälligen Laufen. Helfer hatten ihr gesagt, daß es ein gewaltiger Fortschritt sei, wenn sie Schmerzen hätte, denn dann würden die Beine bald gesund sein. Doch das Gefühl, diese Beine selbst dirigieren zu können, das stellte sich nicht ein.

Anna, für die das schmerzvolle Üben eine schwere Belastung war, trieb immer tiefer in eine Verzweiflung hinein. Eines Tages ließ sie sich einfach in ihren Rollstuhl fallen und beschimpfte wütend ihre Füße: »Wenn ihr so verdammt gesund seid, warum spüre ich euch dann noch nicht richtig?«

Rainer, der sich wie immer in Annas Nähe aufhielt,

rollte heran, als ginge es um eine Rettungsaktion aus letzter Not, tat jedoch so, als habe er nichts gehört. »Wir haben ganz vergessen, die Kassette anzusehen, die ich von deinen ersten Gehversuchen gemacht habe. Die setzt schon Schimmel an.«

Anna war so zornig, daß sie ungerecht wurde: »Glaubst du, das nützt irgend jemandem was, wenn du rumfilmst?«

Er legte den Kopf schief. »Wieviel Läuse sind dir denn über die Leber gelaufen? Komm schon, sei nicht so. Der Fernsehraum ist gerade frei.«

Desinteressiert legte sie die Krücken über die Knie, rollte hinter ihm her ins Haus und bremste in weitem Abstand vom Bildschirm.

Rainer schaltete die Geräte ein, schob die betreffende Kassette in den Recorder und deklamierte im Stil eines Stummfilmansagers: »Meine Herrschaften! Sie sehen jetzt den ersten Flug eines lahmen Maikäfers aus der Serie ›Wie das Leben so spielt‹.«

Auf dem Bildschirm flimmerte es. Dann sah man einen Schwenk über den Orthopädieraum: Lächelnd standen die Ärztin und der Trainer an der Stirnwand unter der großen Uhr, und ein Helfer schnürte die Ledermanschette um Annas linken Oberschenkel fest.

»Jetzt fliegt der Maikäfer gleich«, sagte Rainer.

Die Anna auf dem Film rappelte sich mühevoll auf, stand einen Augenblick, dann plumpste sie wieder in den Rollstuhl zurück. Beim erneuten Aufstehen wurde ihr geholfen, und dann stampfte sie diagonal auf die Kamera zu. Ihr Gesicht war verzerrt, sie weinte.

Die Anna im Zimmer rollte näher an den Fernsehapparat heran.

Nun kam die Schwarzblende; dann eine neue Einstellung, in der Annas qualvolle Bewegungen von hinten zu sehen waren, nachdem sie starrköpfig auf dem Rückweg bestanden hatte. Ein Schwenk auf die Uhr zeigte, daß der erste Versuch eine halbe Stunde gedauert hatte.

Rainer schaltete den Recorder ab. »Na? Dir muß doch etwas Bestimmtes aufgefallen sein ...«

Sie wollte das Bestimmte von ihm hören und fragte naiv: »Was sollte mir auffallen? Die Uhr?«

In komischer Verzweiflung pickte er mit dem Fingernagel an den Bildschirm und rief in einem Ton, als müsse er einem kleinen Kind etwas erklären: »Menschenskind! Du hast dich doch erkannt, ja? Und du weißt auch, wann ich das aufgenommen habe, richtig? Du hast dich bewegt wie der erste Neandertaler, als er vom Baum sprang und merkte, daß er auch auf zwei Beinen statt auf vieren laufen konnte. Das da«, er klopfte abermals energisch gegen den Apparat, »war doch gar nichts! Du läufst jetzt mindestens hundertmal besser als damals!«

Das stimmte. Im Gegensatz zu den Aufnahmen lief sie jetzt wesentlich besser. Anna war gerührt und gab leise zu: »Hab's gemerkt. Aber ich fand's gut, daß du mir das bestätigt hast.«

Rainers Spannung ließ jetzt nach. Er hatte ihr wieder Mut gemacht. »Ich hatte dich irgendwann mal gefragt, ob du ein Hobby hast ...«

»Als du mir den Schwamm ins Gesicht geworfen hast.«

»Vergiß das endlich. Und da hast du gesagt, du hättest getanzt. Was denn?«

»Im Kinderballett ... Ich dachte damals, ich könnte eigentlich Tänzerin werden.«

»Ich war einmal Zweiter bei den bayerischen Jugendmeisterschaften im Slalom.« Es war eine Feststellung, auf die er keine Antwort erwartete. Es klang wie ein Bericht aus einem anderen Leben.

»Willst du jetzt Kameramann werden?«

»Nein!« Er zog die Kassette aus dem Recorder. »Das ist nur für später. So eine Art Tagebuch, weißt du? Wenn ich einmal allein bin, werde ich mir das immer wieder ansehen.«

Am nächsten Tag kam überraschend Philipp zu Besuch und wartete geduldig im Garten, bis Anna ihr tägliches Training hinter sich gebracht hatte.

»Besonders fröhlich scheint er nicht zu sein«, dachte sie, als sie ihren Bruder mit hängenden Schultern über den Kiesweg am kleinen Rondell gehen sah. Sie fuhr auf ihn zu, und ohne Begrüßung forderte sie ihn auf: »Erzähle!«

»Anna, niemand kümmert sich mehr um mich. Es ist, als wäre ich überhaupt nicht mehr vorhanden. Papa interessiert sich für nichts mehr: Mama hat ihm meine Mathematik-Klausurarbeit gezeigt, und er hat überhaupt nicht reagiert! Er hätte wenigstens sagen können, daß er zufrieden ist. Ein großes Lob erwarte ich ja schon gar nicht mehr.«

»Wieviel Punkte hast du denn?« fragte Anna interessiert.

»Neun! Zwölf sind möglich!«

»Wow!« Anna war tief beeindruckt.

»Schau, Anna«, sagte Philipp warm zu ihr, »das hätte er ja auch sagen können. Was soll ich jetzt machen?«

»Was macht er denn?« frage Anna, die ihren Vater gut kannte.

»Er schläft nicht mehr zu Hause, sondern in seiner Werkstatt. Wenn er heimkommt, geht er in dein Zimmer und betrachtet Kinderbilder von dir und die ersten Ballettfotos. Er ist absolut nicht ansprechbar.«

»Und Mama?« Anna war jetzt ernsthaft besorgt.

»Kannst du dir das nicht vorstellen?«

»Wenn sie mich besuchen, tun beide so, als wäre alles wie immer. Sie lassen sich nichts anmerken. Dabei habe ich es längst geahnt ... Sie reden nämlich beide nur mit mir und nicht miteinander. Verstehst du, was ich meine?«

Philipp machte eine lässige Handbewegung. »Mir brauchst du das nicht zu erzählen ... Sie benehmen sich, als ob sie ein Schweigegelübde abgelegt hätten. Anna, wie kann man unserem Vater da raushelfen?«

»Geh doch zu ihm in die Werkstatt«, riet Anna, die ahnte, daß ihr Vater selbst unter der Situation litt. »Versuche, bei ihm zu arbeiten. Ich möchte wissen, was er sagt.«

»Der wirft mich in hohem Bogen raus.«

»Das glaube ich nicht«, überlegte Anna. »Besser als in der Werkstatt wäre es vielleicht, wenn er einen Außenauftrag hat. Wenn du Glück hast, scheint die Sonne und ihm ist warm.« Sie lächelte wissend und nachsichtig. »Nach dem dritten Bier ist seine Laune bestimmt glänzend.«

Rainer war Annas Schatten geworden. Jeder im Sanatorium wußte das, und wurden die beiden einmal nicht zusammen gesehen, vermutete die Belegschaft, es habe ein Zerwürfnis gegeben. Auch Anna hatte sich so sehr an die ständige Gegenwart Rainers, seinen flapsigen Zuspruch und die leise surrende Videokamera gewöhnt, daß sie ihn bereits unruhig suchte, wenn er einmal nicht in ihrer Nähe war.

Wenn sie nicht wußte, wo er war, suchte sie ihn. Letzte Station ihrer – wie sie dachte, von allen unbemerkten – Spähmanöver war immer der Fernsehraum. Oft saß er dort und sah sich Videofilme an, die in der Bibliothek ausgeliehen werden konnten.

Anna öffnete leise die Tür und lenkte ihren Rollstuhl neben ihn. Er hatte sich einen Ballettfilm geholt: »Die roten Schuhe.«

»Moira Shearer«, stellte Anna fest, als zwei Tanzpartner die Primaballerina mit einer Hebebewegung an die Rampe brachten und das Gesicht in Großaufnahme erschien. »Sie ist jetzt auch schon fast sechzig Jahre alt. Warum siehst du dir ausgerechnet diesen Film an?«

Als wäre das ganz unwichtig, antwortete er: »Weil ich wissen wollte, was Ballett eigentlich ist. Hast du auch schon so getanzt?«

Anna war entrüstet: »Das dauert Jahre! Die Schritte kann ich, aber darauf kommt es nicht an: Wie du sie machst, das ist es!«

Im Sitzen versuchte sie, eine leichte Schrittfolge von Moira Shearer nachzuahmen. Dazu gab sie mit etwas verzerrtem Gesicht französische Ballettkommandos: »Demi-plié, pas de bourrée-et pirouette. Au!«

Rainer schaute sie aufmerksam an und merkte, daß sie bei der kurzen Übung Schmerzen hatte. Er nahm ihre Hand und sagte leise: »Wir sind schon ein Traumpaar, was? Tut's wieder weh?«

Vorsichtig zog er ihre Hand zum Mund und hauchte etwas unbeholfen einen Kuß auf ihre Finger.

Als sie nickte, fuhr er fort: »Du bist besser dran als ich – mir tut nichts mehr weh.«

Anna blickte verwundert und ein wenig zu lange auf die Hand, die er geküßt hatte ...

Philipp hatte herausgefunden, daß sein Vater den Auftrag hatte, die Barockkirche in Pfarrkirchen zu restaurieren. Eines Tages stand er kurz entschlossen vor dem renovierungsbedürftigen Bauwerk. Schon von weitem sah er Stefans Mitarbeiter, Josef, auf dem Rohrgerüst am Kirchturm stehen und die Öffnung zum Glockenstuhl ausmessen.

»Hallo, Josef«, grüßte er.

»Dein Vater ist kurz weg.«

»Kann ich was helfen?« Philipp war fest entschlossen, seinen Platz zu behaupten und sich nicht wegschicken zu lassen.

»Komm rauf, wenn du schwindelfrei bist«, lud Josef ihn ein. Philipp stieg die erste Leiter hinauf bis zur Zwischenplattform und dann weiter nach oben zur Arbeitsbühne.

»Wie geht's Anna? Dein Vater spricht kaum ein Wort über euch. Seit Monaten macht er nur seine Arbeit und schweigt sich gründlich aus.«

»Es geht ihr viel besser. Sie will jetzt gesund werden, und das ist das wichtigste.« Damit brach Philipp den Familienbericht ab. Er wollte seinem Vater nicht in den Rücken fallen. Statt dessen fragte er: »Was kann ich tun?«

Josef drückte ihm eine Drahtbürste in die Hand und zeigte auf das kunstvolle Zifferblatt der Kirchturmuhr, deren XII beinahe so groß war wie Philipp. »Die haben das alte Gemäuer geweißelt, und anstatt die Uhr abzudecken, haben sie drübergepfuscht. Du mußt also die Ziffern putzen ...«

Josef unterbrach sich, weil er bis hinauf zur Arbeitsplattform das Knirschen von Schritten auf dem weißen Marmorkies vor dem Kirchenportal hörte: Stefan war gekommen, blickte mürrisch hinauf und sah eine Zeitlang zu, wie Philipp die römischen Ziffern der Uhr säuberte.

»Er ist da«, flüsterte Josef.

Philipp wandte den Kopf und rief: »Hallo, Vater.«

»Josef, können Sie Ihren Helfer ein paar Minuten entbehren?« fragte Stefan sarkastisch. »Komm runter, Philipp!«

Nervös wartete er, bis sein Sohn vom Gerüst gestiegen war und vor ihm stand. »Was willst du hier? Ich denke, du mußt deine Strafe abarbeiten.«

»Ja, von Freitagnachmittag bis Samstagabend. Heute ist Mittwoch. Ich bin hergekommen, um dir zu sagen, daß Anna dich vermißt.«

»Herrgottnochmal«, explodierte Stefan, »ich vermisse sie auch. Sollst du mir das von ihr bestellen, oder bist du von selbst drauf gekommen?« Er beruhigte sich. »Öfter als alle vierzehn Tage kann ich nicht. Bist du bei ihr gewesen?«

»Ja, und ich finde, daß sie schon wieder ganz gut laufen kann, mit den Schienen und den Krücken.«

»Aber wird sie sich jemals ohne diese ›Gehhilfen‹ bewegen können?«

»Ganz sicher!« Philipp gab sich wissender, als er es war.

Stefan blieb mißtrauisch: »Bestimmt?«

»Sie hat den festen Willen, und sie hat einen Freund dort, der ihr sehr hilft.« Philipp blieb ruhig und spürte, wie ihm sein Vater wieder näherkam.

»Wer ist das?« Mißtrauisch, wachsam, eifersüchtig

streckte Vater Stefan den Kopf vor: War dieser Freund etwa jemand, der ihm seine Tochter abspenstig machen wollte?

»Rainer«, antwortete Philipp.

»Ist das nicht der Junge im Rollstuhl mit der Videokamera und der Skiverletzung? Den hat uns Professor Happe damals vorgestellt. Und wie fühlt sie sich sonst – abgesehen von ihrem körperlichen Zustand?«

Philipp nahm allen Mut zusammen: »Ich habe den Eindruck, daß sie darunter leidet, daß in unserer Familie nichts mehr stimmt . . .«

»Ich versteh' nicht? Was stimmt nicht?«

Philipp hob die Hand. Bei seiner Aufzählung zeigte er zuerst den Daumen, dann den Zeigefinger, den Mittelfinger und schließlich den Ringfinger: »Du schläfst in der Werkstatt, redest mit Mama keine fünf Worte am Tag, und mit mir sprichst du überhaupt nicht mehr. Aber wenn ihr Anna besucht, dann tut ihr so, als sei alles in Ordnung.«

Stefan erschrak so sehr, als habe ihm jemand einen Spiegel vorgehalten, in dem er nicht sich, sondern einen Fremden sah. Unbeherrscht riß er Philipp die Ledermütze vom Kopf und schlug sie ihm links und rechts um die Ohren. Dann sagte er nur: »Entschuldige!«

Philipp aber wuchs über sich selbst hinaus: »Ihr seid keine guten Schauspieler, und Annas Augen sehen euch beide ganz deutlich. Sie kennt euch doch und weiß ganz genau, daß etwas nicht stimmt. Na ja, und darunter leidet sie eben, und das tut ihr bestimmt nicht gut – ich meine, was den Heilungsprozeß betrifft.«

Stefan fühlte sich in die Ecke gedrängt. Er zog seine Jacke aus, zog sein Taschentuch aus der Hose und wischte sich über die Stirn. Nach einer Weile war er ruhiger, und er scheute sich nicht, Philipp zu fragen: »Und was schlägst du vor?«

»Es ist doch alles in Ordnung, wenn du wieder so bist, wie du früher warst«, war alles, was Philipp dazu sagen konnte.

Ein paar Momente benötigte Stefan, um diesen einfachen Satz zu begreifen. Doch plötzlich klopfte er seinem Sohn kräftig auf die Schulter. »Wie lange willst du noch hier rumstehen und schwatzen? Ich denke, du wolltest helfen. Ich zahle zehn Mark die Stunde. Also rauf! *Andiamo*!«

»Aber erst, wenn du Mama anrufst und sagst: ›Ich hab' dem Sohn ein paar gewischt, was kommt denn heute auf den Tisch-t?‹«

Gemeinsam kletterten sie auf das Gerüst, Philipp griff nach der Drahtbürste, und Stefan verschwand im Glokkenstuhl. Josef, der den Wortwechsel unten nicht verfolgt hatte, wunderte sich sehr über den ganz offensichtlich veränderten Chef.

Unerwartet kletterte Stefan aus dem Turm wieder auf die Plattform zurück. Er brachte drei Flaschen Bier mit, die Josef mit dem Zollstock öffnete. Dann stieß Stefan mit Philipp an. »Ich glaube, ich habe vorhin schon einmal gefragt: Hat Anna dich zu mir geschickt?«

Philipp grinste breit, entzog sich aber einer eindeutigen Antwort. »Sie kann ja noch nicht selbst kommen, Papa. Aber bald. Sag mal, wie wäre es denn, wenn du sie einmal einlädst und mit deiner Familie groß ausgehst?«

»Kann sie das denn schon?« zweifelte Stefan.

»So gesund ist sie schon lange!« sagte Philipp ganz ernst.

Und Stefan drehte sich zur Kirchturmwand, als müsse er dort etwas ungeheuer Wichtiges betrachten.

Einen Monat nach dem Gespräch zwischen Philipp und seinem Vater hielt Frau Dr. Mangold es für vertretbar, daß Anna für einige Stunden das Sanatorium verlassen durfte. Sie genehmigte Stefan Pelzers Plan, seine Tochter und Rainer zu einem Ballettabend mit anschließendem Abendessen abzuholen. Ute brachte Anna eine weiße lange Hose und eine hellrosafarbene Kostümjacke, die sie mit ein paar Stichen etwas enger machen mußte, und Frau Hellwig, Rainers Mutter, hatte ihrem Sohn einen dunklen Anzug herausgesucht, der ihm noch gut paßte.

Als Anna sich fertig angezogen Rainer zeigte, stellte er fest: »Du siehst gar nicht so übel aus. Weißt du, wenn es mit dem Tanzen nicht sofort klappt, kannst du vielleicht auch zum Musical gehen.«

»Hör schon auf!« gab ihm Anna kratzbürstig zur Antwort, denn Pläne für die Zukunft ohne Krücken waren ihr noch unheimlich.

»Was willst du denn dann werden?«

»Bergsteigerin, damit ich deine Traumberge besteigen kann«, gab sie schlagfertig zurück.

»Ach, nicht schlecht. Ich bin zäh . . ., meine Träume werden wahr.«

»Depp! Auf jeden Fall werde ich nicht Tänzerin oder Sängerin. Das kann ich nämlich nicht. Ich kann nicht einmal richtig gehen – ist dir das schon aufgefallen?«

»Als du herkamst, konntest du überhaupt nichts! Jetzt darfst du schon in die Stadt.«

»Red mir doch nichts ein«, versuchte Anna die aufsteigende Hoffnung zu ersticken.

Sie zupfte Rainers Fliege gerade, die er unbedingt hatte umbinden wollen, und stakste dann mit ihren Laufschienen und Krücken hinter seinem Rollstuhl her. »Warum nimmst du denn eine Aktentasche mit?«

»Versteckte Kamera«, erklärte er. »Da kann ich im Opernhaus filmen, ohne daß jemand etwas merkt.«

Am Haupteingang des Sanatoriums wartete Stefan und sah vorwurfsvoll auf seine Armbanduhr.

»Eine alte Frau ist kein D-Zug«, rief Anna lachend.

Während der Fahrt in die Stadt lag Rainers Rollstuhl zusammengeklappt im Kofferraum von Stefans Auto. Vor dem Opernhaus hielt Stefan, brachte Rainer zu seinem Gefährt und stützte ihn, während sich der Junge elegant setzte. Mit dem Lift gelangten sie ins große Foyer: Ute schob den Rollstuhl, und Rainer bestaunte die prunkvolle Innenarchitektur.

Später, als sie in der Loge saßen, die ihnen der Oberlandesdenkmalpfleger für diesen Abend zur Verfügung gestellt hatte, machte Rainer mit seiner verborgenen Kamera Aufnahmen vom Opernhaus und den festlich gekleideten Besuchern.

Ute suchte mit dem Opernglas Logen und Parkett nach Bekannten ab, Philipp langweilte sich, Anna verstaute die Krücken, Stefan ließ kein Auge von seiner Tochter, und die Streicher des Orchesters stimmten ihre Instrumente auf den Kammerton a ein.

Schließlich wurde das Licht langsam dunkler, alle Streicher waren, wie durch Zauberei, auf einen Schlag mit dem Stimmen fertig, und Philipp flüsterte respektlos: »Auf los geht's los!«

Der erste Akt von »Schwanensee« begann. Der Vorhang teilte sich langsam, rauschte zur Seite, Soffitten und Punktscheinwerfer wurden aufgeblendet, die ersten Tänzer tauchten aus künstlichem Bühnennebel auf, und Anna, die perfekten Schritte, Sprünge und Hebungen der Akteure neidvoll fixierend, öffnete die Drahtklammer einer Bonbontüte.

Rainer schien von der Tanzhandlung fasziniert zu sein. In der Dunkelheit nahm er die Kamera aus der Tasche und filmte das Geschehen auf der Bühne.

Die Zellophantüte knisterte. Stefan hüstelte mahnend, Rainer wandte empört den Kopf zu Anna, und Philipp wisperte: »Du bist hier nicht im Kino!«

Sogleich bekam Anna ein schlechtes Gewissen und legte die Bonbontüte behutsam auf die Brüstung der Loge. Dabei war sie allerdings nicht behutsam genug: Der halbrunde, mit Samt bezogene Brüstungsrand war eine ungeeignete Ablage. Die Tüte rutschte ab und fiel ins Parkett. Blitzschnell rollte Rainer ein Stück nach hinten, und Anna lehnte sich zurück. Sie musterte die Gesichter ihrer Familienmitglieder, die alle gebannt auf das Geschehen auf der Bühne gerichtet waren – doch keiner hatte etwas bemerkt.

Bei aller Begeisterung für die gelungene Aufführung – so richtig ernst wurden Anna und Rainer den ganzen Abend nicht mehr: Die Bonbontüte war schuld daran, und nach dem Ende des Balletts mußte Rainer sich mühsam das Lachen verbeißen, als sie am Ausgang durch puren Zufall einem älteren Ehepaar begegneten.

»Also, Käthe«, sagte der Mann und wedelte erbost mit der Tüte, »das hätte es früher nicht gegeben! Direkt auf den Kopf haben sie mir das geworfen. Direkt auf den Kopf. Ich bin doch kein Mülleimer.«

Jetzt ritt Rainer der Teufel. Er hielt den Rollstuhl an und sagte zu dem Ehepaar: »Entschuldigung! Das ist meine Tüte.«

Erst nachsichtig, dann verblüfft, dann lachend schauten die beiden auf Anna und Rainer. »Na, gib sie ihm schon, Alfred«, sagte Käthe, »er hat es ja nicht mit Absicht getan.«

Mit großer Geste und etwas Scheu vor Rainers Behinderung reichte der alte Herr die Tüte zurück.

Stefan atmete hörbar und erleichtert aus. »Da nimmt man die Kinder schon mal mit in die Oper, und dann werfen sie da glatt mit Bonbons!« regte er sich künstlich auf und warf Anna einen strahlenden Blick zu: »Kommt, Kinder«, sagte er dann. »Jetzt gehen wir essen.«

Eine halbe Stunde später gab es im Restaurant zwischen Anna und Rainer eine leichte Verstimmung. Er sagte nämlich: »Weißt du, was ich will?«

»Nein«, sagte Anna.

»Ich will, daß du Tänzerin wirst, Primaballerina.«

»Du mit deinen blöden Witzen!« Anna war getroffen.

Stefan hob den Kopf, weil ihm der Ton der beiden unfreundlich und zu scharf erschien. »Was gibt es denn?« versuchte er zu vermitteln.

»Rainer meint, Anna könnte doch Tänzerin werden«, half Philipp ihm.

Anna schlug unter dem Tisch die Beine zusammen. Die Stützen klirrten metallisch trocken.

Stefan blieb der letzte Bissen im Halse stecken. Fassungslos sah er seine Tochter an. »Muß das denn sein?«

»Das war der fröhliche Klang meiner Beinschienen«, sagte sie und schaute harmlos in die Runde.

»Na, fabelhaft!« Rainer sagte das ganz ernst und hart. »Da kannst du mehr als ich!«

Eine Woche später kam es im Sanatorium zu einem anderen kleinen Zwischenfall: Rainer saß im Fernsehraum des Sanatoriums und betrachtete seine Videoaufnahmen vom Opernballett. Anna wollte sich leise zu ihm setzen. Dabei stolperte sie, griff nach einer Stuhllehne, um sich festzuhalten, und fiel dennoch der Länge nach zu Boden. Im Augenblick des Sturzes hatte sie wieder ihre »Todesvision«: Der Wagen überschlägt sich, wühlt den Waldboden auf. Sie wird in hohem Bogen mit Blumen und Bäumchen von der Pritsche geschleudert – wie in Zeitlupe läuft das in ihrer Erinnerung ab –, hört Glas splittern, Blech scheppern, versucht, sich in der Luft zu drehen. Grasbüschel treffen sie im Gesicht, dann landet sie hart auf dem Waldboden. Und der letzte Gedanke: »Ich hab' ein weißes Kleid an!«

Rainer schreckte auf, hielt ihr seine Hand hin und half ihr beim Aufstehen. Sie zog sich hoch und fluchte: »*Merda*!«

»Du wirst noch oft hinfallen«, beruhigte er sie und kicherte verhalten. »Aber du wirst merken, es fällt sich von Fall zu Fall besser.«

Gegen ihren Willen mußte Anna lachen.

Rainer machte einen Gedankensprung. »Bist du deinem Bruder eigentlich noch böse?« fragte er.

»Was heißt böse? Wieso denn? Meinst du etwa wegen des Unfalls?«

»Ich dachte nur.« Rainer sah an ihr vorbei aus dem hohen Fenster. »Der, der mich auf der Skipiste angefahren hat, der ist einfach weitergefahren. Vielleicht hat er nichts gemerkt, oder sich nichts dabei gedacht . . ., was weiß ich . . . Wenn ich einmal auf der Piste jemanden angerempelt habe, habe ich natürlich auch nicht daran gedacht, daß er sich womöglich gefährlich verletzt hat oder sogar querschnittgelähmt ist.«

»Bist du ihm böse?« fragte Anna.

Rainer hob die Schultern. »Ich kenne ihn doch gar nicht. Und außerdem – würde das was ändern? Nichts . . .«

Nach weiteren zwei Monaten war Anna so weit wiederhergestellt, daß zwei wöchentliche Ausgänge zu ihrem Rehabilitationsprogramm gehörten. Da Rainer sie ohnehin begleitete, hielt sie sich beim Laufen oft an seinem Rollstuhl fest.

An diesem Nachmittag waren sie nach München gefahren. Philipp hatte seiner Schwester am Telefon gesagt, daß er bei einem Gebäudereiniger jobbte und wo er zu finden sei: Auf einer Hubbühne stehend, putzte er die schwarze Glasfront eines Autohauses und hatte gleichzeitig die Straße hinter sich im Blick, ohne sich umdrehen zu müssen. Als er die Spiegelbilder der beiden endlich auftauchen sah, bat er seinen Vorarbeiter um eine Stunde Pause und rutschte rasant die Leiter von der Arbeitsbühne hinunter.

»Fall bloß nicht«, rief Rainer ironisch, »bei so einer Zirkusnummer kann man sich böse verletzen!«

»Du mit deinem schwarzen Humor«, rügte Anna. »Witze kannst du mit mir machen, aber nicht mit ihm.«

Philipp wollte das Thema wechseln: »Mutter oder Vater hätten euch abholen können.«

Anna und Rainer wechselten einen kurzen Blick, und Anna sagte: »Wir kommen allein zurecht.«

»Na, dann los. Ich hab' eine Stunde Zeit.«

»Die kann dir sehr lang vorkommen«, warnte Rainer. »Wir sind nicht die Schnellsten.«

»Das ist doch gut, gemütlich tut gütlich.« Es war sein erster Spruch seit sehr langer Zeit. »Außerdem, und da bitte ich mir erhebliches Staunen aus: Ich habe fast das ganze Geld zusammengespart, das mir Mutter für die Anwaltskosten ausgelegt hatte. Das ist zwar nicht gerade mein Traumjob«, er zeigte mit dem Daumen rückwärts, »aber man hat immer saubere Finger.«

Sie setzten sich in eine Eiskonditorei in der Nähe und ließen sich Riesenportionen mit Sahne schmecken und grinsten über einen Sandwichmann auf Stelzen, der zusammen mit einigen Liliputanern Reklame für das Avantgarde-Ballett »Prometheus« machte. »Da müßte man eigentlich hin«, sagte Anna. »Ohne Mamas und Papas Hilfe.«

»Prometheus, Prometheus«, sinnierte Rainer, »war das nicht der mit dem Goldenen Vlies?«

»Unsinn, das war Theseus«, sagte Philipp.

»Das war doch Jason«, verbesserte Anna. »Theseus hat Athen von den sieben Plagen und von König Minos befreit.«

»Und wer war Jason?« wollte Rainer wissen.

»Der hat die Argonauten geführt«, erwiderte Anna. »Und Prometheus ist der mit dem Feuer.«

»Ja, jetzt kann ich mich auch wieder erinnern«, bestätigte Philipp. »Zeus hatte den Menschen das Feuer weggenommen, und Prometheus wollte es dem Herrn Zeus wieder entwenden.«

»Du kannst ein so großes Thema ganz schön kaputtmachen«, beklagte Anna sich. »Ich gehe jetzt zur Vorverkaufskasse, stelle mich an und zeige meinen Schülerausweis. Dann kostet das für jeden von uns bloß vier Mark. Nun sagt schon, daß die Idee Klasse ist!«

»Klasse«, sagte Rainer gehorsam. »Und jetzt lauf los!«

Anna stand vom Tisch auf, humpelte los, und Philipp geriet außer Fassung. »Bist du sicher, daß sie das kann? Wenn mein Vater zufälligerweise vorbeikäme – was glaubst du denn, was dann los ist? Seine Tochter allein und ohne Hilfe im Straßenverkehr!«

»Na und? Irgendwann muß sie doch anfangen, wieder normal zu leben.«

Der »Prometheus« wurde in der Alabamahalle aufgeführt.

Anna, Philipp und Rainer, der ungehindert filmte, fanden den »Prometheus« erstklassig: Es war ein wahres Höllenspektakel mit Laserstrahlen und allerlei anderen spektakulären Effekten in der Ausstattung. Die Musik war schwer zu begreifen, und der Tanz hatte mit klassischem Ballett nicht mehr das geringste zu tun. Die übrigen Besucher, ernste, kultivierte Menschen um die Dreißig, zeigten in musischer Hingabe, daß sie Freunde oder Angehörige der Tänzer und Tänzerinnen waren.

Bei dieser Werkstattaufführung geschah alles auf offener Bühne, einen Vorhang gab es nicht. Als die Solisten sich nach Ende der Vorstellung zurückzogen, machte Anna einige Schritte auf das Podium zu. Der Tänzer, der den Prometheus verkörpert hatte, war noch da und räumte einige Utensilien von der Bühne. Anna klatschte langsam und laut. Er lächelte und deutete in ihre Richtung jenen Knicks an, mit dem sich im klassischen Ballett die Solisten vom Publikum verabschieden – eine höfische Verbeugung mit weit zur Seite gestrecktem Arm. Dann kniff er ein Auge zu und hob den Daumen. Das hieß, er war auch zufrieden mit der Aufführung.

Anna lief zu ihrem Bruder und zu Rainer zurück und zeigte ihnen mühsam, daß sie auch noch ihre Ballettschritte beherrschte. Außerdem probierte sie die eben gesehene Verbeugung.

Rainer war ganz ernst geworden. »Du mußt das schaffen, Anna! Du mußt wieder tanzen!«

Anna schüttelte den Kopf: »Ich glaube, ich will gar nicht mehr tanzen. Besser, als wie jetzt eben, kann ich mich sicher nie mehr verbeugen. Und da ich das weiß, möchte ich das Sanatorium verlassen.«

»Aber es dauert doch nur noch kurze Zeit, bis du geheilt bist! Die Therapie ist so wichtig!«

Doch Anna machte eine Handbewegung, die Endgültigkeit anzeigte: »Nein. Ich habe mich entschlossen. Vielleicht kann ich Schauspielerin werden. Sicher gibt es auch Rollen für eine Darstellerin wie mich«, und dabei zeigte sie auf ihre Beine.

Als Stefan und Ute Pelzer ihre Tochter aus dem Sanatorium abholten, sagte Frau Dr. Mangold zum Abschied beruhigend: »Die therapeutische Behandlung ist so gut wie abgeschlossen. Anna weiß selbst, was sie zu Hause trainieren muß. Sie braucht unsere Anleitung nicht mehr. Sie sehen ja, wie sicher sie schon auf den Beinen steht. Es ist nur noch eine Frage der Zeit, bis sie so laufen kann wie früher . . .«

Anna wiederum beruhigte Rainer: »Tänzerin kann ich wirklich nicht werden . . . das mußt du einsehen. Ich gehe zur Bühne, als Schauspielerin . . .«

»Du kannst ja nicht einmal einen Witz richtig erzählen. Bei dir werden die Zuschauer nie lachen.« Rainer fühlte sich allein. Er wußte, daß Anna ihm sehr fehlen würde.

Anna war schon mit einem Fuß im »anderen« Leben. »Außerdem hat meine Mutter eine Schule für mich gefunden.« Sie sah, daß Stefan bereits ihre Koffer verstaut hatte, und gab Rainer einen Kuß auf die Stirn. »Und vergiß nicht: Jeden Montag und Donnerstag hier an der Bushaltestelle, solange du noch hierbleiben mußt. Abgemacht?«

Er nickte, hob die Kamera und filmte »Annas Auszug aus dem Paradies«.

»Mach doch ein freundliches Gesicht«, forderte sie unsensibel.

Rainer sagte ganz offen: »Das kann ich nicht. Du glaubst gar nicht, in was für einer Stimmung ich bin . . .«

Anna hatte sich einen ganzen Stapel Bücher mit Stücken von William Shakespeare besorgt . . ., weil ihr der Name so gut gefiel. Von allen Frauengestalten machte die Ophelia den meisten Eindruck auf sie. Sie zog sich also in ihr Zimmer zurück, verdunkelte die Fenster und zündete in der so geschaffenen künstlichen Nacht ein paar Kerzen an. Sie fand, daß eine darstellende Künstlerin sich mit dieser sanften Methode in Stimmung bringen mußte.

Sie hüstelte sich frei und kündigte einem nicht vorhandenen Publikum an: »Ophelia.«

Einen Augenblick lang genoß sie die erwartungsvolle Stille. In die hinein sprach sie:

»O welch edler Geist ist hier zerstört,
Des Hofmanns Auge, des Gelehrten Zunge,
Des Kriegers Arm, des Staates Blum' und Hoffnung,
Der Sitte Spiegel und der Bildung Muster,
Das Merkziel der Betrachter: ganz, ganz hin!«

Niemand klatschte. Der Vortrag war jammervoll, und Anna merkte das selbst. Sie suchte den Grund jedoch darin, daß der Text schlecht übersetzt worden war. Sie überlegte: Eine große Tragödin, kam ihr in den Sinn, bewegt sich auch während der Rolle. Sie läuft hin und her und breitet die Arme aus. Also lief Anna durch das Zimmer, breitete die Arme aus und deklamierte:

»Und ich, der Fraun elendste und ärmste,
Die seiner Schwüre Honig sog, ich sehe

Die edle, hochgebietende Vernunft
Mißtönend wie verstimmte Glocken jetzt;
Dies hohe Bild, die Züge blühnder Jugend . . .«

Sie legte das Buch weg, um sich besonders frei bewegen zu können.

»Durch Schwärmerei zerrüttet: Weh mir, wehe!
Daß ich sah, was ich sah, und sehe, was ich sehe.«

Sie lauschte der Ophelia nach, ließ die Schultern hängen und blies wütend alle Kerzen aus. Sie fand sich schrecklich.

Anna verließ ihr Zimmer im Dachgeschoß, und bei jeder Treppenstufe ins Erdgeschoß posaunte sie eine Silbe des Ophelia-Monologs heraus: »Und – ich – der – Fraun – e – lend – ste – und – ärm – ste – die – sei – ner – Schwü . . .« Die Treppe war zu Ende.

»Anna«, rief Ute, »wir haben am nächsten Donnerstag einen Termin in der Howard-Schule. Wie geht es deinen Beinen?«

»Welchem, dem linken oder dem rechten? Manchmal machen sie mit mir, was sie wollen. Irgendwie verträgt sich das eine nicht mit dem anderen. Einmal zittert das linke, dann zittert das rechte. Meine Pomuskeln verdienen ihren Namen noch nicht, und mein Po auch nicht. Ganz platt, weißt du? So viele Kissen gibt es gar nicht, daß ich weich sitze.«

Anna war wieder zu Hause, das bedeutete für Stefan, daß er unverzüglich sein Bett in der Werkstatt abbaute und wieder zu Hause einzog.

Als er am ersten Abend, an dem sie wieder zu Hause war, seinen Geländewagen vor dem Haus abstellte und Annas erleuchtetes Fenster sah, stürmte er singend die

Treppe hinauf und riß glücklich die Türe zu ihrem Zimmer auf.

Anna sprang aus dem Bett und warf sich in seine Arme. Er drückte sie an sich und flüsterte: »Anna Pelzer, zu Hause und im eigenen Bett ist es doch am schönsten, was? Ruhst du dich denn auch richtig aus?«

»Ich weiß ja nicht, was du darunter verstehst – ich will richtig in diese Howard-Schule gehen. Wir müssen zu dem Direktor, sagt Mama.«

Stefan ließ sie los und hielt den Moment für geeignet, ihr eine ungute Mitteilung zu machen: »Ich fürchte, du wirst eine Klasse wiederholen müssen.«

Sie schaute ihn entsetzt an: »Das glaube ich nicht! Ich bin doch nicht sitzengeblieben!«

»Das nicht«, beruhigte er sie. »Aber du hast viel versäumt. Das kannst du dir eigentlich an deinen zehn Fingern ausrechnen.« Er lächelte sie an und klopfte begütigend ihre Oberarme. »Nimm es leicht, Anna Pelzer. Du kannst nichts dafür. Gute Nacht.«

Er verließ ihr Zimmer, und sie setzte sich wütend auf ihr Bett: »Ein ganzes Jahr in der Schule verloren. Auch das noch!«

Sie stand wieder auf, drehte zur Selbstbestätigung zwei Touren, also eine Pirouette, die zwar gelang, doch der Abschluß in der 5. Position schmerzte, und sie fiel mit verzerrtem Gesicht in die Kissen zurück.

Die Einrichtung im Direktorenzimmer der privaten Howard-Schule ergänzte den Stil des gesamten Villenkomplexes, in dem die Unterrichtsräume untergebracht waren: Jugendstil und viele Grünpflanzen.

Schulleiter Dr. Fabian sah aus, als wäre er in so einem

Zimmer groß geworden, war das erste, was Anna zum Äußeren des sensiblen, durchgeistigt und etwas nervös wirkenden Mannes mit Brille auffiel.

Er blätterte in Annas Zeugnissen. Er hüstelte, brummelte und machte ein Gesicht, als hätte er sich bestätigt gefunden. Professor Dr. Dr. Jonathan Howard, Begründer der Schule, lächelte dazu von seinem Gemälde an der Wand.

»Liebe gnädige Frau«, sagte Dr. Fabian zu Ute, »auch ein Zeugnis muß man zwischen den Zeilen lesen können.«

Er lehnte sich zurück: »Bei uns zählt zunächst einmal der Mensch. Diese Fünf in Englisch aus Annas altem Gymnasium muß man später in Angriff nehmen. Aber zunächst müssen wir den Jugendlichen packen, der sie sich eingehandelt hat.« Er blinzelte Anna forschend durch seine Brille an, und Anna fand, daß er für einen so durchgeistigten Mann einen ziemlich aggressiven Wortschatz hatte. »Vielleicht hat dich die englische Sprache nicht genügend durchdrungen, vielleicht hast du sie nicht genügend erlebt.«

»Anna war schon dreimal in London«, betonte Ute.

»Mit Papa auf den Flohmärkten der Portobello Road«, schwächte Anna ab, wahrheitsgemäß.

Ute wollte jedoch die Kenntnisse ihrer Tochter um jeden Preis ins rechte Licht rücken. »Aber Italienisch spricht Anna nahezu fließend.«

Begeistert blickte Dr. Fabian zur Decke, als schaue er geradewegs in den römischen Himmel. »Ah, Italienisch, die Sprache der Renaissance . . .«

»Die sprechen heute noch italienisch«, korrigierte Anna leise. Doch das reichte nicht, um Dr. Fabian aus seiner Schwärmerei zu reißen.

»Aber während der Renaissance hat man italienisch gefühlt«, trumpfte er auf. »Heutzutage geht man nur italienisch essen!«

Nachdem er Anna und Ute auf diese Weise verunsichert hatte, fiel er mühelos wieder in die Rolle des Direktors zurück: »Morgen früh Punkt neun wirst du unserem Lehrerkollegium vorgestellt, Anna. Dann werden wir mit dir einen Test durchführen, und danach werden wir deine Begabungen, deine Möglichkeiten in geeigneter Weise fördern. Du möchtest in unsere Theatergruppe?«

Anna nickte zaghaft.

In Gedanken hatte Dr. Fabian sich schon von Ute und Anna verabschiedet. »Gut, aber zunächst müssen wir den Test machen, dann wird man sehen . . .«

Rainer wartete am Nachmittag schon an der Bushaltestelle vor dem Sanatorium. Kaum war Anna ausgestiegen, da machte sie Direktor Fabian nach: »Aber zunächst müssen wir«, und dann stellte sie fest: »Er ist nicht unsympathisch, aber irgendwie seltsam.«

»Von der Sorte gibt es Tausende«, behauptete Rainer fest und wechselte das Thema: »Zeig mir lieber, welche Fortschritte du gemacht hast. Lauf mal was.«

Anna ging los, und er rollte neben ihr her und verlangte: »Schneller! Renn mal! Ich will wissen, wer zuerst an dem Busch da vorne ist.«

Anna startete, Rainer überholte sie jedoch spielend. Er ließ den Rollstuhl hinter dem Busch auf den Rasen fahren und überschlug sich elegant.

Anna erschrak und hatte sofort ihre »Vision«: Der Wagen überschlägt sich, wühlt den Waldboden auf. Sie wird in hohem Bogen mit Blumen und Bäumchen von der Pritsche geschleudert – wie in Zeitlupe läuft das in ihrer Erinnerung ab –, hört Glas splittern, Blech scheppern, versucht, sich in der Luft zu drehen. Grasbüschel treffen sie im Gesicht, dann landet sie hart auf dem Waldboden. Und der letzte Gedanke: »Ich hab' ein weißes Kleid an!«

Anna erkannte Rainers Trick nicht: Keuchend näherte sie sich der vermeintlichen Unfallstelle. Rainer lag auf dem Rücken, die Hände auf der Brust gefaltet, die Augen geschlossen.

»Rainer!« schrie sie.

Er öffnete ein Auge und sagte heiter: »Ich hab' gewonnen.«

»Los, hoch mit dir! So ein Unfug!«

Er ließ sich von ihr in den Rollstuhl helfen und lobte sie: »Du läufst immer besser.«

»Morgen werde ich vom Lehrerkollegium der neuen Schule getestet. Ich muß etwas vortragen. Was meinst du? Welche Rolle würde zu mir passen?«

»Der ›Glöckner von Notre Dame‹.« Schnaufend und röchelnd machte Rainer den buckligen Quasimodo nach.

»Sehr nett bist du, so habe ich mir einen echten Freund immer vorgestellt, wirklich«, regte Anna sich künstlich auf. »Und was meinst du zu Ophelia?«

Er konnte noch nicht aufhören zu blödeln und schaute sie nur an. »War das seine Mutter?«

»Also Rainer! Das darf doch nicht wahr sein. Ich spreche von O-phe-li-a!« Auch Anna hatte die Silbentrennung für Ernstfälle parat.

Rainer gab sich nun vollends naiv. »Muß ich die denn kennen?«

»Hast du schon einmal etwas von Ham-let gehört?« fragte Anna überlegen.

Rainer furchte die Stirn und fragte: »Der mit dem Totenkopf in der Hand?«

»Genau der. ›To be or not to be, that's the question‹. Und seine Freundin, die heißt Ophelia.«

Anna warf sich ein bißchen in die Brust, breitete die Arme aus und klagte: »O welch ein edler Geist ist hier zerstört, des Hofmanns Auge, des Gelehrten Zunge . . .«

Rainer war nun wirklich entsetzt. »Um Himmels willen, bloß nicht!«

»Es war auch nur eine Frage«, sagte sie und war kein bißchen eingeschnappt.

Lehrer, die gar nicht wie »Pauker« aussahen, und eine Lehrerin, die strickte, saßen auf dem Podium der kleinen Aula der Howard-Schule und musterten wohlwollend das zarte Mädchen, das vor ihnen im Raum stand.

Den Vorsitz führte Direktor Fabian. Als er sich mit einem kurzen Blick überzeugt hatte, daß die Kommission vollzählig versammelt war, fragte er: »So, Anna, was hast du dir denn überlegt für heute?«

»Ja, ich – ich weiß nicht . . .«, stotterte Anna.

»Ein Gedicht vielleicht? Oder einen berühmten Monolog?« versuchte Dr. Fabian ihr zu helfen.

Sie dachte daran, wie Rainer die Ophelia abgewertet hatte, und sagte stockend: »Nein, nein, keinen – äh – Monolog.«

»Weißt du was, mach doch einfach, was dir jetzt im Moment durch den Kopf geht, ja?« schlug die emsig strickende Lehrerin vor.

Anna war aufgeregt, und ohne daß sie es genau wußte, ging ihr die »Vision« durch den Kopf: Der Wagen überschlägt sich, wühlt den Waldboden auf. Sie wird in hohem Bogen mit Blumen und Bäumchen von der Pritsche geschleudert – wie in Zeitlupe läuft das in ihrer Erinnerung ab –, hört Glas splittern, Blech scheppern, versucht, sich in der Luft zu drehen. Grasbüschel treffen sie im Gesicht, sie landet hart auf dem Waldboden ...

Anna öffnete in höchster Angst den Mund und schrie wie nie zuvor in ihrem Leben. Es wurde ein so entsetzlicher Schrei, so voller Todesnot, daß die Lehrer erstarrten. Und als Anna glaubte, zerspringen zu müssen, erkannte sie in einem der Pädagogen den Tänzer des »Prometheus«. Er schaute sie ernst an. Annas Schrei brach ab.

Sie hatte sich so verausgabt, daß sie keuchend nach Luft rang.

In die atemlose Stille hinein sagte Direktor Fabian: »Wunderbar! Anna hat gerade ihren Unfall aus sich herausgeschrien!«

Der »Prometheus« klatschte plötzlich. In demselben Rhythmus und genau so prononciert wie damals Anna in der Alabamahalle. Er schaute ihr nach, als sie die Aula verlassen durfte.

Auf dem Sportgelände vor der Howard-Schule lernte Anna einige Mädchen kennen, die auf dem Trampolin übten. Sie probierte auch, auf dem Gerät zu springen, brach den Versuch jedoch ab, weil sie sich noch zu unsicher fühlte.

Als sie ein Nebengebäude betrat, lief sie wieder dem »Prometheus« über den Weg, und sie sagte spontan: »Also Sie waren super als ›Prometheus‹, wirklich super!«

»Ich habe gemerkt, daß es dir gefallen hat.«

»Was machen Sie eigentlich hier?« fragte Anna neugierig.

»Ich leite die Ballettgruppe der Schule, aber nur nebenbei. Ich heiße übrigens Jakob.«

»Aber Sie sind doch ein richtiger Tänzer, oder?« Anna fühlte sich jetzt sicher und fragte munter drauflos.

»Ich war in einer Ballettschule . . . mehrere Jahre sogar . . ., Kinderballett.« Anna hoffte insgeheim auf irgendein Wunder.

Und das Wunder geschah: Jakob trat zwei Schritte zurück und musterte ihre Figur eingehend. Er führte sie ans Geländer des Treppenhauses wie an eine Ballettstange und bog ihr rechtes Bein mit Untergriff hoch zur Arabeske. Zufrieden bemerkte er, daß ihre beiden Knie profigerecht durchgedrückt blieben.

»So, jetzt will ich es aber wissen«, sagte er, nahm sie bei der Hand und lief mit ihr die Treppe hinauf zum Übungsraum.

»Hat Sie etwa ein gewisser Rainer Hellwig beauftragt?« rief sie mißtrauisch.

»Hellwig?« Jakob stutzte einen Moment. »Den kenne ich nicht.«

»Da sollten Sie nicht so sicher sein . . .«

Auf dem Weg durch den Übungsraum zur Bühne fragte er: »Du warst also im Kinderballett – was hast du da zuletzt getanzt?«

»›Die Puppenfee‹, als Solistin.«

»Donnerwetter.«

Jakob schritt um Anna herum und stellte fest: »Du hast die Figur, die Haltung und die Beine einer Tänzerin. Ich möchte, daß du in meine Gruppe zum Training kommst.«

»Wie bitte?« Anna fiel vor Schreck nichts mehr ein.

»Ich darf doch annehmen, daß du keine Probleme mit den Ohren hast«, sagte Jakob ironisch. »Und nun wollen wir gleich etwas probieren.«

»Das geht nicht! Ich hab' einen Unfall gehabt.«

»Aber du möchtest doch tanzen, oder? Gib es doch zu!« Jakob ließ nicht locker.

Sie war verwirrt und antwortete nicht.

Jakob trat hinter sie, umfaßte mit beiden Händen fest ihre Hüfte und kommandierte: »Eine Hebung. Hände auf meine Handgelenke, demi-plié, anspringen! Po einziehen und sitzen! Arme in die erste, zweite und dritte Position! Beine kreuzen!«

Sie saß auf seiner Schulter, und es sah aus, wie eine Abschlußhebung im Pas de deux aussehen muß.

Jakob ließ sie herunter und zeigte sich sehr zufrieden. »In der Luft bist du sehr gut. Und das mit deinen Beinen bekommen wir auch hin, keine Sorge.«

Er lächelte, und sie schaute ihn vertrauensvoll an. Zum ersten Mal sah sie sein markantes Gesicht mit dem Sechs-Tage-Bart, und seine langen Haare, die zu einem kleinen Zopf gebunden waren, richtig.

Daß er sie beeindruckt hatte, konnte Anna auch zu Hause beim Essen nicht verleugnen: »Dieser Jakob ist ein toller Tänzer. So hat er mich hochgehoben.«

Sie griff zur Obstschüssel, machte sie kurz entschlossen zum Demonstrationsobjekt und hob sie mit beiden Händen auf ihre rechte Schulter. Äpfel und Bananen polterten hinter ihr zu Boden. »Huch!« sagte Anna erschrocken.

»Da haben wir den Salat«, stellte Philipp fest und grinste seine Mutter an. »Sie ist verliebt!«

»Mein Gott, hochgehoben hat er mich!« fiel Anna ihm ins Wort. »Im ›Schwanensee‹ hast du doch einen Pas de deux gesehen! Das ist eben so beim Ballett! Und er meint sogar, ich könnte unter Umständen, also vielleicht . . .«

»Komm zur Sache«, brummte Stefan, dem dieser neue »Mann in Annas Leben« gar nicht behagte.

»Also, ich könnte im Schulballett mittrainieren. Allein wegen der Figur.«

Philipp begann vollends albern zu lachen: Geziert und näselnd behauptete er: »Genau, das sagen Rainer und ich auch immer: Allein wegen der Figur.«

Anna war getroffen und verunsichert. »Affe!« sagte sie laut.

»Und die Beine?« wollte Ute Frieden stiften.

»Die haben ihm gefallen.«

Nun lachte die ganze Familie, und Anna bekam einen knallroten Kopf.

Jakob schien alles darangesetzt zu haben, aus Anna eine klassische Tänzerin zu machen. Da er als Lehrer an der Howard-Schule mit den Lebensumständen von Annas Familie vertraut war, suchte er Ute eines Nachmittags im Blumengeschäft auf, stellte sich vor und sagte: »Anna sollte ruhig mittrainieren. Ich weiß von dem Unfall. Direktor Fabian hat deshalb Bedenken, doch ich bin anderer Ansicht. Und Anna will es auch.«

»Ich bin nicht dagegen«, antwortete Ute. »Voraussetzung ist aber, daß Annas Arzt zustimmt.«

»Es wird ein ganz vorsichtiges Training werden«, versicherte Jakob und erinnerte sich plötzlich, daß er eine Bekannte mitgebracht hatte, die sich zu Utes Verwunderung fachmännisch um die Blumen im Schaufenster kümmerte. »Entschuldigen Sie – das ist Christina Dimitriades. Sie studiert, und sie ist meine Nachbarin, und sie geht immer gerne mit.«

»Ich bin aber keine Tänzerin, ich studiere Biologie.« Christina stellte die Sprühflasche weg, mit der sie den Blüten zu neuem Leben verholfen hatte. »Ich kann einfach nicht so rumstehen und nichts tun«, entschuldigte sie sich. »Übrigens – die Wildnelken da hinten sind schon welk. Ich würde sie nur noch für Kränze verwenden. Aber ich nehme an, Sie wollten die ohnehin aussortieren.«

»Fabelhaft«, staunte Ute. Das Mädchen war ihr sympathisch.

»Dann stellen Sie mich doch für drei Nachmittage in der Woche und Samstag ein – ich bin nämlich auch fabelhaft arm.«

»Abgemacht, Christina. Ich könnte noch eine Hilfe gebrauchen. Besitzen Sie einen Führerschein?«

»Ich habe schon als Taxifahrerin gearbeitet. Aber das war zu gefährlich.« Graziös schüttelte sie ihre schwarzen Haare und rollte mit den dunklen Augen. »Für die Fahrgäste!«

Ute lachte. »Kränze zum Friedhof zu bringen ist ungefährlich.«

Die beiden Frauen begannen lachend und gestikulierend ein Gespräch, und Jakob fragte hilflos: »Ja – und was ist nun mit Anna?«

Professor Happe hatte Anna untersucht und geröntgt. Jetzt verglich er die alten Röntgenaufnahmen mit den neuen.

»Ja, Frau Pelzer«, begann er. »Sie stellen mich vor eine sehr schwierige Entscheidung. Eine menschliche und eine orthopädische gleichermaßen. Der Orthopäde Happe sagt schlicht ›nein‹. Der Großvater Happe, der eine Enkeltochter in deinem Alter hat, Anna, sagt ›ja‹. Weißt du, ich wünschte, meine Enkelin wäre so sportbegeistert wie du. Sie ist vierzehn Jahre alt und kann nicht einmal schwimmen . . .! Entschuldigen Sie, Frau Pelzer, aber das geht mir doch nahe . . .«

Professor Happe blinzelte Anna über seine Brille hinweg an. »Ich wünschte, ich könnte dir einen besseren Ratschlag geben: Tanz ist die größte Herausforderung, die man einem menschlichen Körper zumuten kann . . ., das ist anstrengender als Leistungssport. Viele Mitglieder des Staatsopernballetts sind meine Patienten – du liebe Güte, müssen die auf ihre Gelenke, Knochen und Sehnen aufpassen.«

Er deutete auf Annas Röntgenbilder, die an der Leuchtwand hingen. »Du hast die Operation fabelhaft überstanden, aber dein Muskelgewebe ist noch schwach. Nimm es mir bitte nicht übel . . ., ich kann dir noch nicht empfehlen, deine Motorik voll zu belasten. Das heißt aber, daß du am leichten Ballett-Training teilnehmen kannst.«

Einen knappen Monat später kam Stefan mit einem Gesicht, als würde er eine sehr schlechte Nachricht bringen, in Annas Zimmer: »Entschuldige bitte die Störung. Ich wollte dir nur sagen: Mama hat noch mal mit dem Professor telefoniert . . .«, begann er in verhaltenem Ton.

»Ja, und? Was hat er gesagt?« Anna war erbärmlich aufgeregt.

»Sie hat auch mit der Schule gesprochen und – na ja, sie könnte es dir an und für sich selber sagen . . .«

»Also was denn nun, Papa, du machst mich ganz kribbelig!« rief Anna.

Stefan machte noch eine Kunstpause, bevor er sagte: »Du darfst wieder am Ballett-Unterricht teilnehmen.«

»Papa, warum machst du es so dramatisch? Und warum sagt Mama mir das denn nicht selber?« Anna lief hinüber ins Elternschlafzimmer, warf sich mit einem Satz auf das Bett ihrer Mutter und umarmte Ute stürmisch.

»Weil sie mir immer die guten Nachrichten überläßt«, rief Stefan hinterher und kam sich ein wenig überflüssig vor.

Anna drückte und küßte Ute überglücklich. »Warum hat er es denn jetzt doch erlaubt?«

Ute hob die Schultern.

»Vielleicht war der Opa in Professor Happe eben stärker als der Orthopäde.«

»Und was hat Dr. Fabian gesagt?«

»Daß er mich sprechen möchte«, sagte Ute ein wenig geheimnisvoll.

»Wegen mir?« Anna war überrascht.

»Das nehme ich an. Andere Gründe kann er ja nun wirklich nicht haben.«

Direktor Fabian ging hinter seinem Schreibtisch auf und ab, blickte bei jedem Richtungswechsel an die Wand, wo der Ölschinken mit dem Konterfei des Schulgründers Howard hing, und kam, zu Utes Überraschung, doch noch zur Sache. »Wissen Sie, Frau Pelzer, wir möchten selbstverständlich *alle* Fähigkeiten unserer Schüler entwickeln, und wir suchen auch das Unentwikkelte zu finden und zu fördern.«

»Davon sind mein Mann und ich überzeugt.«

Fabian legte die Fingerspitzen der gefalteten Hände an seine Nase. »Anna ist sehr ehrgeizig. Indessen, hohe Leistungen in einzelnen Fächern sind nicht unser wichtigstes pädagogisches Ziel. Verstehen Sie, was ich meine?«

»Ich verstehe. Anna ist das Gegenteil von faul.«

Er quälte sich ein Lächeln ab. »Das meine ich. Aber zunächst ist es nicht wichtig für uns, daß man besonders schön singt, sondern daß man überhaupt singt. Wir bilden die Basis, die Spezialisierung erfolgt später.«

Ute war erschüttert. »Soll das heißen, daß Anna zu gut tanzt?«

Er nickte mit dem Kopf, doch bei jedem Nicken wurde sein Gesichtsausdruck bedenklicher. »Ganz ehrlich, Frau Pelzer – Annas Ehrgeiz ist nervtötend.«

Ute fühlte, der Mann da war kein Partner. »Lehnen Sie meine Tochter etwa ab?«

»Anna gibt uns sehr viel Anlaß zur Freude. Sie ist eine sehr beliebte Schülerin im Kollegium, aber zunächst sind alle Kinder bei uns gleich geachtet und geliebt.«

»Anna hat einen starken Willen. Was wollen Sie dagegen tun. Umkrempeln kann man sie nicht, so viel steht mal fest.«

»Ein starker Wille«, wiederholte er. »Das kann man wohl sagen.« Es hörte sich an wie eine Klage. Er unterbrach seine Wanderung, setzte sich endlich hinter den Schreibtisch und beugte sich vor, als hätte er ein Geheimnis zu offenbaren. »Sie will um jeden Preis Tänzerin werden.«

»Warum nicht? Das ist doch kein Minuspunkt, oder? Ich sollte mal Apothekerin . . .«

Das schien ihn nun überhaupt nicht zu interessieren.

»Wir sind eine Schule, die Menschen zunächst formen soll. In jeder Hinsicht. Ich halte es deshalb für nicht richtig, wenn Anna in unserem Weihnachtsmärchen die Hauptrolle, die Cinderella, tanzt.«

Ute nahm es beinahe von der heiteren Seite. »Nicht? Das werden Sie ihr aber pädagogisch sehr genau erklären müssen.«

Das schien ihn unsicher zu machen. »Wollen Sie mir dabei helfen?«

»Na, Sie sind gut. Ich stehe auf der Seite meiner Tochter.«

Mit den Kniekehlen schob er seinen Sessel zurück, stand auf und nahm seinen Spaziergang wieder auf. Und als wollte er sich bei Howard selig entschuldigen, blickte er versonnen das Ölbild an. »Ich sollte mal Maschinenbau-Ingenieur werden. Dann habe ich eingesehen . . .«

Jetzt fuhr ihm Ute mitten durch den Satz. »Sagen Sie das doch Anna. Vielleicht überzeugt es sie!«

Fabian schickte einen stummen Hilfeschrei zum alten Howard an der Wand. Ob der nun half oder nicht, dem etwas angestaubten Pädagogen fiel etwas ein. »Da möchte ich Ihnen zunächst von meinem kleinen Rencontre mit Anna in der Töpferwerkstatt berichten. Sie saß vor ihrem Tonkloß, und ich sagte sinngemäß, daß man die Form eines Kruges von innen erleben müsse, dann würden die Hände schon das Richtige tun. Anna schaute mich, ich muß schon sagen, mitleidig an, legte los, und im Nu war der Krug fertig.«

Ute lächelte und behielt für sich, daß Anna bei ihr längst töpfern gelernt hatte.

»Ich war verblüfft«, gab Dr. Fabian zu, »sagte ihr jedoch, daß es nicht nur ein Segen wäre, wenn man in ihrem Alter so viele Talente entwickelt. Und wissen Sie, was sie antwortete?«

»Sagen Sie's einfach, Herr Dr. Fabian«, versuchte Ute, das Gespräch zu einem Ende zu führen.

»Anna fragte: ›Wieviel Krüge muß ich machen, damit ich die Cinderella tanzen kann?‹«

Jakob hatte für Anna eine Solistenprobe angesetzt. Er ließ ihr zunächst ein paar Minuten Zeit zum Warmtanzen, doch plötzlich rief er scharf: »Bitte, noch einmal Attitude und Attitude croisée!«

Anna stand auf dem linken Bein, hob das rechte im Winkel von 90 Grad, brachte es im Knie gebogen nach hinten, den rechten Arm in der III., den linken in der II. Position, den Kopf zum linken Arm hingewendet. Mit leicht gebogenem Rücken neigte sie den Körper nach hinten . . .

»Du hast eine jämmerliche Nackenlinie!« fuhr er sie an. »Und die Schulterhaltung – das letzte!«

»Für die Cinderella ist mein Nacken in Ordnung«, verteidigte sie sich. »Was ich auch mache . . ., nie ist es dir recht! Du darfst mich hier nicht zum Star machen – dann sprechen die anderen kein Wort mehr mit mir.«

Mit Jakob und Anna prallten zwei einander stark ähnelnde Charaktere aufeinander: Beide waren ehrgeizig. Und sein ganzer Ehrgeiz war es, aus Anna eine klassische Tänzerin nach seiner Vorstellung zu machen. Anna bemühte sich jedoch, den von Direktor Fabian gesteckten Rahmen nicht zu sprengen.

»Warum nimmst du Rücksicht auf andere?« fragte Jakob geringschätzig. »Was willst du eigentlich? Wochenlang bist du mit Trauermiene herumgelaufen, weil du nicht tanzen durftest ... nun darfst du endlich tanzen, und jetzt machst du wieder ein langes Gesicht.«

»Wenn dir mein Gesicht nicht gefällt, guck nicht hin!« schimpfte sie ihn an.

»Wollen wir nicht wieder sachlich werden?« lenkte Jakob ein. »Du bist recht gut ..., die Beste. Du weißt doch, daß sich bei der Attitude croisée beide Schultern in gleicher Höhe befinden. Warum tust du das dann nicht? Und was machst du mit dem Arm in der III. Position? Willst du Fische angeln?« Er brachte ihren Oberkörper in die richtige Stellung und murmelte: »Was hast du nur für Arme.«

»Vielen Dank!« rief Anna zornig. »Weißt du, wie alt ich bin? Was für Arme soll ich denn haben, mit fünfzehn?«

Jakob brachte sich mit einigen klassischen Sprüngen in Sicherheit. Und jeden Sprung kommentierte er für Anna überdeutlich: »Pas jeté, Grand jeté, Jeté fermé, Jeté en tournant par terre!«

»Soll das etwas Besonderes sein?« fragte sie schnippisch.

»Ja! Aus dir wird nämlich nie was, wenn du so weitermachst. Ich habe schon mit acht Jahren angefangen zu trainieren.«

»Ich auch! Und du hast immer noch nicht ausgelernt!«

Jakob beruhigte sich. »Beim Ballett lernt man nie richtig aus. Und jetzt wollen wir Frieden schließen, wenn's recht ist. Vielleicht schaffe ich es, daß du der Kralow mal vortanzen darfst ...«

»Das schaffst du nie!« sagte Anna voller Überzeugung.

Die Ballettmeisterin Sonja Kralow hatte das Gesicht eines alt gewordenen Diwanpüppchens mit Porzellankopf: zart, weiß, zerbrechlich. Ihr mimosenhafter Körper wurde in unterschiedlichen Abständen von Asthmaanfällen geschüttelt, die sie mit einer Aerosal-Nasendusche linderte. Doch ihre Stimme klang scharf, unerbittlich, hart. Und genauso blickten ihre Augen: scharf, unerbittlich und hart.

Ihre Kommandos im leicht russischen Akzent knallten wie Schüsse durch den Trainingssaal ihrer Ballettschule und schossen Jakob nur so um die Ohren: »Croisé rück und Effacé vor! Darf ich machen darauf aufmerksam: Croisé: geschlossene Haltung! Effacé: geöffnete Haltung! Bei Croisé ist rechte Schulter vorn und Kopf rechts! Bei Effacé rechte Fuß vorn, linke Schulter vorn, Kopf nach links! Konzentration! Haltung: schlecht!«

Sie verließ ihren »Kommandostand«, einen altertümlichen Holzstuhl mit hoher Lehne auf einem Podest neben dem Klavier, und begab sich gleichsam in die Niederungen des Saales. Sie trat hinter Jakob und regulierte mit harten Griffen seine Körperhaltung. Dann kamen die Befehle: »Jakob! Alles noch einmal! Und!«

Das »Und!« galt dem Klavierspieler, der sich, seit Jahren an ihren Ton gewöhnt, ruhig mit Auftakt in den Tasten versenkte.

»Eins und zwei und eins und zwei!« Bei jedem »und« klopfte Sonja Kralow mit einem Stock auf den Flügel, was den Repetitor vor rund sechs Jahren noch gestört hatte. Nun nahm er es hin.

Jakob tanzte seine Figuren durch, immer und immer wieder. Anna, die im Hintergrund stand, amüsierte sich, daß die Kralow ihm in so kurzer Zeit den Schneid abgekauft hatte. Jakob sah Annas Gesichtsausdruck und lächelte für einen Moment zaghaft.

Der Ballettmeisterin entging nichts: Sie bemerkte den Blickkontakt und fuhr sofort dazwischen: »Es gibt Regeln von Anstand! Und ich halte Regeln ein!« Ihre Hand schnellte vor und wies auf Anna. »Wer bist du?«

Jakob sprang sofort zur Verteidigung in die Bresche. »Das ist Anna. Ich habe Ihnen von ihr erzählt.«

»So? Hast du das?« Die Kralow winkte mit dem Zeigefinger, und Anna setzte sich zuversichtlich in Bewegung. »Stell dich auf! Ich sagte ›Aufstellen‹, nicht ›Hinstellen‹! Füße erste Position, Arme vorbereitende Position!«

Anna stand wie eine Eins. Die Meisterin war anderer Meinung. Während sie ihren Adlerhorst verließ, klagte sie: »Handflächen nach innen geschlossen, ohne sich zu berühren! Arme kein Kontakt mit Körper! Finger frei gruppiert und entspannt. Daumen berührt Mittelfinger! Ich seh' alles, was du nicht machst!« Sie umrundete Anna und schätzte sie ab. »Körper ist Material der Tänzer! Material muß stimmen! Oberschenkel und Gesäß schwach! Willst du etwa Tänzerin werden?«

»Ja.«

Die Kralow zeigte in die Diagonale des Saales. »Bitte! Touren mit Bein in développé vorn croisé!«

Anna drehte die erste Pirouette und landete bei der zweiten auf dem Boden. Beschämt sah sie hoch. »Sonst kann ich das immer.«

»Wirklich«, sekundierte Jakob.

Ihn traf ein vernichtender Blick: »Bei Eiskunstlauf vermutlich!«

Anna erhob sich und drehte unaufgefordert eine Reihe exakter Pirouetten diagonal durch den Raum, von der Kralow ungerührt kommentiert: »Fast gut! Warum Tänzerin? Sei fleißig auf Schule! Erspar dir Enttäuschung auf Bühne!«

So hart, so unerbittlich, wie sie sich nach außen gab, konnte es im Innern der Sonja Kralow nicht aussehen, denn sie ließ sich von Jakob, der einerseits ihr Schüler war, an der Howard-Schule jedoch selbst klassisches Ballett unterrichtete, bestimmen, die Cinderella-Aufführung des Instituts zu besuchen. Ihr Assistent, Herr Nierig, begleitete sie, ein Mann, der in weitesten Tänzerkreisen keine Sympathien genoß.

Sie saßen in der ersten Reihe der Aula, neben ihnen Dr. Fabian. Schräg dahinter saßen Stefan, Ute und Philipp. An der linken Seite der ersten Bankreihe saß mit schußbereiter Video-Kamera Rainer.

Jakob hatte sich mit seiner Einstudierung an eine Victor-Gsowskij-Version von »Cinderella« angelehnt, die einst von der Bayerischen Staatsoper uraufgeführt worden war. Und wie von ihm vorgesehen und gegen alle Einwände der Schulleitung tanzte Anna die Titelrolle.

Sonja Kralow langweilte sich und flüsterte nicht besonders leise: »Furchtbar, Nierig! Warum schleppt Jakob uns her? Wegen diese Anna oder wegen Choreographie?«

Trotzdem ließ sie Anna nicht aus den Augen.

Bei einem Zwischenapplaus murmelte Ute: »Stefan, hast du das gesehen? In der ersten Reihe sitzt so eine, die klatscht nicht einmal. Anna und die Kinder haben sich doch weiß Gott Mühe gegeben.«

»Sie hat eben keine Ahnung. Das muß es auch geben, reg dich ab, Ute«, beschwichtigte Stefan seine Frau.

»Tanz ist sehr ernste Sache«, zischte die Kralow Nierig zu und blinzelte böse nach hinten zu den Pelzers. »Nicht für Dilettanten! Ich hasse Amateure!«

Der Schlußapplaus für die jungen Tänzer und Tänzerinnen war begeistert. Als die ersten Elternpaare den Saal verließen, bahnte Sonja Kralow sich einen Weg zu den Pelzers, blickte erst Ute und dann Stefan vernichtend an.

»Ich habe gehört, was Sie sagten! Aber auf diese dumme Amateurschule, Ihre Tochter kann nie Tänzerin werden! Sie ist eine Profi!« Grußlos wandte sie sich ab und ging mit Nierig davon.

Ute bekam vor lauter Verblüffung nicht mehr richtig Luft. Sie japste wie ein Fisch ohne Wasser: »Wie finde ich denn das? Eine unmögliche Person! Wer ist das überhaupt?«

Anna, noch im Aschenbrödel-Kostüm, tauchte zwischen den Eltern auf. »Sonja Kralow, Mama. Noch nie etwas von ihr gehört? Sie ist die Größte!«

Wie es genau kam, wußte niemand, aber Ballettmeisterin Sonja Kralow forderte Anna auf, das Studium des klassischen Balletts in ihrer Schule fortzusetzen.

Direktor Fabian sträubte sich zwar zuerst mit Händen und Füßen gegen diesen Plan, doch als Sonja Kralow sich seiner Forderung beugte und Annas Klassenkameradin Sigrid ebenfalls zum Unterricht einlud, unterschrieb er die schulische Unbedenklichkeitsbescheinigung.

Um die Jahreswende war Rainer aus dem Sanatorium nach Hause entlassen worden. Er hatte gehofft, Anna nun öfter als montags und donnerstags zu sehen. Dieser

Wunsch ging aber nur halb in Erfüllung. Infolge des harten Trainings, dem sie sich in der Ballettschule unterworfen hatte, traf er sie seltener als zuvor, und er schloß sich um so mehr ihrem Bruder Philipp an. Er war gewissermaßen eine Art Brücke zu ihr ...

Anna und Sigrid hatten in dieser Zeit oft die Vorstellung, einem finsteren Drachen ausgeliefert zu sein. Wenn Sonja Kralow feuerspeiend in den Übungsraum gekommen wäre – sie hätten sich nicht gewundert.

Nach einem Vierteljahr harten Trainings im Probensaal zeigte die Meisterin eines Nachmittags unheilverkündend auf Sigrid, die sich trotz der Anstrengungen eine angenehm weiche Jungmädchenfigur bewahrt hatte. »Du da! Was wiegst du?«

»Siebenundvierzig Kilo«, antwortete Sigrid wahrheitsgemäß.

»Und wieviel hast du gewogen vor Kursus?« Ähnlich bissig mußte die Hexe vor dem Knusperhäuschen zu Gretel gesprochen haben.

»Auch siebenundvierzig Kilo.«

»Unsere Probegäste – ich betone Gäste – nehmen hier ab in drei Monat mindestens drei Kilo, wenn wirklich arbeiten!«

Sigrid, ganz zufrieden, daß ihr Babyspeck noch nicht vollends verschwunden war, dachte an ihre Gesundheit. »Dann wäre ich aber zu dünn, Frau Kralow.«

»Wenn du wirst zu dünn, ich hole dir Bananenflip mit Schlagsahne jeden Tag aus Kantine!«

Anna meinte, in diesem Satz einen Anflug von Humor wahrzunehmen, und kicherte. Sofort traf sie die volle Aufmerksamkeit der erbosten Russin: »Ruhe! Du schwitzt auch nicht, Anna! Wieviel hast du abgenommen?«

Anna gab sich zerknirscht. »Nichts.«

Sonja Kralow ging auf sie zu, fuhr ihr mit der Hand über die Stirn und stellte fest, daß Anna sehr wohl ordentlich schwitzte. »Ich versteh' nicht, daß du nicht abnimmst!«

So als seien alle Jungen und Mädchen der Vorbereitungsklasse an diesem Zustand schuld, warf Sonja Kralow einen verächtlichen Blick über die Gruppe, und dabei entdeckte sie am großen Fenster des Übungssaales das strahlende Gesicht von Philipp! Empört rief sie: »Wer wagt zuzusehen?«

Sie griff nach einem Paar Spitzentanzschuhen, die auf dem Podium lagen, und warf sie hoch zum Fenster.

Philipp, der draußen äußerst wackelig auf Rainers Schultern stand, duckte sich blitzartig. Rainers Rollstuhl setzte sich in Bewegung, und mit einem Schreckensschrei stürzte Philipp zu Boden. Der Rollstuhl beschrieb noch eine übersteuerte Kurve, schlug um, und Rainer lag auf der Erde.

»Hast du dich verletzt?« rief Philipp.

Rainer blickte ihn geringschätzig an. »Was soll ich mir denn noch verletzen, kannst du mir das einmal verraten? Hilf mir lieber hoch.«

Oben am Fenster erschienen in langer Reihe die Köpfe der jungen Mädchen. Philipp und Rainer winkten Anna und Sigrid wild und ausgelassen zu und verstanden Annas Gesten nicht, die ihnen signalisieren sollten, daß Flucht das Gebot der Stunde war.

Zu spät. Sonja Kralow kam bereits wie ein rächender Erzengel ins Freie gefegt. Rainer hob beschwichtigend beide Hände und sagte – Angriff ist die beste Verteidigung –: »Ehe Sie sich aufregen – ich weiß, das ist Privatgelände.«

Frau Sonja war über diesen frechen Ton so außer sich, daß sie einen Asthmaanfall bekam, den sie mit ihrer Nasendusche bekämpfen mußte.

Das gab Philipp Zeit für eine Erklärung. »Wissen Sie, meine Schwester ist da drin. Anna Pelzer. Ich wollte nur gucken, wann sie fertig ist.«

»Nie!« keuchte Sonja Kralow nach Luft ringend. Unbeeindruckt fuhr Philipp fort: »Ich habe nämlich heute meinen Führerschein gemacht. Ich wollte Anna abholen.«

»Genau«, sekundierte Rainer.

»Du hast Anna schon einmal abgeholt!« sagte Sonja Kralow bedeutungsvoll zu Philipp und gab dadurch zu verstehen, daß sie alles wußte. Sie machte auf dem Absatz kehrt, und während sie sich zurückzog, rief sie: »In einer Stunde! Mit Duschen anderthalb!«

Plötzlich kam sie zurück und heftete ihren kühlen Blick auf den Rollstuhl: »Rainer, ja?«

»Genau.«

Einen Hauch freundlicher bot sie an: »Ihr dürft im Ballettsaal warten!«

Die Mädchen am Fenster bestaunten die seltsame Gruppe: Sonja Kralow mit den für gealterte Ballettmeisterinnen so typischen steifen Schritten, ihr auf den Fersen Philipp, den Rollstuhl mit Rainer schiebend.

Rainer schwatzte sogleich drauflos. »Anna ist super, oder?«

Frau Kralow zischte nur vernichtend.

»Ich finde schon«, beharrte Rainer.

Ohne den Kopf zu wenden, wertete sie ihn ab: »Profi, was?«

Unbeirrt hakte er nach: »Sie ist natürlich viel, viel lokkerer im free-style. Aber wie ich Ihre Schule sehe, ist das hier sicher verboten. Ich finde das eins-zwei-drei, eins-zwei-drei verdammt langweilig. Meinen Sie nicht, daß Ihre Schüler grade in der Probezeit ein bißchen Spaß haben sollten? Sonst merken sie gar nicht, daß ihnen die Tanzerei überhaupt noch Spaß macht.«

Sonja Kralow wußte nicht, was sie entgegnen sollte. Mit steinernem Gesicht schritt sie in den Übungsraum und prallte zurück.

Anstelle des gewohnten Anblicks bot sich ihr ein völlig neues Bild: Die Mädchen hatten ein Bandgerät mit Popmusik angestellt und tanzten ausgelassen zu der lauten und für Sonja Kralow »barbarisch« klingenden Musik.

Jakob tauchte neugierig auf und schaute ebenfalls fassungslos auf das ungewohnte Treiben im Probensaal. Und plötzlich schien ihm, als huschte über das Porzellangesicht von Sonja Kralow ein Hauch von Verständnis für die jungen Leute. Doch sie sagte hart: »Ich hasse Probesemester!«

»Und Anna?« fragte Jakob.

Egoistisch reckte sie das Kinn vor. »In ihrem Alter, ich war sehr viel weiter!«

Rainer saß auf dem Beifahrersitz, Philipp verstaute den Rollstuhl hinten im Wagen.

Anna stutzte, als sie mit Sigrid auf die Straße hinaustrat und das Auto ihres Vaters erblickte. »Sag bloß, er hat ihn dir gepumpt«, fragte sie Philipp überrascht.

Philipp wedelte mit seinem neuen Führerschein und entgegnete bescheiden: »Er ist ein guter Mensch . . .«

»Du Affe!« Anna wußte nicht, ob sie sich freute oder ein bißchen Angst hatte.

»Wollt ihr mit uns fahren oder nicht?« Das klang fast wie eine Bitte.

Anna gab sich einen Stoß und schob Sigrid auf die hintere Sitzbank. »Aber ich bestimme, wo es hingeht.«

»Wenn es dir Spaß macht. Schnallt euch an.«

»Und fahr vorsichtig«, sagte Rainer und muffelte wie ein Kaninchen mit der Nase. »Du hast einen Krüppel an Bord.«

Anna fand das gar nicht witzig: »Manchmal könnte ich dich schlagen, weißt du?! Ich hasse deine makabre Art, mit dir selbst umzugehen!«

Nach Annas Weisungen fuhr Philipp an die Peripherie der Stadt, und unversehens befand er sich auf der Ausfallstraße zum Westfriedhof und schließlich auf der kurvenreichen Strecke, die genau zum Ort des Unfalls führte.

»Fahr in die Schneise und halt an«, befahl Anna. Und als die anderen sie verwundert ansahen, setzte sie hinzu: »Ihr müßt mich nicht verstehen – ich wollte unbedingt hierher.«

Sie stieg aus und ging mit zögernden Schritten ins Gelände. Sie sah sich suchend um und bemühte sich, irgend etwas von den damaligen sekundenschnellen Eindrücken wiederzuerkennen.

In diesem Augenblick war die »Vision« wieder da: Der Wagen überschlägt sich, wühlt den Waldboden auf. Sie wird in hohem Bogen mit Blumen und Bäumchen von der Pritsche geschleudert – wie in Zeitlupe läuft das in ihrer Erinnerung ab –, hört Glas splittern, Blech scheppern, versucht, sich in der Luft zu drehen. Grasbüschel treffen sie im Gesicht, dann landet sie hart auf dem Waldboden. Und der letzte Gedanke: »Ich hab' ein weißes Kleid an!«

»Komm doch zurück«, rief Philipp. Für ihn war es unangenehm und bedrückend, am Unfallort zu sein. Er begriff nicht, daß Anna noch einmal hierher gewollt hatte.

»Man sieht kaum noch etwas«, sagte sie. »Nur ein paar vertrocknete Kränze und Sträuße.«

Ihre ziellose Suche auf dem Waldboden, ihre Bewältigung der Vergangenheit, wurde von Rainer gefilmt. Durch den Sucher nahm er wahr, daß Anna eine Seidenschleife gefunden hatte und zaghaft an sich nahm.

Nach einem letzten Rundblick kehrte sie zum Wagen zurück. Sie lächelte. Und da mußte Philipp plötzlich weinen ...

Frau Hellwig musterte ihren Sohn forschend. »Du erzählst mir zwar von ihr, und du zeigst mir auch die Videofilme, die du von ihr gedreht hast, trotzdem hatte ich den Eindruck, du versteckst Anna vor mir. Warum? Ich würde sie gern kennenlernen. Oder versteckst du mich etwa vor ihr?«

Rainer wirkte völlig geistesabwesend. Er machte den Eindruck, als lebte er in einer anderen Welt, dort, wo keine Fragen gestellt und keine Antworten erwartet werden, dort – wo niemand über den eigenen Schatten springen muß.

Ihm war es recht, daß es jetzt klopfte und seine Mutter abgelenkt wurde und zur Wohnungstür ging.

Frau Hellwig öffnete, und das junge Mädchen, das draußen stand, sagte: »Guten Tag, ich bin Anna Pelzer. Ihre Klingel ist kaputt.«

»Du bist die Anna? Komm rein!« Frau Hellwig probierte den Klingelknopf. »Tatsächlich, kein Ton.«

»Ich bin mit Rainer verabredet.«

»Davon hat der Lümmel mir gar nichts gesagt. Rainer! Du hast Besuch!«

Sie ging in die Küche, wo er im Rollstuhl saß, und schob ihn ins Wohnzimmer. Er machte keine Anstalten, selber zu fahren.

»Was darf ich dir anbieten?« fragte Frau Hellwig. »Limo, Tee, oder trinkst du lieber Kaffee, Anna?«

»Sie will Milch!« sagte Rainer.

Als Anna nickte, verschwand Rainers Mutter in die Küche.

»Warum hast du die Klingel abgestellt?« wollte Anna von ihm wissen. Als er nicht antwortete, zog sie aus ihrem Anorak ein Geometriebuch und warf es schwungvoll auf den Tisch. »Da sind Sachen drin, die Philipp nicht versteht.«

Sie ließ sich ihm gegenüber in einen Sessel fallen und sah aufmerksam zu, wie er das Heft aufblätterte. Und seine Mutter, die mit der Milch hereinkam, warf ebenfalls einen Blick in das Buch, allerdings sehr kritisch. »Das ist viel zu anstrengend für dich, Rainer! Sind das deine Aufgaben, Anna?«

»Die von meinem Bruder.« Anna war wütend, wußte aber nicht, warum.

»Rainer darf sich auf keinen Fall anstrengen. Wenn ich nur mehr Zeit hätte, könnte ich häufiger mit ihm ausfahren, aber leider . . .«

»Ich habe Zeit«, sagte Anna provozierend.

Frau Hellwig verließ das Wohnzimmer wieder, und kaum war sie draußen, sprang Anna auf und schüttelte Rainer an den Schultern. »Was ist denn bei euch los? Sonst wehrst du dich immer, und bei ihr benimmst du dich wie ein hilfloses Kind! Was soll das? Erklär mir das einmal!«

»Sie macht sich Sorgen um mich. Sie hat nur mich.«

»Und du meinst, das tut ihr gut, wenn du hier ganz anders bist als bei uns? So unselbständig? Glaub' ich nicht. Draußen benimmst du dich wie ein Rollstuhlartist, und hier läßt du dich von ihr schieben. Ganz schöne Macke, mein Lieber!«

Hörte er überhaupt zu? Er hatte einen Schreiber aus der Brusttasche seines Hemdes gezogen, schrieb emsig an die Seitenränder des Buches und kritzelte erklärende Zeichnungen dazu.

»Woher kannst du das alles?« wollte Anna wissen.

»Ich schlafe wenig«, gab er kurz zur Antwort.

»Du meinst, du arbeitest nachts?«

»Was dagegen?«

Alle Mädchen saßen erschöpft und müde auf dem Fußboden des Übungssaales. Nur Anna wurde von Sonja Kralow noch in die Mangel genommen. Sie hatte an allem etwas auszusetzen, besonders an den Armen. »Scheußlich, deine Armhaltung! Wedelst wie mit gekochte Spargel! Bist du krank?«

»Nein.«

»Streck Zunge heraus!«

Das tat Anna widerwillig. Frau Kralow besah Annas Zunge kritisch und rief: »Weber!«

Der Repetitor kam hinter seinem Flügel hervor, hopste vom Podium, ging durch den Saal und bereitete sich seelisch darauf vor, ein ärztliches Gutachten abzugeben.

Frau Kralow deutete auf Annas Zunge. »Wie sieht aus?«

Er setzte seine Brille auf und besichtigte Annas Zunge: »Sehr gut. Alles in Ordnung.«

Die Meisterin war unzufrieden. »Wenn krank ist, kann man nicht tanzen! Wenn man unbegabt ist, kann man auch nicht tanzen! Anna, du bist also weder krank noch unbegabt! Oder hast du Schmerzen?«

»Nein«, entgegnete Anna.

»Warum dann Arme wie gekochte Spargel?! Jetzt geh!«

Anna verschwand, und Frau Kralow entspannte sich. »Weber, dann ist es die Seele! Katastrophe! Körperachse kann ich korrigieren! Aber Seele? Ich kann nichts machen! Warum haben Tänzerinnen Seele? Zu was?«

»Damit sie tanzen können«, erlaubte er sich zu sagen.

Sonja Kralow lachte in zwei harten Silben. »Ha, ha!«

Weber störte das nicht. »Ich kenne Sie seit vielen Jahren, Frau Kralow. Sie geraten bei einem überdurchschnittlich begabten Kind sofort in Katastrophenstimmung – beim kleinsten Anlaß. Warum?«

»Sie reden Unsinn!«

»Ich weiß, was ich weiß. Sie suchen eine Nachfolgerin, eine Tänzerin, in die Sie Ihren Stil hineingeheimnissen können.« Er vollführte mit beiden Armen eine schier weltumspannende Geste. »Wenn ich daran denke: Sonja Kralow – New York, London, Wien, Paris, Berlin, Meisterschülerin der großen Valentine d'Arbanville. Sie waren die größte Mimose, die je auf der Bühne gestanden hat.«

»Idiot!« Unklar blieb, ob sie den Repetitor oder Jakob meinte, der an der Ausgangstür gewartet hatte, Anna tröstend in den Arm nahm und aus dem Saal geleitete. »Wenn Anna vor Prüfungskommission so ungeschickt verrenkt wie eben . . .«

»Was dann?« wollte Weber wissen und lächelte vieldeutig . . .

»Wird sie nicht aufgenommen!« polterte Frau Kralow.

Er lachte unanständig laut. »Eine Kommission, die etwas gegen *Ihren* Willen entscheidet? Die gibt es doch gar nicht ...«

Anna war besorgt über Rainers Verhalten. Dieser im Krankenhaus und im Sanatorium stets so glänzend aufgelegte Junge, der sich für andere einsetzte, war in den eigenen vier Wänden unter der Obhut seiner Mutter ein anderer, ein labiler Mensch.

Anna versuchte, ihre Beobachtung Philipp klarzumachen, konnte ihn jedoch nicht überzeugen.

»Wenn ich mit ihm zusammen bin«, sagte Philipp, »benimmt er sich normal – wie immer. Ich denke eher, du spinnst. Du siehst Gespenster.«

»Ich kenne ihn besser als du! Du mußt ihn einmal zu Hause erleben. Laß uns hinfahren. Ich rufe ihn an, daß wir kommen.«

Anna verabredete sich mit Rainer, und Philipp borgte sich Stefans Wagen aus.

Als sie vor Rainers Haus parkten, brachte Frau Hellwig ihren Sohn gerade vor die Tür an die schräge Rampe, über die er unter Umgehung der Stufen die Straße erreichen konnte. Anna und Philipp stiegen aus, winkten ihm zu und gingen ihm entgegen. Frau Hellwig nahm die Hände von der Rückenlehne des Rollstuhls und winkte auch.

Und da schien es, als ob Rainer die Gunst des Augenblicks nutzte: Ohne die Bremsen zu betätigen, raste er mit dem Rollstuhl die Rampe hinunter, die mit einem in seiner Kopfhöhe angebrachten verzinkten

Rohr gegen mißbräuchliche Benutzung durch Moped- und Fahrradfahrer gesichert war.

»Rainer!« rief Frau Hellwig entsetzt und machte ein paar sinnlose Schritte hinterher.

Rainer zog den Kopf knapp vor der Stange ein. Philipp rannte ihm entgegen, um ihn aufzuhalten. Rainer streckte die Arme aus, umklammerte das Zinkrohr, machte einen Klimmzug wie am Reck. Der Rollstuhl raste allein weiter und riß Philipp um.

Frau Hellwig schrie vor Entsetzen laut auf und lief die Rampe hinunter. Anna brauchte nur wenige Schritte bis zu Rainer, der sich seelenruhig auf den Boden herunterließ und ungerührt fragte: »Kann mir eine der Damen meinen Sessellift holen?«

Anna machte das sofort. Sie war sprachlos und fand ihre Befürchtungen bestätigt. Sie schob den Stuhl bis zur halben Höhe der Schräge, und dort halfen die beiden Frauen Rainer wieder in den Rollstuhl. Als er zufrieden saß, gab ihm Frau Hellwig eine kräftige Ohrfeige, war sich im gleichen Augenblick bewußt, was sie getan hatte, und küßte ihren Sohn weinend ab.

Unentschlossen lief Anna zu Philipp, der sich stöhnend aufrappelte und kaum Luft bekam. Hustend kletterte er ins Auto. Und weil Frau Hellwig ihren Sohn wieder ins Haus zurückschob, stieg auch Anna neben Philipp in den Wagen.

Jammernd fuhr Philipp zum Arzt, und der stellte fest, daß Philipp sich drei Rippen gebrochen hatte ...

Das Prüfungskomitee bestand aus sechs älteren Tanzpädagogen unter dem Vorsitz von Sonja Kralow. Auch ihr Assistent, Herr Nierich, saß dabei, und weil er gar nichts zu sagen hatte, machte er ein Gesicht, als hinge jede Entscheidung von ihm ab.

Die Gesichter der anderen drückten allerdings auch nicht frohgemute Laune aus, denn sie paßten ihr Mienenspiel dem von Frau Kralow an. So waren sie sicher, das Richtige zu tun, denn alle wollten noch viele Jahre dem Prüfungsausschuß angehören, und da mußte man wohl oder übel einer Meinung sein – der Meinung der Kralow.

Je mehr Prüflinge im Lauf des Tages durchfielen, desto schlechter wurde die Laune im Umkleideraum. Für eine Spur von Verbindlichkeit sorgte Jakob, der jede Kandidatin mit Zuspruch in den Saal vor die Kommission bugsierte und Gescheiterte mit Trostworten hinausgeleitete.

»Anna Pelzer!« Sonja Kralows Stimme klang fremd.

Jakob öffnete schnell die Tür zum Vorraum, wo Rainer und Philipp warteten, und hob den Daumen zum Siegeszeichen. »Jetzt ist sie dran!«

Leichtfüßig trippelte Anna in die Mitte des Saales, deutete einen Knicks an und ging in die Ausgangsposition für die festgelegten Prüfungsfiguren.

»Und!« befahl die Kralow.

Die ganze Prüfungsanspannung von Anna gipfelte augenblicklich in der »Vision«: Der Wagen überschlägt sich, wühlt den Waldboden auf. Sie wird in hohem Bogen mit Blumen und Bäumchen von der Pritsche geschleudert – wie in Zeitlupe läuft das ab –, hört Glas splittern, Blech scheppern, versucht, sich in der Luft zu drehen. Grasbüschel treffen sie im Gesicht, dann landet sie hart auf dem Waldboden. Und der letzte Gedanke: »Ich hab' ein weißes Kleid an!«

Aus dem Vorraum erklang ein markanter Pfiff. Das Prüfungskomitee zeigte sich irritiert.

Anna lächelte verlegen: »Das war mein Bruder . . .«

Die Kralow holte tief Luft. »Und!«

Weber begann erneut zu spielen, und Anna tanzte.

Ihr Start war ordentlich. Sonja Kralow lehnte sich zufrieden zurück. Die anderen Ausschußmitglieder zeigten sich ebenfalls beruhigt. Jakob atmete auf.

Anna drehte die erste Tour und fiel prompt auf den Allerwertesten. Die Kralow schloß die Augen. Das übrige Komitee zeigte sich ungehalten. Jakob wandte sich mit Grausen ab.

Anna stand auf, machte abermals einen Knicks und fragte: »Kann ich noch mal?«

Frau Kralow nickte ergeben. Die Kommissionsköpfe neigten sich ebenfalls gütig. Jakob riskierte wieder einen Blick.

Anna tanzte die geübten Figuren wie eine lästige Pflichtübung zu Ende und knickte grüßend in den Knien ein. Herr Weber brach sein Spiel ab. In der ruhigen Halle war allenfalls leises Knirschen abgenutzter Halswirbel zu vernehmen, als die versammelten Prüfungsausschußköpfe sich kollektiv zu Sonja Kralow drehten. Ganz feine Ohren konnten auch hören, wie unsichtbare Antennen ausgefahren wurden, um die hohe Meinung rechtzeitig zu empfangen.

Sonjas Augen blieben fest geschlossen. Sie sagte: »Nun ja!« Alle Ausschußmitglieder schauten verunsichert auf Anna.

»Die nächste!« rief die Vorsitzende, und die Mitprüfer blickten in ihre Unterlagen auf den nächsten Namen.

Irgendwie erreichte Anna die Umkleidekabine. Sie merkte gar nicht, daß Jakob mitfühlend den Arm um sie gelegt hatte.

Sigrid schaute besorgt hoch. »Besonders fabelhaft siehst du nicht aus . . .«

Anna tastete enttäuscht nach der Seidenschleife, die sie am Unfallort gefunden und als Talisman an ihr Trainingskostüm gesteckt hatte: »Die Howard-Schule hat mich wieder.«

Sigrid machte eine hilflose Geste und ließ sich von Jakob in den Prüfungsraum bringen.

Jakob kehrte zurück und setzte sich neben Anna. Solange das Klavierspiel aus dem Saal schallte, schwiegen sie sich an, und da es immer das gleiche Stück war, das Weber spielte, tanzte Anna in Gedanken alle Figuren mit.

Endlich sagte Jakob: »Die Kralow ist manchmal unberechenbar.«

Vernichtet wartete Anna die letzte musikalische Phrase ab. »Ich habe gepatzt«, sagte sie traurig.

»Sie hat dich bestimmt genommen«, sagte er leise und beschwörend.

»Du hast Nerven! Mir ist schlecht.«

»Geh kalt duschen, das hilft«, empfahl er.

Drinnen verkündete Sonja Kralow: »Du bist aufgenommen, Sigrid!« Alle Ausschußmitglieder waren der gleichen Meinung.

Sigrid, die mit einem so unkomplizierten Erfolg nicht gerechnet hatte, machte ihren Knicks. »Danke.«

Doch sogleich trat sie, ein wenig zögernd zwar, an das Podium heran und flüsterte: »Und Anna?«

Die Meisterin senkte gnädig das Haupt und bellte: »Warum sollte ich euch trennen, heh? Geh jetzt!«

Einhellig kreuzten die Tanzpädagogen auf dem Prüfungsbogen »Anna Pelzer« das JA an.

Sie war aufgenommen.

Nach einer halben Stunde konnte sich keiner mehr besinnen, wie aufgekratzt und albern sie den Erfolg von Anna und Sigrid bejubelt hatten. Nur Philipp erinnerte sich schmerzlich: Von den immer neuen Umarmungen und der Verbrüderung mit Rainer taten ihm seine angeknacksten Rippen weh.

Sigrid und Anna schoben Rainer mit dem Rollstuhl übermütig vor sich her durch die Parkanlagen und steuerten zielstrebig eine Gaststätte an.

Sie bestellten für eine ganze Kompanie und tafelten, als wären sie soeben von einer entbehrungsreichen Expedition zurückgekehrt. Die beiden Mädchen äfften kichernd immer wieder jeden Ausspruch von Sonja Kralow nach, bis eine Riesenpfanne mit heißem Himbeerauflauf serviert wurde.

Beim Anblick der gewaltigen Portion fragte Anna: »Philipp, wo sind eigentlich unsere Eltern?«

Philipp gab sich das Flair eines erfolgreichen Bühnenmanagers. »Es sollte unser Tag sein. Deiner, Rainers, Sigrids und meiner. Deswegen habe ich einen Zettel an ihren Badezimmerspiegel geklebt.«

»Und was stand da drauf?«

Er benahm sich ganz albern versnobt, wohl deshalb, um auf Sigrid einen günstigen Eindruck zu machen. »Ja, was stand schon drauf? ›Annas Prüfung wird um zwei Stunden verschoben.‹«

Anna regte sich sofort furchtbar auf: »Bist du noch ganz bei Trost!«

»Vater regt sich bei so was viel zu sehr auf«, verteidigte er sich. »Und kannst du dir ausmalen, was unsere Ute angestellt hätte, wenn du durchgefallen wärst?«

»Du bist un-mög-lich!« schimpfte Anna und griff in den heißen Himbeerauflauf, um Philipp eine Handvoll ins Gesicht zu schleudern.

Er duckte sich unter die Tischplatte und juchzte: »Himbeersoße im Gesicht mögen kleine Kinder nicht.«

Anna verbrannte sich erheblich die Finger und schrie auf.

Rainer hatte das vorausgesehen, es jedoch geschehen lassen. Seelenruhig sprach er: »Man wirft nicht mit Lebensmitteln.«

Stefan Pelzer sah auf seine Armbanduhr: »Ich denke, es ist an der Zeit, hineinzugehen. Die Prüfung wird gleich beendet sein.«

Ute kontrollierte den großen Gratulationsstrauß, den er wie einen Besen vor sich her trug. »Wie ich Anna kenne, wird sie uns wahrscheinlich gar nicht zu Wort kommen lassen.«

»Wie immer«, bestätigte er und war in Gedanken ganz bei seiner Tochter. »Und von der Prüfung heute hängt ja auch viel für sie ab.«

Ute ging aufgeregt voran. »Komm endlich.«

Der Vorraum war leer, und die Ruhe im Gebäude ernüchternd. Ute ging auf die größte Tür zu, öffnete sie und warf einen Blick in den Saal. Es roch ein wenig nach Desodorant, aber das war auch alles, was noch auf die Anwesenheit von Menschen hindeutete.

Stefan folgte seiner Frau mit lächelndem Gesicht, als müsse er schon für die Gratulationscour bereit sein. Erstaunt blieb er stehen, als er im Ballettraum nur Ute erblickte. Er schaute nochmals auf seine Uhr. »Ja, aber ich versteh' das nicht. Philipp hat uns extra die neue Zeit aufgeschrieben.«

»Ob die Prüfung woanders stattgefunden hat?« überlegte Ute.

Als rettender Engel erschien eine Putzfrau, klapperte mit Eimer und Schrubber und verschaffte sich mit langem Rundblick Gewißheit über die Arbeit, die sie erwartete.

»Entschuldigen Sie«, sagte Stefan, »sollte hier nicht die Aufnahmeprüfung der Kralow-Schule sein?«

»Schon . . .«

»Ja, aber? Wo sind denn die Leute?«

»Schon vorbei.«

Sie war kurz angebunden.

Ute war irritiert. »Vorbei? Ich denke, die Prüfung ist um zwei Stunden verlegt worden.«

»Verlegt? Schon lange vorbei!« Sie schleppte ihren Wassereimer zum Podium. »Und viele Tränen!«

Ute wandte sich enttäuscht an Stefan: »Verstehst du das?«

Er verstand das auch nicht und trug seinen Riesenblumenstrauß im knisternden Glanzpapier zum Auto zurück.

Eine Stunde später traf die Familie – wie es schien, durch puren Zufall – zu Hause wieder aufeinander: Philipps Oberkörper war frisch bandagiert, und Annas Hand war mit einer dicken Brandbinde bewickelt. Beide machten auf ihre Eltern nicht den besten Eindruck.

»Also, sagt mal«, begann Ute beim Anblick der trübsinnigen Geschwister. »Wir stehen da überflüssig in der Gegend, und niemand ist da! Was war denn los?«

Philipp bot mannhaft seine Brust als Zielscheibe: »Also das war so: Ich dachte ...«

»Er meinte, wir sollten euch jede Aufregung ersparen«, rief Anna schnell, »weil ...«

Ute verzichtete auf nähere Erklärungen. »Ich verstehe es einfach nicht, Kinder! Eltern sind doch dazu da, daß sie ihren Kindern beistehen.«

»In jeder Situation«, betonte Stefan. »Und was macht ihr? Ihr bootet uns einfach aus.«

Er warf den Blumenstrauß in die Ecke, nahm Ute bei der Hand und zog sie mit sich in den Garten, wo er gestikulierend auf sie einredete.

»Ich glaube, das war nicht gut, was du gemacht hast«, sagte Anna leise. »Du mußtest eigentlich damit rechnen, daß Papa dir das übelnimmt. Und ich meine, er rächt sich bestimmt irgendwann.«

»Aber im Ansatz war es gut«, verteidigte Philipp sich, »das mußt du zugeben. So einen ungestörten Nachmittag hatten wir lange nicht.«

»Dafür ist hier die Stimmung schlecht«, konterte Anna.

Sie folgten ihren Eltern in den Garten, und Anna verteidigte ihren Bruder: »Philipp hat eingesehen, daß das mit dem Zettel und so nicht gut war.«

»Schon vergessen«, sagte Stefan. »Eure Mutter hat mir eben vorgemacht, wie ich mich dort benommen hätte, wenn du durchgefallen wärst.« Plötzlich schien es ihm wie Schuppen von den Augen zu fallen. »Du hast uns noch nicht mal gesagt, ob du bestanden hast oder nicht!«

»Ich bin aufgenommen«, rief Anna fast im Falsett,

küßte Stefan unter seinen Schnurrbart und umarmte dann glücklich ihre Mutter.

Vater Stefan lief sofort ins Haus zurück, holte den Blumenstrauß aus der Ecke, griff nach einem Paketchen mit neuen Ballettschuhen und kam ganz außer Atem in den Garten gelaufen. »Herzlichen Glückwünsch, mein Kleines!«

»Und ich?« fragte Philipp und tat beleidigt.

»Für dich haben wir auch etwas«, sagte Ute.

Stefan lächelte zuvorkommend. »Wir haben nichts dagegen, wenn du dir einen Gebrauchtwagen kaufst.«

Philipp begriff nur schwer. »Aber ich will gar keinen.«

»Nein? Kein eigenes Auto? Weil du denkst, du kannst bis in alle Ewigkeit meinen Wagen oder den von der Mutter fahren? Irrtum, mein Lieber! Unsere Autos sind für dich gestrichen.«

»Siehste?« wisperte Anna ihrem Bruder zu. »Ich hab' dir ja gesagt: Papa rächt sich.«

Fast ein Jahr war seit jenem denkwürdigen Prüfungstag vergangen. Längst hatte sich Philipp einen alten Diesel gekauft, den er heißer liebte als seine alte schwarze Ledermütze. Eigentlich war kein Tag vergangen, an dem er nicht unter dem Wagen lag oder unter der geöffneten Motorhaube steckte. Das Auto bedurfte intensiver Pflege, um einsatzbereit zu bleiben.

Mit fast gleicher Inbrunst hatte sich Anna ihrem Ballett-Training bei Sonja Kralow gewidmet. Aus dem Teenager hatte sich ein überschlankes, biegsames Muskelpaket entwickelt, dem schon von weitem die klassische Schulung und das tägliche Exercice anzusehen waren.

Philipp hatte einen winzigen Ölfleck auf dem Boden unter dem Diesel entdeckt. Er kroch unter den Wagen, um nach dem vermeintlichen Leck zu fahnden, als Anna vom Ballett-Unterricht kam.

Sie sah nur seine Füße. Er drehte den Kopf und erblickte auch nur ihre Beine. Eine einseitige und hinderliche Position für jede sinnvolle Unterhaltung.

»Komm doch mal«, sagte Anna.

»Das hier unten ist wirklich sehr wichtig.«

»Was ich habe, ist wichtiger«, sagte Anna aufgeregt.

»Aber er verliert Öl!«

»Und ich verlier' gleich die Geduld!«

Auf dem Rücken rutschend kam Philipp hervor und maulte: »Wenn gute Reden sie begleiten, dann fließt die Arbeit munter fort.«

»Deinen Schiller steck dir mal an die Glocke«, sagte Anna, und Philipp erkannte an ihrem Gesicht, daß irgend etwas Geheimnisvolles und Wichtiges geschehen sein mußte.

»Was ist dein Begehr, Weib?« zitierte er.

»Du möchtest heute unausstehlich sein, was?« vermutete sie. »Fährst du mich zu Papa?«

»Erst, wenn du mir sagst, was los ist.«

»Ich kann auch den Zug nehmen!«

»Steig schon ein!« Philipp gab auf.

Über Starnberg, Weilheim und Peißenberg fuhr Philipp mit ihr nach Steingaden. Stefan hatte dort in der Wieskirche einen Restaurierungsauftrag zu erfüllen. Kurz vor dem Ort mutmaßte Philipp: »Er wird bemängeln, daß du noch nasse Haare hast, und er wird mir die Schuld in die Schuhe schieben.«

»Behaupte bloß, das macht dir was aus. Das sagt er doch seit Jahren.«

Philipp kurvte auf dem Parkplatz vor der Kirche neben den Kleintransporter von Stefan. »Und er wird sagen: ›Paris? Nur über meine Leiche!‹«

»Denk' ich mir auch. Aber für mich ist das wichtig. Das ist der einzige internationale Talentwettbewerb, der zählt.«

Sie stiegen aus, Anna fischte aus ihrer riesigen Schultertasche ein zerknittertes, mehrseitiges Schreiben, das sie wie eine Fahne in die Hand nahm, und forderte Philipp auf: »Geh du vor.«

»Nee, geh du vor. Du willst ja etwas von ihm.«

Im Kirchenschiff stand ein hohes Rollgerüst. Ganz oben lag Stefan auf dem Rücken und besserte Fresken aus. Sein Mitarbeiter Josef und ein neuer Angestellter vergoldeten in einem Seitenschiff Putten. Niemand interessierte sich für Anna und Philipp. Die beiden standen wie verloren in der herrlichen Kirche und kamen sich mit ihren weltlichen Problemen höchst überflüssig vor.

»Chef! Besuch!« Das war Josef.

Ein Kanonenschlag hätte nicht schlimmer wirken können. Stefan schreckte auf und schlug seinen Kopf gegen den Stuck der Kirchendecke.

Er blickte hinunter, und die Kinder sahen hinauf. Er begann den Abstieg und sie den Aufstieg. Auf der Plattform in halber Höhe trafen sie sich. »Jetzt«, wisperte Philipp zu Anna.

»Wenn du schon mit deiner Schwester in der Weltgeschichte herumgondelst«, polterte Stefan und prüfte mit flacher Hand Annas Kopf, »was ich ganz nett finde, dann sorge wenigstens dafür, daß sie anständig die Haare trocknet nach dem Training.«

»Es ist meine Schuld«, sagte Anna. »Ich wollte so schnell wie möglich zu dir.«

Das freute Stefan, und nachsichtig lenkte er ein: »Eine Tochter mit Stirnhöhlenvereiterung ist eben nicht die reinste Freude.«

Josef und der neue Mann unterbrachen ihre Arbeit und schauten nach oben. Josef fühlte sich aufgerufen, Stefan zu beruhigen: »Draußen scheint doch die Sonne, Chef!«

Stefan wollte recht behalten. »Aber hier drin ist es kühl.«

»Kränker als ich mal war, kann ich in meinem Leben nicht mehr werden, Papa.« Das war Anna. Sie streckte ihm die Papiere entgegen. »Hier, lies, bitte. Es sei eine große Auszeichnung, sagt die Kralow. Außerdem habe ich wie verrückt dafür trainiert.«

Stefan las jede Zeile auf dem Schreiben. Nachdem er gelesen und den Inhalt überlegt hatte, rief er stolz nach unten: »Anna ist zum *›Vingt-troisième Concours International de Danse‹* eingeladen worden.«

»Und was heißt das auf deutsch?« fragte Josef ehrfürchtig.

»Das ist der ›Dreiundzwanzigste Internationale Tanzwettbewerb‹«, erläuterte Anna.

»Als einzige von hier«, betonte Philipp.

Stefan wiederholte mit Genuß: »Als einzige!« Er schaute zu Josef hinunter: »Habt ihr das gehört?«

Anna sah Philipp an, und der nickte ihr Mut zu. Da bemühte sie sich um eine kleine, feine, zarte Stimme. »Papa – dazu müßte ich aber nach Paris. Allein.«

»Paris ist eine wundervolle Stadt«, schwärmte Stefan. »Nach Florenz kommt für mich gleich Paris.«

Erst als Philipp ihm verwundert in die Augen sah, dämmerte Stefan, was er da eben gesagt hatte: »Nach Paris? Was denn? Allein, sagst du? Ohne Frau Kralow?«

»Bloß für eine Woche.« Philipp sprach, als sei das ganz unwichtig.

»Nur über meine Leiche!!!« sagte Stefan fest und mit drei Ausrufungszeichen.

Philipp grinste, und Anna schimpfte: »Ich möchte wissen, was du dir da vorstellst, Papa!«

»Was ich mir vorstelle ... Das will ich dir sagen!« Er deutete mit halbrunden Handbewegungen vor seinem Brustkorb an, was er dachte. »Folies Bergères! Lido! Alcazar ...«

»Moulin Rouge«, rief Josef hinauf und feixte.

Grinsend, als verkündete er immense Zweideutigkeiten, sagte Philipp: »Eiffelturm, Triumphbogen, Versailles, Notre-Dame, der Louvre, Mona Lisa ...«

»Du brauchst dich gar nicht über mich lustig zu machen!« verteidigte sich Stefan. »Du weißt ganz genau, was ich meine!«

»Weiß ich eben nicht, Papa! Der Tanzwettbewerb findet in einem Nebengebäude der Pariser Oper statt. Und Anna ist jetzt siebzehn.«

Sie wagte einen unheimlich kühnen Vorstoß. »Daß die meisten Männer so provinzielle Vorstellungen haben, wenn von Paris die Rede ist ...«

Hilfesuchend schaute Stefan sich in der Kirche um. Da standen viele Heilige, aber keiner wollte dem besorgten Vater die Erleuchtung bringen. »Und was sagt die Mama?«

»Sie überläßt dir die Entscheidung.«

»Ist ja wieder mal typisch.« Er wedelte mit einem Formular, das zu den Papieren gehörte. »Auf gut deutsch heißt das, sie wollte diese Einverständniserklärung nicht unterschreiben.«

Anna und Philipp schüttelten die Köpfe, und Stefan

dachte, daß es das beste sei, das heikle Thema für eine Weile zu vergessen. Er kletterte von der Plattform herunter, und die Kinder folgten ihm. Unten schob Stefan die Hände in die Taschen seines mit Farbe bekleckten Kittels, schlenderte dorthin, wo Josef gearbeitet hatte, und erkundigte sich: »Na? Nichts kaputtgegangen?«

»Kein Splitterchen, Chef«, sagte Josef, der mit seiner Arbeit zufrieden war.

Stefan begutachtete die Figur. »Ein wundervolles Stück, unglaublich. Wie lange werden wir noch brauchen?«

»Um alle Korrosionsschäden auszubessern, mindestens noch einen Monat, Chef. Zur Wiederherstellung – ich meine mit allem Drum und Dran – ein halbes Jahr.«

Stefan nickte zustimmend. »Aber das ist es wert.«

»Papa«, erinnerte Anna zaghaft.

Als gäbe es nur seine Arbeit und sonst nichts, kletterte Stefan wieder die Leiter hinauf. Richtig trotzig setzte er dabei seine Füße auf die Sprossen.

Anna holte Luft. »Wir müssen uns bis morgen früh entscheiden, sonst wird ein Mädchen von der Stuttgarter Oper eingeladen. Ersatzweise.«

Philipp wollte nicht zurückstehen. »Anna hat in den letzten Wochen jeden Tag drei Stunden trainiert für diesen Wettbewerb, und es ist unheimlich wichtig für sie, begreifst du das nicht?«

Stefan kam sich überflüssig und in die Enge getrieben zugleich vor: »Dieses ganze Ballett ist die reinste Diktatur! Selber hat man überhaupt nichts mehr zu bestimmen! Die Eltern sind bloß noch Anhängsel!«

Um ihm eine mögliche Entscheidung unterschwellig leichter zu machen, deutete Philipp ausdrucksstark auf sich.

»Du?« rief Stefan von oben. »Nach Paris? Und dein Abitur? Das wird ja allmählich peinlich!«

Philipp nahm es leicht: »Mach dir keine Sorgen, Papa! Ich kompensiere Mathe mit Sport und Religion, punkte in Geschichte noch mündlich, das gibt Drittelnoten, dann brauche ich zehn Punkte in der Facharbeit und fahre das Abi sicher mit drei Komma vier nach Hause! In Ordnung?«

Es schien, als hätte Stefan von dem Kauderwelsch seines Sohnes kein Wort verstanden, denn das, was er sagte, klang eher nach einem Selbstgespräch: »Paris – ich bin ja nicht kleinlich, aber so geht das nicht. Und noch dazu alleine!« Plötzlich beugte er sich über die Balustrade der Arbeitsbühne und zeigte mit seinem Zeigefinger auf Philipp: »Und du fährst schon gleich gar nicht mit!«

Anna nieste.

»Ich habe es ja gewußt!« brüllte Stefan. »Aber wenn der Vater was sagt, wird ja drüber gelacht!«

Philipp zog seine Schwester eilends hinaus, doch im Portal nieste Anna erneut. Dreimal. Und noch mal.

»Gesundheit«, wünschte Philipp.

Hohl klang Stefans Stimme aus dem Kirchenschiff: »Vielleicht nimmt uns ja eine schwere Grippe jede Entscheidung ab!«

Kaum waren sie wieder zu Hause, entpuppte Philipp sich als einfallsreicher und besorgter Krankenpfleger. Selbstlos wie schon lange nicht und unter Hintanstellung dringender Schönheitsreparaturen an seinem Wagen, widmete er sich ausschließlich der Gesundheit seiner Schwester. Er ließ heißes Badewasser ein, goß

Eukalyptusöl hinein und steckte Anna in die Wanne: »Raus darfst du erst, wenn dir Schwimmhäute gewachsen sind!« bestimmte er.

»Huh, ist das heiß!« quiekte Anna.

»Willst du nach Paris oder nicht?« Er lief in ihr Zimmer und legte eine Wärmflasche ins Bett.

Nach zwanzig Minuten stieg Anna aus der Badewanne und wollte sich abtrocknen. Er verhinderte das sofort: »Zum Schwitzen mußt du naß in deine Koje! Ab!«

Er jagte sie ins Bett, deckte sie bis zum Hals zu, und als sie meutern wollte, steckte er ihr ein Fieberthermometer in den Mund. »Halt die Klappe«, befahl er besorgt.

In der Küche fand er eine Dose mit Hühnersuppe, die ihm die richtige Krankenkost zu sein schien. Er öffnete die Konserve, goß den Inhalt in einen Topf und wärmte ihn. Und um die brüderliche Zuneigung besonders sichtbar zu machen, richtete er ein Tablett ganz fein her, unter Omas Motto: »Auch die Augen essen mit.«

Zum Servieren hängte er sich ein Küchenhandtuch über den Unterarm und marschierte mit dem Tablett in Annas Zimmer. »Mademoiselle, es ist angerichtet«, sagte er galant.

Philipp stellte die Suppe ab, nahm Anna das Glasröhrchen aus der Hand und las die Temperatur ab.

37 Grad Celsius! Das war ganz normal! Kein Fieber! Keine Erkältung! Kein Schnupfen! Kein Husten! Kein Pieps!

Er war enttäuscht. Die ganze Aufregung, die ganze Arbeit umsonst!

Er nahm das Tablett wieder hoch und verließ schnellstens Annas Zimmer: »Du fährst nach Paris, ich schiebe die Suppe ein! Ende der Vorstellung!«

Anna mußte laut und fröhlich lachen.

Natürlich war Stefan nicht untätig in der Kirche geblieben. Er fuhr zu Ute ins Blumengeschäft. Dort sah er sich jedoch nicht nur seiner Frau gegenüber, sondern auch Christina Dimitriades.

»Du wolltest also keine Entscheidung treffen«, begann Stefan das Gespräch mit seiner Frau.

»Anna hat eine starke Natur«, entgegnete Christina, obwohl sie gar nicht gefragt worden war. »Tausende von Mädchen fahren jedes Jahr . . .«

»Meine Anna nicht!« Stefan war tief besorgt.

»Ah, jetzt sieh einmal an«, protestierte Ute. »Aber als dein Philipp mit siebzehn Jahren durch halb England trampen wollte . . .«

»Warst du dagegen«, vollendete Stefan und grinste breit.

»Und du hast mich überzeugt, daß so eine Reise ein Klacks ist und wichtig für ihn.«

Jetzt war Stefan wieder in die Enge getrieben: »Der Sprachkenntnisse wegen. Außerdem ist er ein Junge, das ist ein Riesenunterschied.« Er schickte ein Stoßgebet los. »Warum gibt mir die Stadt Paris in diesem Moment nicht den Auftrag, Sacre Cœur zu restaurieren? Das würde alle Probleme lösen. Ich könnte ein Auge auf Anna haben . . .«

Eine Kundin betrat den Laden, und Christina eilte nach vorn.

Ute schloß schnell die Zwischentür. »Mach dich doch nicht lächerlich! Du tust gerade so, als sei deine Tochter ein hilfloses Baby.«

»Paris ist bekannt dafür, daß junge Mädchen . . .«, verteidigte sich Stefan.

Ute ließ ihn nicht ausreden: »Deine Anna verkehrt dort weder in Nachtbars noch in üblen Spelunken. Sie ist mit anderen Tänzerinnen und Tänzern für eine Woche Gast der Pariser Oper. Mit denen und mit den Ballettmeisterinnen ist sie ständig zusammen. Du machst wirklich aus der Mücke einen Elefanten. Stell dich nicht so an.«

»Daß du das so auf die leichte Schulter nehmen kannst! Ich begreif' das nicht.«

Ute merkte, daß der Gegner schwach wurde. »Also? Was ist nun?«

So einfach ließ er sich den Schwarzen Peter nun doch nicht zuschieben. »Du wolltest ja die Einverständniserklärung nicht unterschreiben.« Ihm fiel eine seiner Meinung nach glänzende Ausflucht ein. »Ich habe auf deine Bedenken Rücksicht genommen.«

»Und du bist der Vater! Sonst entscheidest du ja auch jede Kleinigkeit!«

Er sah sie an. »Du bist also dafür?«

»Ja – auch wenn dir das Herz bricht«, sagte Ute mit Überzeugung.

Er suchte nach einem allerletzten Grund. »Ist denn da eine vertrauenswürdige Aufsicht – bei so vielen Mädchen?«

»Ja. Valentine d'Arbanville, die bekannteste Ballettmeisterin, die es gibt.«

Er lief ruhelos auf und ab, fühlte, daß sein Herz offenbar schon in der Wieskirche gebrochen war bei dem Gedanken, seine schutzbedürftige Tochter so ganz allein der Welt auszuliefern.

»Aber dich hatte sie schon weichgeknetet, bevor sie zu mir gekommen ist. Mit Philipps Hilfe, wie ich annehme.«

»Da gab es nicht viel zu kneten«, sagte Ute. »Was sein muß, muß sein. Aber mal ernsthaft, Stefan: Du willst doch der Karriere deiner Tochter nicht aus purem Eigensinn im Weg stehen ...«

Empört wies er das von sich: »Natürlich nicht.«

»Also, was gibt es dann noch zu zögern?«

»Okay«, sagte er matt.

Ute reckte sich auf die Fußspitzen und küßte ihn dankbar. »D'accord, sagen die Franzosen.«

Chaos war für Anna kein Begriff. Auch »funktionelle Ordnung«, die Stefan als Teil der Zivilisation betrachtete, war ihr von Kindesbeinen an fremd geblieben. So stand sie in ihrem Zimmer zwischen großvolumigen Schultertaschen, und in diese hinein quetschte sie wahllos jene Kleidungsstücke, die sie nach Paris mitnehmen wollte. Packen nannte sie das. Hin und wieder fiel ihr ein, daß manches überflüssig war, das entfernte sie dann zugunsten von Trainingssachen, Trikots und Beinwärmern aus den Taschen.

Philipp saß auf dem Bett und schaute verwundert dem kopflosen Treiben zu. »Dein Zimmer hat doch eben noch ganz ordentlich ausgesehen. Hier kannst du wirklich niemanden empfangen.«

»Das habe ich jetzt auch nicht vor«, gab Anna patzig zurück.

»Du hast aber Besuch.«

»Keine Zeit!« Anna war es ernst damit! Sie wollte in Ruhe gelassen werden. Doch damit hatte sie kein Glück.

Jakob tauchte hinter Philipp auf und suchte auf dem Boden von Annas Zimmer vergebens nach einem freien Fleckchen, wo er hintreten konnte. »Räumst du auf?« fragte er.

Mit triefender Anzüglichkeit sagte Philipp: »Ich laß' euch dann mal allein.«

Jakob machte den Versuch, zwischen den Textilbergen eine Schneise zu graben, aber Anna bremste ihn. »Laß das liegen. Mein Chaos ist organisiert. Setz dich aufs Bett. Warum kommst du eigentlich? Ist etwas passiert?«

»Nein, wieso? Ich freue mich für dich.«

»Ich freue mich auch, und das meiste habe ich dir zu verdanken.«

»Und Rainer.«

»Natürlich. Und natürlich auch Philipp und meinem Vater und meiner Mutter.«

»Und der Kralow.«

Ihre nächste Frage klang erinnerungsschwer: »Kannst du dich noch an die erste Hebung erinnern? In der Turnhalle der Howard-Schule? Was du damals gesagt hast?«

»So was Ähnliches wie: In der Luft bist du schon perfekt. Jetzt müssen wir das nur noch auf dem Boden üben.«

Es war eines jener Verlegenheitsgespräche, die kurz vor Weltreisen in dem Bewußtsein geführt werden, den anderen ein halbes Jahr lang nicht zu sehen – die Zeit bis zur Abfahrt überbrücken, und das möglichst tapfer und locker. Hier handelte es sich jedoch nur um eine schlichte Woche.

Anna klopfte ihm zärtlich auf die Wange. »Bist du eifersüchtig, daß ich nach Paris eingeladen wurde? Oder etwa neidisch?«

»Ich bin noch niemals irgendwohin eingeladen worden«, gab er zu.

»Das ist doch eigentlich schade. Unter den Tänzern bei der Kralow bist du mit Abstand der Beste. Deswegen hat sie ja auch an dir immer so viel auszusetzen – das macht sie ja bei mir auch.«

Die Antwort, die Jakob ihr jetzt gab, zeigte, daß er doch ein wenig eifersüchtig war: »Unter den Blinden ist der Einäugige . . .«

Anna fuhr sofort in die Höhe: »Hör mit dem Quatsch auf! Wie alt bist du? Na also! Warum sollte man dich denn zu einem Nachwuchswettbewerb einladen?«

»Damit willst du mich doch nicht etwa trösten? Ich hab' das Recht, neidisch zu sein. Soll ich dir auch sagen, warum?«

Sie wandte sich ihren Reisetaschen zu und rief genervt: »Ich will es nicht hören!«

Die Freundschaft zwischen den beiden hatte einen haarfeinen Riß bekommen. Beide merkten es, wollten es jedoch nicht wahrhaben.

Mit einer Art Versöhnungsgeste bückte Jakob sich und zog den Reißverschluß einer Tasche zu.

»Ich bin noch nicht fertig mit Packen«, rief Anna.

Also öffnete er die Tasche wieder und blieb tatenlos auf dem Bett hocken. »Was hat eigentlich dein Vater gesagt?«

»Er hat sich gesträubt, und ich weiß ganz genau, was dem heute abend noch alles einfällt, um meine Reise vielleicht doch zu verhindern.«

Bei jedem Punkt, den sie jetzt aufführte, schmetterte sie Ballettschuhe in eine der Taschen: »Er wird stur behaupten, ich hätte mich erkältet und hohes Fieber! Wenn das nicht hilft, wird er krank! Und wenn er mich zum Bahnhof bringen soll, wird der Wagen nicht anspringen! Philipp habe ich das auch schon alles gesagt!«

Sie lachte grimmig, und Jakob lachte gezwungenermaßen mit.

Es kam genau so, wie Anna es vorausgesehen hatte: Beim Abendessen kam Stefan an den Tisch und legte ihr prüfend die Hand auf die Stirn. »Du hast hohes Fieber! Ich habe es ja geahnt! Paris kannst du vergessen!«

Ute blickte Philipp auffordernd an, und der ging gehorsam ins Bad, holte das Thermometer und schlug die Quecksilbersäule herunter.

Stefan war sich seiner Sache sicher. »Ihr werdet gleich sehen, daß ich recht habe.«

Ute legte Anna ebenfalls die Hand auf die Stirn und fühlte eine normal warme Stirne: »Ja, Stefan, wir werden gleich sehen, ob du recht hast.«

Philipp steckte seiner Schwester abermals das Fieberthermometer zwischen die Zähne und sagte freundlich: »Mahlzeit, Anna!«

Voller Spannung sah Stefan abwechselnd seiner Tochter ins Gesicht und auf seine Uhr. Er tippte auf 39,8 Grad Celsius, wenn nicht mehr. Philipp kaute schweigend, Ute ging in die Küche und füllte Stefans Teller mit Bratkartoffeln.

Drei Minuten schienen Stefan ausreichend zur Feststellung krankhaft erhöhter Temperatur zu sein. Er zog Anna das Thermometer aus dem Mund und blickte scharf auf die Skala. 37 Grad Celsius! Schweigend ging er an seinen Platz und setzte sich. Anna stellte den Teller vor ihn hin.

Stefan sah auf den Teller und verzog leidend das Gesicht. Mit den Händen drückte er vorsichtig auf seinen Bauch: »Ich kann schon den ganzen Tag nichts essen.

Ich hab' was mit dem Magen. Seit Tagen schon. Vielleicht hilft ein Schnaps. Aber Alkohol wäre bei Magengeschwüren nicht gut.«

»Soll ich dir Zwieback mit Butter schmieren?« fragte Anna und konnte sich das Lachen kaum verbeißen.

Er wehrte schwach ab. »Nein, nein, nein! Du darfst dich auf keinen Fall überanstrengen.« Er versuchte sich zu erheben, was ihm offensichtlich schwerfiel, krank, wie er war.

»Bitte bleib sitzen, Papa«, bat Anna.

Er keuchte: »Ich muß mich hinlegen.«

Ute schaute an die Zimmerdecke, und Philipp grinste.

Mit schweren Schritten verließ Stefan den Raum und schloß nachdrücklich die Tür hinter sich.

Anna schüttelte den Kopf. »Wie erwartet.«

Ute machte eine beschwichtigende Handbewegung. »Laß ihm doch das Vergnügen ...«

»Ich versteh' das nicht, Mama. Vergnügen soll das sein?«

»Na, er geht und packt deine Taschen neu. Du weißt doch: funktionelle Ordnung. Du wirst sehen, du hast morgen früh erheblich weniger Gepäck, aber doch alles dabei, was du mitnehmen willst.«

Am nächsten Morgen, sechzig Minuten vor Abfahrt des Zuges nach Paris, sprang Stefans Wagen nicht an. Aufgeregt betätigte er wieder und wieder den Anlasser und beschwor den Motor mit wüsten Beschimpfungen. Anna, Ute und Philipp verhielten sich mucksmäuschenstill. Immer wieder war es für sie ein Genuß, Stefans prägnanten Flüchen zu lauschen.

Es mußten auch Begriffe darunter sein, die selbst das teuerste Auto sich nicht bieten ließ: Es sprang an.

Später, auf dem Hauptbahnhof, trug Stefan selbstredend alle Taschen seiner Tochter. Vergebens bemühte Philipp sich, wenigstens ein Gepäckstück zu ergattern und familiäre Gemeinsamkeit zu beweisen. Stefan war immer einen Schritt voraus, dann folgte Philipp kurz hinter ihm mit einer Hand an einem Trageriemen. Im Ein-Meter-Abstand kam Anna, und Ute bildete das Schlußlicht.

»Laß dir doch helfen«, rief Philipp seinem Vater zu.

Stefan lehnte kategorisch ab: »Nein!«

»Der Intercity nach Paris fährt offenbar auf einem anderen Gleis«, vermutete Anna.

Stefan marschierte weiter. »Nein! Er ist nur noch nicht eingelaufen!« Er ließ alle Taschen fallen und sah sich um wie ein Feldherr. Ein kritischer Blick traf Anna. »Bin gespannt, was du alles vergessen hast.«

Jetzt endlich kam Philipps siegreiche Minute. »Nichts hat sie vergessen, Papa! Rein gar nichts! Anna hat gepackt – das heißt, was sie unter Packen versteht! Mama hat es heimlich umgepackt. Dann hab' ich die Kleinigkeiten in die Taschen gesteckt! Und zum Schluß hast du alles noch einmal umgepackt! Ich habe den Verdacht, in diesen Taschen steckt der gesamte Inhalt von Annas Schrank!«

»Genau das wollte ich vermeiden«, sagte Anna. »Ich verreise ja nicht zum erstenmal.«

Bedeutungsschwer sprach Stefan: »Aber zum erstenmal allein!«

Ute hatte beschlossen, den Abschiedsschmerz abzukürzen. Sie umarmte ihre Tochter heftig, küßte sie und verkündete: »Mein Liebling, ich kann leider nicht warten, bis der Zug nachher abfährt. Du weißt ja, daß ich noch zum Blumengroßmarkt muß. Alles Gute – und ruf mich an.« Und schon war sie verschwunden. Das heißt, auf Annas Schulter waren ein paar Tränen von ihr zurückgeblieben.

Stefan suchte in seiner Jackentasche und schob Anna einen Umschlag zu. »Schau rein.«

Das machte sie. Drinnen waren Geldscheine. »Aber, Papa, ich hab' doch genügend Geld. Mama hat mir auch schon etwas gegeben.«

»Sicher ist sicher.« Stefan mußte an Lösegeld gedacht haben.

»Aber ich habe doch überhaupt keine Zeit, in der kurzen Woche etwas auszugeben.«

Stefan wußte es besser: »Du wirst an mich denken«, orakelte er finster.

»Steck ein«, raunte Philipp, »er findet sonst doch wieder kein Ende.«

Stefan betäubte seine Abschiedsstimmung, indem er immer wieder nach dem Zug Ausschau hielt, auf die Lautsprecherdurchsagen achtete, Fahrtrichtungsanzeiger, Wagenfolge, Wagenstand auf dem Bahnsteig und Ankunftszeiten studierte.

Diese Beschäftigungstherapie nutzte Anna und steckte Philipp die Hälfte des Geldes aus dem Umschlag zu. Er zählte es durch und machte ein langes Gesicht. Es waren französische Banknoten. »Dann wechselst du es eben nachher«, zischte Anna ihm zu und lächelte ihren Vater an, der für sie ein Bündel Zeitungen gekauft hatte.

Der Zug lief ein, Druckluftbremsen zischten, Reisende drängten an die Türen. Stefan war der erste im Waggon, belegte im vierten Abteil einen Fensterplatz für Anna und verstaute das Gepäck.

Dann war Anna drin und er draußen.

»Der Platz ist gut, da sitzt du nicht genau auf der Achse, weißt du?« rief Stefan, der fürsorgliche Vater. »Du kommst auf dem *Gare de l'Est* an. Auf dem Bahnhof ist auch eine Auskunft. Der Zug fährt rund fünf Stunden. Nimm dir eine Taxe. Wundere dich nicht – die haben an den Bahnhöfen eine hohe Grundgebühr. Gib zehn Prozent Trinkgeld, hörst du? Und sei vorsichtig. Und bleib vor allem gesund. Ruf mal an, die Vorwahl von Paris ist eins neun vier neun, und bei unserer Nummer mußt du die erste Null weglassen . . .«

Ein kleines bißchen neidisch war Philipp schon, daß sein Vater solch ein Aufheben um Anna machte. Aber großzügig nahm er es hin und betrachtete die Szene lächelnd.

Anna verschwand vom Fenster und rannte wieder zum Einstieg. Stefan erahnte ihre Absicht, ihm das vergessene Abschiedsbussi zu geben, und lief ebenfalls los in Richtung Einstieg.

»Zurückbleiben, Türen schließen, der Zug fährt ab«, dröhnte es aus dem Bahnsteiglautsprecher. Der rote Minutenzeiger war auf die 12 gesprungen.

Die Türen knallten fauchend zu, und der Zug ruckte an. Hinter dem Türfenster, das sich nicht öffnen ließ, winkte Anna und gab durch Gesten zu verstehen, daß dies ein geschlossenes Fenster sei. Stefan nickte heftig und machte ihr dadurch klar, daß er begriffen hatte, daß sich im Intercity die Fenster nicht öffnen ließen. Er ging neben dem Waggon her und zeigte Anna mit halb fröhlichen Gebärden, daß es so schlimm nun auch wieder nicht sei, ohne Kuß zu verreisen . . .

Philipp hatte den Eindruck, er habe es mit Verrückten zu tun.

An der Nebenpforte der Oper hing ein Plakat *»XXIII. Concours International De Danse«*. Rote Pfeile wiesen den Weg zum Ballettsaal im Rückgebäude.

Anna hatte genau die Zeit eingehalten, die ihr auf der Einladung genannt worden war. Da sie keine anderen Tänzerinnen antraf, tippte sie auf eine Einzelprüfung. Also zog sie sich um und begann mit dem Aufwärmtraining.

Ein alter Angestellter der Oper sah in den Saal, kam auf Anna zu und verlangte, in ihre Unterlagen zu blikken. Nachdem er sie gelesen hatte, sagte er in deutsch-französischem Mischmasch: »Madame d'Arbanville kommen arrivée sofort gleisch herüber die Treppen dans la salle.«

Er lächelte freundlich. Anna gefiel ihm. Rückwärts gehend, zog er sich bis an die Tür zurück, um diese zu öffnen, als er Schritte und das stete Klopfen eines Spazierstockes vernahm: Valentine d'Arbanville erschien.

Anna machte ihren tänzerischen Knicks vor der berühmten alten Dame und harrte mit gebeugtem Kopf der Dinge, die auf sie zukommen sollten.

Madame d'Arbanville betrachtete Anna abschätzend, dann aufmerksam, schließlich verwundert. »Nie zuvor hat Sonja Kralow mir eine Schülerin empfohlen. Sieh mich bitte an. Ich lebe sonst sehr zurückgezogen, und du bist einer der wenigen Menschen, die mich noch anschauen dürfen.«

Madame d'Arbanville hatte ein liebenswürdiges Gesicht, stellte Anna fest, ganz anders als das der Kralow. Nicht so verbissen, viel gütiger – und viel älter. »Ich soll Sie von Frau Kralow herzlich grüßen, Madame d'Arbanville.«

Die alte Dame lächelte. »Weißt du was, Anna, nenn

mich einfach Mademoiselle. Das bin ich noch, und das gefällt mir.«

»Wo sind denn die anderen Mädchen, Mademoiselle?«

»Ich arbeite nicht mit Gruppen. Ich arbeite mit jedem von euch einzeln. Eine nach der anderen. Sonst lernt ihr nichts. Brutal, was?

»Aber . . .«

»Ich weiß, was du sagen willst. Nein, das wird mir nicht zuviel. Ich arbeite zwanzig Stunden am Tag. Was soll ich denn sonst tun? Sterben vielleicht? So, und nun an die Stange. Wenn du schwitzt, fangen wir mit der Arbeit an.« Sie trippelte zur Tür. »In einer dreiviertel Stunde bin ich zurück – dann dampfst du!«

Mademoiselle erschien genau in dem Augenblick, als Anna zu »dampfen« anfing. Die alte Dame hatte sich umgezogen, trug ein schwarzes Trikot und einen langen schwarzen Faltenrock. Sie setzte sich auf einen halbhohen Hocker und rief: »Du hast dir ›Schwanensee‹ ausgesucht. Ein Solo der Odette im zweiten Akt. Bitte, dein Auftritt.«

Anna schob die Kassette mit der Musik von Tschaikowski in den Recorder, ging in Position, wartete auf die Anfangstakte der Musik und begann zu tanzen. Sie merkte, daß sie einen besonders guten Tag erwischt hatte.

Mademoiselle beobachtete sie aus halbgeschlossenen Augen und gab durch keine Regung zu verstehen, ob ihr Annas Vortrag gefiel oder nicht. Erst als Anna das Solo beendete und die Kassette aus dem Recorder nahm, fragte sie leise: »Wie geht es Sonja Kralow?«

Anna war zwar überrascht, sie ahnte jedoch, daß von Mademoiselle Valentine gewisse Kompetenzen geordnet werden mußten. »Wir tun so, als sei sie ganz gesund. Sie weiß, daß wir so tun – und deswegen geht es ihr ganz gut, denke ich.«

»Das merkt man dir an, mein Kind.« Sie rutschte von ihrem Hocker herunter und schritt auf Anna zu. »Wir haben viel Arbeit in den nächsten Tagen.« Sie begutachtete Annas Körperbau. »Du hast Talent, weißt du das?«

»Ich hoffe es.«

»Quatsch! Natürlich weißt du es. Ein bißchen müssen wir auf die Harmonie achten.« Die alte Dame ging in Position. »Darf ich bitten, Anna: Battement tendu simple. Füße fünfte Position, rechter Fuß vorn, Arme zur zweiten Position geöffnet, Gewicht des Körpers auf dem linken Fuß, der rechte ist frei und unbelastet. Der rechte Fuß gleitet jetzt vorwärts, ohne daß die Spitze vom Boden erhoben wird. Das Bein ist gestreckt und nach außen gedreht. Wenn der Fuß in die Position zurückfällt, muß er *sorgfältig* nach auswärts gedreht sein. Sorgfältig, verstehst du? Du hast gepfuscht. Wenn die Arme in der zweiten Position sind, spreizen wir nicht den kleinen Finger ab. Wir wollen keine Konkurrentin auf der Bühne erstechen.«

»Aber Frau Kralow . . .«

»Selbst meine kleine Kralow kann dir niemals beigebracht haben, mit den Fingern in der Luft herumzupieksen. Ich selber habe ihr das vor vielen Jahren abgewöhnt. Du wirst denken, das sind Kleinigkeiten, die niemand sieht. Ich aber sage dir: Ballett ist Perfektionismus hoch drei! Die Pawlowa, die Karsawina, die Markowa, Margot Fonteyn, Galina Ulanowa und eine Reihe anderer Primaballerinen konnten die unendlich schwierige Doppelrolle Odette/Odile in ›Schwanensee‹ tanzen. Weißt du warum? Weil sie perfekt waren!«

Anna probte vor dem Wandspiegel die bemängelten Positionen. Sorgfältig. Bis das beanstandete Battement total fehlerfrei war.

Die d'Arbanville zeigte sich davon unbeeindruckt. Sie erwartete das. Es bedurfte keiner Worte mehr. Sie nahm ihren eleganten Krückstock und zog sich zurück. »Anna – morgen früh sieben Uhr! Hier! Und jetzt darfst du zum Gruppentraining gehen. Ein englischer Kollege leitet das.«

Nach weiteren zwei Stunden wußte Anna, daß Paris für sie nichts weiter war als eine Knochenmühle. Ein paar Minuten stand sie nach dem Training desinteressiert auf dem Platz vor der Oper und starrte todmüde auf den lauten Straßenverkehr.

In ihrem vom Veranstalter reservierten Zimmer in einer der zahlreichen Pensionen hinter der Oper fand Anna auf dem Tisch einen Zettel mit dem Reklameaufdruck einer Champagner-Firma und darunter fünf verschiedene Uhrzeiten mit jeweils der gleichen für sie unverständlichen Notiz *»M. Pelle Serre«.*

Anna war von der Reise und vom Training zu müde, um sich den Kopf über *Pelle Serre* zu zerbrechen. Sie ging ins Bett und schloß die Augen. Sofort döste sie ein.

Erst nach zwei Stunden erwachte sie aus bleiernem Schlaf, zog sich aus und kroch mühsam unter die rundum festgeklemmte Bettdecke. Sie träumte von »Schwanensee«, doch die Schwäne waren alle schwarz wie Valentine d'Arbanville in ihrer Trainingskleidung. Die Rolle des Prinzen Siegfried tanzte seltsamerweise Jakob. Ihm gelang nur ein einziger Sprung, und der endete im Orchestergraben . . .

Davon wachte sie auf. Es war sechs Uhr, und über den Dächern von Paris ging die Sonne auf.

Im Großen Ballettsaal probte ein Tanzensemble unter Leitung seines Choreographen den Schlußtitel »One« aus dem Musical »Chorus Line«. Anna blieb einen Augenblick vor dem breiten Gangfenster stehen, summte die Melodie und deutete einige Jazz-Tanzschritte an.

Valentine d'Arbanville tauchte lautlos neben ihr auf und tippte mit dem Elfenbeinknauf des Spazierstocks auf ihre Schulter. »Anna, wir wollen gleich zusammen arbeiten. Geh und mach dich warm. Das da«, sie zeigte auf die »Chorus Line«-Gruppe, »ist nichts für dich!«

Nach dem Aufwärmtraining kam Anna auf das Thema zurück. »Darf ich etwas fragen, Mademoiselle?«

»Du willst wissen, was ich gegen diese Musical-Tänzer habe, obwohl ich selbst am Broadway mehrere Musicals inszeniert und choreographiert habe. Richtig?«

Anna nickte.

»Ich habe nichts gegen diese Musicals. Ich bin nur der festen Meinung, daß sie noch ungeeignet für dich sind. Vorläufig. Du bist zu jung für den Beifall.«

»Das verstehe ich nicht, Mademoiselle.«

»Man kann alles erlernen – und gerade du wirst alles lernen –, aber am schwierigsten ist es, den Beifall zu ertragen. Das Klatschen, die Bravorufe. Große Talente sind daran gescheitert.«

Die alte Dame verließ ihren Hocker, schürzte ihren langen schwarzen Rock, setzte ihre Beine mit den schwarzen Trikothosen im swingenden Rhythmus und schnippte den Auftakt mit Daumen und Mittelfinger.

»Ich kann mich heute auf eine Bühne stellen und so tun, als könnte ich steppen wie Fred Astaire. Ich schwöre dir, die Leute würden rasen vor Begeisterung.«

Anna war von den paar modernen Tanzschritten der d'Arbanville hingerissen. »Ganz bestimmt.«

»Siehst du! Aber wem jubeln sie zu? Mir? Oder nur der Tatsache, daß ich in meinem Alter noch so flinke Füße habe? Sag's mir!«

Anna kannte keine Hemmungen. »Wohl eher der Tatsache, daß Sie in Ihrem Alter . . .«

Mademoiselle Valentine stoppte die jugendliche Weisheit mit strenger Gebärde und lächelte. Nicht eben freundlich, eher gallig. »Ich liebe Jazz, obwohl mein Leben dem klassischen Ballett gehört.«

»Können Sie denn tatsächlich steppen?« Im Hinterkopf dachte Anna die Frage zu Ende: »Sie mit Ihren 70 Jahren?«

»Nein. Ich halte diese Form von Tanz für eine sehr umständliche Form, Mäuse totzutreten.« Mit angedeutetem kessen Hüftschwung kehrte sie zu ihrem Hocker zurück. »So, mein Kind, und jetzt wieder an die Arbeit. Deine Korrekturen an den von mir beanstandeten Passagen waren schon recht gut. Und jetzt machen wir alles noch einmal. Ganz neu und viel besser. Geh bitte in deine Position!«

Philipp chauffierte seinen alten Diesel wie einen preisgekrönten Oldtimer durch die Straße, in der Rainer wohnte. Der kam ihm plötzlich wie ein Kamikaze-Pilot mit dem Rollstuhl entgegengesaust. Die Video-Kamera war eingeschaltet, und Rainer machte keine Anstalten, dem Wagen auszuweichen.

Philipp trat heftig auf die Bremse und brüllte zum Fenster hinaus: »Du spinnst wohl!«

Rainer verringerte die Geschwindigkeit des Rollstuhls nicht. Erst knapp vor der Stoßstange des Diesels zog er die Handbremse. Das Auge behielt er am Sucher der Kamera. Beide Fahrzeuge standen keine fünf Zentimeter voneinander entfernt.

Philipp sprang aus dem Wagen und machte zwei lange Schritte nach vorn zum Kühler. »Du bist wohl nicht ganz dicht! Du scheinst wirklich was an der Waffel zu haben, wie Anna immer behauptet!«

Rainer hielt den Kopf gesenkt und filmte in aller Ruhe den Wutausbruch.

Philipp trat gegen das linke Rad des Rollstuhls, nicht grob, aber immerhin. »Schalt das blöde Ding ab!«

»Stör mich nicht!« schimpfte Rainer. »Ich muß das Weiße im Auge des Gegners draufkriegen.«

»Bin ich dein Gegner, ja? Du bist bekloppt! Wenn ich das Anna erzähle, rastet sie aus!«

Rainer kippte die Kamera zur Seite und fragte hämisch: »Du willst Anna doch nicht erzählen, daß du Angst gehabt hast?«

Philipp ärgerte sich. Warum machte Rainer das? Spielte er damit auf den Unfall an? Wollte er seine Grenzen kennenlernen oder die von anderen? Wegen seiner Ideen hatte er sich schon drei Rippen gebrochen. Was wollte Rainer jetzt provozieren?

»Was wäre denn gewesen, wenn ich dich umgefahren hätte? Kein Mensch hätte mir geglaubt, daß du, Rainer Hellwig, schuld gewesen bist! Mit dem Pelzer war doch schon mal was, hätten sie gesagt.« Philipp war zornig.

Rainer setzte die Schutzkappe auf das Objektiv und hatte damit das Thema offenbar abgehakt. »Hat Anna sich schon aus Paris gemeldet?«

»Nein! Sie ist ja erst einen Tag weg.«

»Es kommt mir länger vor.« Rainer machte mit den Rädern eine Gegenrollbewegung und lenkte sich auf die Beifahrerseite von Philipps Auto. »Meinst du, sie gewinnt den Wettbewerb?«

»Woher soll ich das wissen?« Philipp war jetzt nicht so leicht zu versöhnen.

»Machst du dir keine Gedanken?« Rainer öffnete die rechte Tür, schwang sich aus dem Rollstuhl auf den Beifahrersitz und löste die Kamera vom Halter. »Ich, ja, ich mach' mir Gedanken.«

»Über Annas Chancen? Wir wissen, daß sie viel kann, aber andere können auch tanzen.« Philipp klappte den Rollstuhl zusammen und packte ihn in den Kofferraum. »Bei dem Wettbewerb sind Mädchen aus der ganzen Welt. Sie weiß das, und die ersten hat sie sicher schon kennengelernt.«

»Will sie denn nicht gewinnen?«

Philipp lenkte den Wagen aus dem ruhigen Viertel auf den Stadtring und fuhr in Richtung Autobahn. »Natürlich will sie gewinnen!«

Rainer schaute geradeaus. »Ich glaube, sie ist die Beste. Hoffentlich hat sie in Paris jemanden, dem sie vertrauen kann. Sie braucht das.«

»Die eine Woche wird sie auch allein überstehen.«

Auf der Autobahn sprach Rainer wie zu sich selbst: »Wir sollten hinfahren.«

Philipp reckte den Kopf, als hätte er nicht richtig gehört. »Wo sollten wir hinfahren? Nach Paris?«

»Acht Stunden hin, acht Stunden zurück.«

»Bei dir weiß man nie, ob du das ernst meinst. Anna braucht in Paris keine Korsettstangen. Und uns beide schon gar nicht.«

»Du fährst ziemlich lahm«, sagte Rainer wie nebenbei.

»Mein Auto mag das.«

Philipp war noch immer mit den Gedanken bei der vorherigen Szene. Er verstand Rainer nicht. »Übrigens – was sollte das vorhin? Wolltest du dir oder mir irgend etwas damit beweisen?«

Rainer nahm sich reichlich Zeit, die Kamera fertigzumachen, um durch die Windschutzscheibe zu drehen. Er blickte angestrengt durch den Sucher und antwortete ganz nebenbei: »Ich wollte nur prüfen, ob ich noch Nerven habe.«

»Nerven? Für 'ne Notbremsung von mir? Ich hab' dich schon unterm Wagen gesehen! Kannst du glauben.«

»Man muß sich eben, na ja, aufeinander verlassen können«, sagte Rainer.

Philipp begriff die Zwischentöne. Es war ein Vorwurf, daß er den Vorschlag, nach Paris zu fahren, nicht sofort aufgegriffen hatte. Bei der nächsten Ausfahrt verließ er die Autobahn und brauste über die Dörfer in die Stadt zurück.

Schon den zweiten Abend warteten Pelzers auf den Anruf aus Paris. Ute machte nichts zu essen, weil niemand Hunger hatte. Stefan schaltete den Fernseher aus, weil der ihn ablenkte – Philipp hatte den Apparat kurz zuvor angeknipst, um sich abzulenken.

»Gestern habe ich fünfmal in der Pension angerufen, und Anna war nicht da«, berichtete Stefan.

»Sie ist ja nicht nach Paris gefahren, um mit dir zu telefonieren«, erklärte Ute. »Sie tanzt da.«

»Hat er vergessen«, sagte Philipp überflüssigerweise.

»Meine Güte«, fauchte Stefan. »Es kann ja etwas passiert sein! Warum hat sie denn gestern abend nicht zurückgerufen?«

»Vielleicht hattest du die falsche Nummer«, versuchte es Philipp mit logischen Erklärungen.

»Die stand auf der Einladung, und ich habe sie mir genau abgeschrieben«, wies sein Vater das weit von sich.

»Sie wird todmüde gewesen sein«, vermutete die Mama.

»Todmüde hin, todmüde her! Es gehört sich einfach, daß man seine Eltern beruhigt, wenn man so weit wegfährt. Ein Satz hätte genügt, und ich hätte besser geschlafen. Kein Auge habe ich zugemacht.«

»Du hast geschnarcht wie immer«, warf Ute schonungslos ein.

Das gefiel ihm gar nicht. »Allein daß ich angerufen habe, hätte ihr zu denken geben müssen. Ich habe bei jedem Anruf meinen Namen hinterlassen.«

Philipp warf einen flehenden Blick zur Zimmerdecke. »Kann doch sein, daß ihr das nicht ausgerichtet wurde. So was passiert ja auch . . .«

Das Telefon läutete.

Drei Pelzers stürzten sich gierig auf den Apparat.

Philipp bekam den Hörer zuerst in die Hand, sein Vater schnappte ihn weg, Ute zerrte an der Strippe, Stefan meldete sich deutlich: »Pelzer!«

Sofort ging die Sonne in seinem Gesicht auf, und er sagte gerührt: »Anna.«

Ute setzte sich, faltete die Hände auf dem Schoß und sah ergriffen zu, wie ein erwachsener Mann sich am Telefon benahm, wenn er die Stimme seiner Tochter zwei Tage lang nicht gehört hatte.

Und Philipp rief schnodderig: »Siehste, sie lebt doch noch.«

»Ich mache dir einen Vorschlag, mein Kleines«, rief Stefan. »Spar dein Geld und leg auf. Ich rufe zurück, d'accord?«

»Aber gleich«, bat Anna, »das Telefon hängt hier

draußen auf dem Gang, und eine Kollegin will auch noch ihre Mutter in Kopenhagen anrufen.«

»Ja, sofort.« Er holte tief und zufrieden Luft, unterbrach die Verbindung und wollte wählen. Nach einigem Zögern fragte er: »Wie war gleich die Vorwahl von Paris?«

Philipp sah seine Mutter erstaunt an, und Ute sagte sanft: »Aber du hast doch dort schon ein paarmal angerufen – die ändert sich doch nicht in der kurzen Zeit.«

»Man wird ja wohl einmal etwas vergessen dürfen!« Ein reiner Verlegenheitssatz. Er hatte sie nicht vergessen, er wählte sie schon.

»Frag, wie das Wetter ist«, verlangte Ute.

»Mein Gott, als ob es nichts Wichtigeres gäbe. Hallo, Anna! Wie war die Reise? Hat das geklappt mit dem Taxi und so?«

»Alles paletti, Papa. Ich wohne in einer Pension in der Nähe der Oper . . .«

Entsetzt fragte er: »Allein?«

»Andere Mädchen auch. Die Ballettmeisterin ist eine Wucht, und ich bin vom Training völlig kaputt.«

»Sie ist vom Training völlig kaputt«, sagte Stefan mitfühlend für Ute und Philipp. »Warst du schon in einem Bistro?«

Ute regte sich sofort auf: »Also wenn ich was vom Wetter wissen will, ist es Schwachsinn, aber ob sie im Bistro war, das ist ungeheuer wichtig!«

»Was hat Mama gesagt?« fragte Anna.

»Sie will wissen, wie das Wetter in Paris ist.«

»Sonne. Nützt mir aber nichts. Ich bin ja den ganzen Tag im Ballettsaal. Weißt du, was *Pelle Serre* ist?«

»Wurst?«

»Nein, ich meine, auf französisch.«

»Pelle Serre? Warum fragst du?«

»Weil in meinem Zimmer ein Zettel lag. Irgend jemand hat *Pelle Serre* draufgeschrieben. Fünfmal.«

Philipp holte das französische Wörterbuch und blätterte. »*Pelle*, ›päl‹ gesprochen: die Schaufel. Und *Serre*, gesprochen, ›sär‹: die Kralle.«

»Pälsär!« rief Stefan. »Anna, da hat's einer mit unserem Namen besonders gut gemeint. Ich hab' fünfmal in deiner Pension angerufen, und jedesmal hat mich ein Mädchen gefragt: ›*A qui ai-je l'honneur?*‹, also, mit wem sie spricht, und ich hab' immer gesagt ›Pelzer‹.«

»Was wolltest du denn?«

»Du kannst fragen! Ich wollte wissen, wie's dir geht.«

»Glänzend, Papa. Aber jetzt möchte ich auch mit Mama und Philipp sprechen.«

»Gut, und trockne dir nach dem Duschen immer richtig die Haare. *Au revoir!*« Stefan gab Ute den Hörer und sagte: »In Paris scheint die Sonne.«

Er blieb hautnah bei ihr, um ja nichts zu verpassen. Die mütterlichen Fragen drifteten jedoch in Regionen ab, die Stefan nicht interessierten. Er machte sich auf die Suche nach einer Flasche Bier. Dabei bewegte er sich schleichend – vielleicht war ja das eine oder andere doch für ihn wichtig zu hören.

Auch Philipp langweilte sich bei Themen wie Ernährung, Verdauung, Hygiene und Schlaf. Er wollte seine Geschichte mit Rainer loswerden, und das möglichst bald.

Nachdem Ute sich über zwei Tage Paris ein lückenloses Bild gemacht hatte, riß Philipp den Hörer an sich. Er sprudelte den Bericht über Rainers Kamikaze-Fahrt mit einer Schnelligkeit herunter, daß weder Stefan noch Ute errieten, um was es sich handelte. Offenbar erzählte er Anna den Inhalt eines Horror-Films.

»Er wird sich wieder fangen«, mutmaßte Anna. »Wenn du ihn wieder abholst, gib ihm einen Kuß von mir.«

»Du weißt gar nicht, was du da von mir verlangst.«

Er legte auf, und Stefan wollte wissen: »Na, was hattet ihr für einen Eindruck?«

»Ihre Stimme klang müde«, sagte Ute.

»Eher traurig«, meinte Stefan.

Der Gong an der Wohnungstür unterbrach das Gespräch. Stefan sah ungehalten auf die Uhr und brummte: »Wer will denn jetzt noch etwas von uns? Machst du auf, Ute?«

Draußen stand Sonja Kralow.

Die Begrüßung fiel ein wenig umständlich aus, weil ein Besuch um diese Abendstunde an sich schon ungewöhnlich für die Pelzers war. Daß jedoch Annas Ballettmeisterin leibhaftig und ohne Vorwarnung erschien, verunsicherte die Familie. Ute komplimentierte Frau Kralow ins Wohnzimmer, Stefan bot ihr einen Stuhl an, und Philipp sagte: »Hallo, wir kennen uns ja schon.«

Ute dachte an das Nächstliegende. »Wir bedanken uns herzlich dafür, daß Sie Anna für Paris ausgewählt haben. Mein Mann und ich spielen schon mit dem Gedanken, unsere Tochter zu besuchen.«

Philipp schaute seinen Vater überrascht an. Davon war nie die Rede gewesen.

Die Kralow fixierte Stefan und Ute scharf. »Das werden Sie unterlassen! Nicht gut für Anna! Sie muß ungestört arbeiten bei Mademoiselle d'Arbanville! Seit Laienaufführung von ›Cinderella‹ sie hat gut gelernt! Was Sie denken von Annas Zukunft?«

Vor Ärger brachte Ute die Themen durcheinander. »Mein Mann redet ununterbrochen von Annas Zukunft. Mein Philipp muß sich manchmal ganz schön durchbeißen, weil über seine Zukunft weniger diskutiert wird. Er ist sitzengeblieben . . .«

Das Porzellangesicht der Kralow blieb ausdruckslos. Was hatte das mit Anna zu tun? »Für mich interessant, was wichtig für Anna: Karriere, Hochzeit, Kinder?«

Abermals konnte Ute sich nicht präzise zur Frage äußern. »Unsinn. Anna soll glücklich werden. Und sie wird ihren Weg machen. Ich meine, sie soll machen, was sie möchte.«

»Karriere wichtig!« sprach die Meisterin. »Alles andere unwichtig und Sünde!«

»Frau Kralow, Sie kennen Anna ganz genau. Sie wird sich keine Vorschriften machen lassen. So haben wir sie auch nicht erzogen. Wir sind froh, daß sie sich nach dem schweren Unfall erholte und sich für den klassischen Tanz entschieden hat. Das erschien ja zuerst undenkbar.«

Ganz logisch, daß Sonja Kralow das besser wußte: »Man *wird* nicht Tänzerin, man *ist* Tänzerin! Das heißt: Von Geburt!«

»Da jagen Sie mir aber einen ganz schönen Schreck ein. Anna war immer ein völlig normales Kind. Sie machen mir wirklich Angst.«

»Angst? Vor heute, vor gestern? Schauen Sie in Zukunft! Und für Annas Zukunft bin ich verantwortlich!«

Das betrachtete Ute als harten Eingriff in ihre Rechte; sie sah Stefan an und ärgerte sich, daß der gar nichts sagte. »Nein, Frau Kralow! Irgendwie sind Sie da auf dem Holzweg. Nur Anna selbst kann über ihre Zukunft entscheiden. Die Eltern sind vielleicht verantwortlich, und die Familie kann ein wenig Hilfestellung geben, das ja. Aber jeder muß das aus seinem Leben machen, was er für richtig erkennt. Auch Anna. Ich werde das in Paris mit ihr besprechen. Und, bitte sehr, was geht Sie Annas Zukunft an?«

Sonja Kralow schüttelte ihren Kopf fortwährend und verdrängte Utes Ansichten sofort. »Jawohl, geht mich an! Ich hab' Augen, zu sehen! Meine Meinung ist gesagt! Gerade jetzt, wo Anna ist in Paris! Sie werden nicht hinfahren! Ich bleibe knall . . .« Sie fand den Ausdruck nicht.

»Knallhart«, soufflierte Philipp.

»Knallhart!« sagte die Kralow, stand auf und verließ nach einer Kopfneigung zu Stefan die Wohnung. Philipp schaffte es gerade noch, vor ihr zur Wohnungstür zu springen und sie für Sonja Kralow zu öffnen.

»Warum hast du denn kein Wort gesagt?« Ute war zornig auf ihren Mann. »Diese Frau benimmt sich doch, als hätte sie bei uns zu bestimmen! Sie kommt hierher und macht uns Vorschriften! Jetzt will ich erst recht nach Paris und Anna besuchen!«

»Ich weiß gar nicht, weshalb du dich so aufregst!« Es klang, als spräche er von einer erhöhten Warte, die ihm größeren Weitblick gestattete. »Von ihrem Standpunkt aus klang das alles sehr vernünftig.«

Philipp wollte gerade ins Wohnzimmer zurück, machte jedoch auf der Schwelle kehrt, als er diese Worte hörte. Er suchte Zuflucht in seinen vier Wänden und wollte absolut nicht wissen, wie seine Eltern ihr Problem lösten.

Anna hatte ihr Vormittagspensum hinter sich gebracht, und Valentine d'Arbanville entließ sie huldvoll aus dem kleinen Ballettsaal. Grit, die rotblonde Dänin aus Kopenhagen, mußte jetzt schwitzen, und Mademoiselle war in der nächsten Stunde stark beschäftigt.

Durch die Wände drang der stampfende Rhythmus einer Tanznummer von »Chorus Line« auf den Gang. Anna folgte in ihrem Trainingstrikot der Musik bis zum großen Ballettsaal, in dem das Musical einstudiert wurde. Sie schob sich unauffällig hinein und sah sich die letzten Takte an. Es faszinierte sie.

Als die Gruppentänzer verschwanden, blieb der Solist zurück. Er war ein Farbiger mit unglaublich leichten Bewegungen. Vor dem wandhohen Spiegel probte er einige Schritte im 16/10-Takt mit schraubender Gegenbewegung des Oberkörpers. Immer wieder, bis sie saßen. Im Spiegelbild bemerkte er Anna und winkte ihr zu. »Hey.«

»Hey«, gab Anna zurück.

»Du gehörst hier nicht her, richtig? Bist du oben beim *›Concours‹*?«

»Ja.«

»Ah, Klassik!« Er umfaßte ihre Taille. Seine Daumen trafen sich auf ihrem Bauch. Im rechten Knie einknikkend, machte er mit dem linken Bein einen weiten Schritt zurück, bog Anna eng an sich, wischte sie an seinem Körper entlang bei halber Drehung um seinen rechten Fuß. Sie ließ sich führen, schwang mit zwei Touren aus seinen Händen.

Er lächelte breit. »Gut! Wie heißt du?«

»Anna.«

»Fein, Ann! Viel Gefühl für Jazz-Dance.« Er lief zum Recorder, um eine Kassette einzuschieben, überlegte kurz und kehrte mit einem Walkman und zwei Paar Kopfhörern zu Anna zurück. Er stöpselte die Kabel ein, startete den Walkman und steckte ihn an seine Trikothose.

»Reicht für zwei«, sagte der schlaue Bursche und stülpte ihr und sich die Kopfhörer über: Die Musik von »Chorus Line« kam laut und kraftvoll, und der Tänzer startete einen exquisiten Pas de deux, sehr eng, sehr improvisiert und sehr engagiert. Und weil Anna am Walkman-Kabel hing, konnte sie nicht weg.

Anna tauchte allerdings bald elegant aus seiner festen Umarmung und den Kopfhörern heraus und freute sich über sein enttäuschtes Gesicht.

»Kein Lust mehr?« fragte er.

Anna schüttelte den Kopf. »Ich sollte das nicht machen. Nein, lieber nicht. Danke.«

Sie rannte zur Saaltür, und er rief ihr nach: »Wir sind heute abend in ›La locomotive‹!«

»Ich bin zum Lernen hier«, rief Anna.

»Deshalb ja. Ein exzellenter Schuppen«, versuchte er es noch einmal.

»Ohne mich.«

»Ihr von der Klassik nehmt euch zu ernst, Ann!«

Sie lief wieder hinauf zum großen Ballettsaal, und als sie gerade in der Dusche verschwinden wollte, erschien Mademoiselle Valentine und rief: »Anna!«

Sie fühlte sich ertappt, erwartete ein Donnerwetter, überlegte sich jedoch, daß auch Mademoiselle auf keinen Fall durch Mauern sehen konnte. Sie ging ihr entgegen. »Mademoiselle?«

Die alte Dame pfiff ein paar Takte aus »Chorus Line«, exakt die Nummer, die sie eben im großen Ballettsaal getanzt hatte. Es war kein richtiges, sondern ein tonloses Pfeifen, eher ein sanftes Zischen. Dann musterte sie kritisch Annas Füße und fragte hinterhältig, doch keineswegs verärgert: »Hat es Spaß gemacht?«

Anna nickte kaum merkbar – und da versetzte ihr Valentine d'Arbanville mit den Fingerknöcheln eine Kopfnuß. »Ob es dir nun paßt oder nicht: Heute abend um sechs Uhr, meine Liebe, hast du bei Mademoiselle Valentine eine Extralektion! Sei pünktlich!«

Mit viel Lärm und lauten Befehlen beendete Sonja Kralow den Unterricht für heute. Als die Schüler fluchtartig den Saal verlassen hatten, rief sie Jakob zu sich. »Fährst du gern Eisenbahn?«

»Kommt drauf an«, antwortete er vorsichtig.

»Lange Strecken?«

Er ahnte es: »Nach Paris?«

Sie schnüffelte an ihrer Nasendusche, und erst als sie das Aerosol eingeatmet hatte, konnte sie ohne Beschwerden sprechen. »Ich denke, diese Familie fährt hin! Man kann das nicht verbieten! Aber man kann verhindern, daß Anna verkrampft! Ruf Zugauskunft an! Wir müssen rechtzeitig zur Matinee in Paris sein!«

Jakob haßte kurzfristige Entschlüsse: »Hat Anna überhaupt Chancen?«

Sie blickte ihn so vernichtend an, als habe er sie tödlich beleidigt. »Sie gewinnt! Zweite und dritte Sieger schicke ich nicht nach Paris!«

Jakob ging zum Telefon, wählte den Hauptbahnhof an und zählte mit, wie oft ihn die Dame vom Band vertröstete: »Hier Reiseauskunft, bitte warten.« Genau fünfzehnmal.

Als er endlich den zuständigen Mann erreichte, wunderte der Beamte sich, denn soeben hatte er exakt die gleiche Frage beantwortet: »Wann geht morgen ein Nachtzug nach Paris?«

Ute war reichlich aufgeregt: »Und wenn mir diese Kralow tausendmal einreden will, ich darf meine Tochter nicht in Paris besuchen! Ich fahre doch! Morgen mit dem Nachtzug!«

»Aber vielleicht hat sie recht«, sagte Stefan.

»Stell du dich nur auf ihre Seite! Diese Frau ist ein Tyrann!«

»Man muß sie verstehen. Sie denkt doch in ganz anderen Dimensionen.«

»Sie soll sich aus unserem Familienleben heraushalten!«

»Du fängst ja schon genauso an«, sagte Stefan. »Als sie da war, hast du gesagt, daß Anna selbst entscheiden soll. Na, bitte, dann laß sie auch entscheiden. Wir fragen sie. Jetzt gleich, damit endlich Ruhe ist.«

Ute, zu allem entschlossen, wählte Annas Pension an und bekam ihre Tochter auch sogleich an die Leine. Mittlerweile wußte man, wer *Pelle Serre* war.

Nachdem Ute Anna mit leichten Seitenhieben auf Sonja Kralow gesagt hatte, worum es ging, lauschte sie darauf, wie Anna es aufgenommen hatte.

Anna begann unentschlossen herumzudrucksen. Es war schwer für sie, die richtigen Worte zu finden, um ihrer Mutter die bittere Wahrheit zu sagen: »Natürlich würde ich mich freuen, wenn du kommen würdest, Mama. Einerseits. Aber andererseits – du, die anderen Mädchen grüßen mich kaum noch. Das ist hier wie ein Wespennest. Heute hat Mademoiselle Valentine länger mit mir trainiert als mit den anderen, und schon reden die von Schiebung. Ich hab' das in der Dusche genau gehört. Weißt du, Mama, ein Mädchen ist aus Barcelona und kommt aus ganz armen Verhältnissen. Ich fürchte, ich wäre hier die einzige Bewerberin, bei der die stolzen Eltern aufkreuzen . . .«

»Aber hör mal, das hört sich ja so an, als legtest du auf unsere Anwesenheit keinen Wert!« Ute war ernsthaft gekränkt.

Anna stöhnte. »Ich glaube, du willst mich nicht verstehen, Mama!«

Stefans Kopf war dicht neben dem seiner Frau. Er hatte sein Ohr von außen an den Hörer gelegt und alles mit angehört. Jetzt nahm er Ute den Hörer aus der Hand und sagte zu Anna: »Es war nur so eine Idee, Liebling. Vergiß es. Du bist ja bald wieder hier, und so lange halten wir das ohne dich aus. Bereite dich schön auf die Prüfung vor – wir denken an dich und drücken dir alle Daumen. Ciao!«

Er legte auf, und Ute war wütend. Sie ging demonstrativ in die Küche und begann zu putzen. Stefan kannte das schon. Er wußte, daß sie sich abreagierte. Nach spätestens zwanzig Minuten war die Sache vergessen, hoffte er.

Plötzlich rief sie: »Ich wünsche mir, daß sie nicht den ersten Preis bekommt!«

Stefan schaltete den Fernseher an und drehte den Ton lauter als nötig.

Noch kurz vor dem Telefonat war Anna müde wie ein abgehetzter Hund gewesen.

Nach dem Gespräch mit ihrer Mutter hatte sie plötzlich doch Lust, in die Diskothek zu gehen, die der Solist von »Chorus Line« genannt hatte. Sie quetschte sich in ihre engen Jeans, spendierte sich selbst ein Taxi und bekam prompt ein schlechtes Gewissen: Am nächsten Tag sollte sie für den Wettbewerb auf die Bühne.

In der »Locomotive« war nichts los: Scheinbar desinteressiert standen einige sehr gut und aufwendig gekleidete Jungen und Mädchen herum. Der Diskjockey ließ Platten kreisen, die ständig im Radio gespielt wurden, und selbst die Beleuchtung war müde. Anna bedauerte sofort, nicht in ihr Pensionsbett gekrochen zu sein.

Doch mit einemmal erschien der schwarze Solist von »Chorus-Line« mit seiner Clique vom Ballett. Sofort kam Bewegung in den Diskjockey, der als Begrüßungsfanfare Maxi-Singles des Musicals auf die Plattenmaschine legte: Lichter zuckten grell. Anna wurde zur Tanzfläche geschoben, gezogen, mitgerissen. Der Tänzer belegte sie sofort mit Beschlag, zwang ihr behende seinen Tanzstil auf, grinste sie an, und sie waren im Mittelpunkt der Gruppe, die nicht nur die Tanzfläche, sondern die gesamte Disko beherrschte.

Die anderen Gäste wurden von der überraschend ausgebrochenen Stimmung zwar mitgerissen, versuchten jedoch gar nicht erst, aufs Parkett zu kommen.

Am Ende der rund zwanzigminütigen Gala war Anna zum Auswringen durchgeschwitzt. Japsend sackte sie an einen Tisch und war ihrem unermüdlichen Tanzpartner dankbar, daß er ihr eine Cola zuschob.

Gleich beim ersten Schluck muckte ein Backenzahn in ihrem linken Unterkiefer auf. Mit der Zunge und eingezogener Wange saugte Anna daran, und der Schmerz ließ auch nach. Sie faßte in die Jeanstasche und zog die weiße Schleife hervor, die sie an der Unfallstelle gefunden hatte und seitdem als mehr oder minder beanspruchten Talisman verwahrte. Jetzt war sie dran, die kleine Schleife. Als Zahnarztersatz.

Anna zog sich diskret zurück, bevor sie zu einer neuen Runde über die Tanzfläche geschleift werden konnte.

Auf dem Rückweg zur Pension verhielt der Zahn sich ruhig. Anna atmete auf. Seine Empfindlichkeit zeigte er erst wieder, als Anna kurz vor dem Schlafengehen ein Stückchen Schokolade aß.

Blitzartig zuckte der Schmerz bis in den Kiefer und hörte nicht auf. Sie lief zum Waschbecken, drehte nervös am Hahn, hielt den Mund unter den kalten Strahl, putzte mit der Zahnbürste und spülte und rief unwillkürlich: »Aua!«

Dann kramte sie fieberhaft in ihren diversen Taschen. Sie hatte keine Schmerztabletten eingepackt, hoffte jedoch, daß durch pure Zauberei oder durch Hilfe der Heinzelmännchen vielleicht doch die eine oder andere Pille irgendwo verborgen war: Fehlanzeige.

Am Garderobenhaken hinter der Tür hingen ihre rosa Spitzenschuhe, das helle Trikot und das sorgfältig ausgebügelte Ballettröckchen, das Tütü, vorbereitet für den nächsten Morgen.

Sie kroch tief unter die Decke und saugte abermals an der linken Kieferseite, um den Schmerz zu betäuben, bis sie ein bißchen Blut an den Zahnfleischrändern schmeckte. Und ganz allmählich begann es im Kiefer und in der Wange zu pochen.

Über die Zahnschmerzen zu reden, linderte am nächsten morgen im Umkleideraum zwar nicht Annas Qualen, aber es lenkte von ihnen ab. Manche Mädchen freuten sich, daß die Favoritin verdrossen ihre Wange hielt, andere zeigten Mitgefühl und schwatzten von ähnlichen Wehwehchen, die sich bei ihnen in ähnlich unpassenden Situationen eingestellt hatten.

Valentine d'Arbanville, die ihr Reich inspizierte, entdeckte Anna an der Wand neben einem Feuerlöscher stehend, an dessen Metall sie ihre Wange kühlte. Die erfahrene Tanzpädagogin merkte sofort, daß Sonja Kralows Protektionskind unter Leistungsdruck stand.

»Guten Morgen, Anna. Geht's dir nicht gut?« fragte sie freundlich.

»Zahnschmerzen – die ganze Nacht lang«, war die einsilbige Antwort.

Mademoiselle Valentine zeigte sich nicht sonderlich beunruhigt. »Lampenfieber. Das äußert sich oft in Zahnschmerzen. Nimm auf keinen Fall Tabletten. Nachher beim Vortanzen sind die Schmerzen wie weggeblasen, ich schwör's dir. Ich hatte immer Rückenschmerzen, wenn's hart auf hart ging.«

Anna glaubte ihr kein Wort. Sie hatte Schmerzen, weil der olle Zahn ein Loch hatte. Lampenfieber, Himmel noch mal, das kannte sie gar nicht. Das sollte im Zahn sitzen?

Kaum hatte sich die alte Dame entfernt, da tauchte der Opernbedienstete auf, der Anna am Ankunftstag mit seinem perfekten deutsch-französischen Kauderwelsch beeindruckt hatte: Madame d'Arbanville kommen arrivée sofort gleisch herüber die Treppen dans la salle.

Während seiner Jahre in der Oper hatte er unzählige Stars, Chor- und Ballettangehörige gesehen, die vor großen Auftritten der Verzweiflung nahe waren. Er kannte ein unfehlbares Mittel und fragte mitfühlend: »Ma petite Kleinfräulein, Sie haben vielmals krank quelque chose?«

Anna klopfte gegen ihren Unterkiefer und klagte: »Mein Zahn. Furchtbar schrecklich.«

Er verzog sein Gesicht so schmerzvoll, als litte er selbst Höllenpein, und rang die Hände unter der Bürde nicht nur körperlicher, sondern auch seelischer Leiden. »Oh, pauvre arm Kleinfräulein!« Flüsternd fuhr er fort: »Je connais ganz bestimmt un bon dentiste.«

»Zahnarzt? Nix!« Anna wies zum Ballettsaal. »Geht gleich los.«

Sein Gesicht entspannte sich. Er wackelte mit dem Kopf, lächelte spitzbübisch, blickte nach rechts und links, als seien ihm Zeugen nicht angenehm, und zog eine Taschenflasche mit Cognac aus seiner Jacke. »C'est bon! Bei all kleingroß malaise und maladekrank, ma petite.« Er pustete ein imaginäres Übel von seiner leeren Handfläche herunter. »Alles gut, alles vorbei, compris?«

Unauffällig wie er gekommen war, verschwand er auch wieder. Anna steckte die Flasche ein und ging, mit dem Umgang von Alkohol nur unzulänglich vertraut, in den Umkleideraum und stieg in ihr Tütü, an dem sie schon die kleine weiße Schleife befestigt hatte.

Trappelnd, trottend, staksend, je nach Sitz der Spitzentanzschuhe, bewegten die Mädchen sich in den Probensaal, wo schon einige Mitglieder des Prüfungsausschusses warteten. Valentine d'Arbanville huschte, mit ihrem eleganten Krückstock bewaffnet, von einem zum anderen und veranstaltete Small talks, den Tagesablauf betreffend.

Und zuerst nur von Mademoiselle Valentine bemerkt, traten Sonja Kralow und Jakob durch eine Seitentür in den Saal.

Die beiden altgewordenen Primaballerinen schritten aufeinander zu, und die Kralow versank vor der Altmeisterin tatsächlich in den obligaten Tänzerinnenknicks. Jakob staunte, daß seine sonst so harsche, so unnahbare Ballettmeisterin einer so unterwürfigen Reverenz fähig war.

Doch Sonja Kralow fing sich sogleich. Sie winkte die überraschte Anna zu sich und fragte streng: »Sind deine Eltern hier?«

»Nein.«

»Gut so! Wir müssen unter uns bleiben!«

Anna fand das im Augenblick gar nicht gut. Ihre Mutter hätte bestimmt etwas gegen die Schmerzen im Zahn gewußt. Und weil der rebellierte und Anna sich unter den Blicken von Mademoiselle Valentine, Sonja Kralow und Jakob nicht besonders sicher fühlte, murmelte sie: »Entschuldigung, ich muß mal.«

Sie lief los, und ihr weißer Bademantel, den sie über ihre Schultern gehängt hatte, flatterte.

Sie lief in die Garderobe, holte die flache Taschenflasche Cognac und lief weiter in die Toilette.

Dort drehte sie den Verschluß ab, beugte sich über ein Waschbecken, benetzte den Zeigefinger mit Schnaps und rieb den Zahn ein. Das half überhaupt nichts. Also nahm sie einen Schluck aus der Flasche und behielt den Cognac bei schräggehaltenem Kopf in der Backentasche. Tatsächlich, der Schmerz ließ nach. Nach einer Weile spuckte sie das Zeug ins Becken.

Nun meldete der Zahn sich wieder. Anna betrachtete sich im Spiegel, wie sie die kleine Pulle ansetzte und einen großen Schluck nahm. Das brannte erst im Hals und dann im Bauch so stark, daß sie die Schmerzen im Kiefer vergaß. Schnell nahm sie noch zwei kleine Schlückchen hinterher. Das mußte für einen schmerzfreien Auftritt reichen . . .

Im Probenraum bereiteten die Elevinnen sich für den Auftritt vor. Nur eine fehlte: Anna.

Sonja Kralow und Jakob begaben sich auf die Suche nach ihr, und als sie an der Toilette vorbeikamen, sah Anna heraus. Frau Sonja schnupperte, wandte sich ab und benutzte sofort ihre Aerosoldusche, damit sie Luft bekam.

Jakob hatte noch nichts bemerkt und sagte beruhigend zu Anna: »Vor einem Auftritt schlägt es mir auch immer voll auf den Magen. Das geht aber schnell vorüber.«

Sonja Kralow nahm Annas Kopf zwischen beide Hände und drehte ihn. »Hauch Jakob an!«

»Das habe ich wegen der Zahnschmerzen gebraucht«, murmelte Anna. »Jetzt sind sie weg!« Herausfordernd hauchte sie Jakob ins Gesicht. »Weg!«

»Noch niemals«, zischte Sonja Kralow eisig, »noch niemals hat eine Tänzerin . . .«

Was sie mitteilen wollte, blieb vorerst ungesagt, denn sie regte sich so sehr auf, daß sie Atembeschwerden bekam und abermals das entkrampfende Mittel einatmen mußte.

Jakob bückte sich und befühlte Annas Beine. »Sie hat sich auch noch nicht aufgewärmt. Die Muskeln sind kalt und nicht locker. Ich geh' mit ihr in den Übungsraum und mach' sie weich.«

Frau Kralow blieb zurück. Sie entdeckte Annas Trainingsbeutel, der an der Klinke der Toilettentür hing. Der Reißverschluß war offen, und ihr Blick fiel auf die halbleere kleine Flasche. Für Sonja Kralow war diese Entdeckung ein schwerer Schlag. Sicherheitshalber nahm sie den Cognac an sich.

Im Probensaal merkte Jakob, daß Anna schwankte und ihr Gesichtsausdruck abwesend wirkte. Befremdet stellte er fest: »Du bist ja betrunken!«

Anna, in behaglicher Stimmung, tapste an die Wand zur Holzstange und begann hübsch langsam mit dem Aufwärmtraining. »Ich fühl' mich wohl. Glaubst du das? Essen konnte ich leider noch nichts, weil mir der Zahn weh tat. Und von dem Zeug hab' ich bloß ein paar Schlückchen getrunken. Den ersten hab' ich ausgespuckt, den zweiten hab' ich runtergeschluckt, da wurde es mir ganz warm im Bauch, und es ging mir besser. Der dritte und der vierte Schluck – die haben mich dann sehr beruhigt. Weißt du, ich habe noch nie in meinem Leben Schnaps getrunken . . .«

Jakob war völlig entsetzt: »Das ist ja das schlimme! Ich muß dich auf irgendeine Weise nüchtern kriegen! Vielleicht mit Kaffee.«

»Ich mag keinen Kaffee. Eher Tee.«

Er lief los und kehrte nach kurzer Zeit mit einer Kanne Tee und einem Becher aus der Kantine zurück. Als ob er ein von der Mutter verstoßenes Kalb aufpäppeln müßte, so vorsichtig flößte er Anna einen Schluck nach dem anderen ein.

Zwischendurch zehn Minuten Exercice, dann wieder Tee.

Nach einiger Zeit wurden ihre Bewegungen kontrollierter, und nach der zehnten Tasse Tee meuterte sie: »Genug, ich hab' schon einen Wasserbauch. Hol mir lieber ein Brötchen, ich hab' einen Wahnsinnshunger.«

Er starrte sie entgeistert an: »Was denn? Essen? So

kurz vor dem Auftritt? Willst du, daß dir auf der Bühne schlecht wird?«

»Wie sprichst du denn mit mir?« regte sie sich auf.

Jakob merkte, daß sie wieder klar geworden war. »Anna, jetzt reiß dich zusammen! Geh noch mal für kleine Mädchen, und dann hopphopp zu den anderen!«

Obwohl er protestiert hatte, ging er doch in die Kantine, kaufte ein Käsebrötchen, ergriff Annas Bademantel und las sie schließlich im Gang zur Probenbühne auf. Er hängte ihr den Mantel um, drückte ihr das Brötchen in die Hand und schob sie in die Bühnengasse. Dort blieb sie stehen, als ob sie kein Wässerchen trüben könnte, und kaute mit Genuß auf dem Käsebrötchen herum.

Jakob betrachtete sie von der Seite und wünschte, er und Anna wären in München, oder Südamerika, oder . . . jedenfalls weit weg.

Durch die Bühnengasse hatte er freie Sicht in den Zuschauerraum. In der ersten Reihe, Sperrsitz, saß nervös Sonja Kralow. Sie fixierte die Tänzerinnen der unteren Klassen, die auf der Bühne zeigten, was sie bisher gelernt hatten. Dabei drehte sie gedankenverloren Annas Taschenflasche auf, setzte sie diskret an die Lippen und trank. Plötzlich schien ihr zu Bewußtsein zu kommen, was sie da eben getan hatte. Ihr puppenhaftes Gesicht, besonders die Stirn, zeigte etwas Röte.

»Die nun auch«, murmelte Jakob.

Die Abfertigung der Mädchen, die am Wettbewerb teilnahmen, hatte entfernt Ähnlichkeit mit einer Mißwahl: Das Verhältnis der Mädchen untereinander war immer komplizierter geworden. Was am Ankunftstag wie kameradschaftliche Begegnung anmutete, war überreizter

Ablehnung gewichen. Sie waren Konkurrentinnen, nichts weiter. Sie beobachteten sich mit Argusaugen, kritisierten hämisch, freuten sich über jeden Patzer von anderen, versuchten Bewerberinnen zu verunsichern. Dazu gehörte nur ein Satz: »Toi, toi, toi, hoffentlich bekommst du keinen Wadenkrampf.«

Das Mädchen ging dann auf die Bühne, hoffte, während des Vortanzens keinen Wadenkrampf zu bekommen, konnte sich nicht konzentrieren und verpatzte ihr mühsam einstudiertes Solo.

Anna knabberte noch immer an ihrem Brötchen herum. Sie fühlte sich gut und entspannt, hatte sich abgekapselt und nahm nur wenig Notiz von dem, was um sie herum geschah. Aber plötzlich erschrak sie.

Ihr Aufruf. »*Numéro six!* Anna Pelzer!«

Und in der Sekunde war die »Vision« wieder da: Der Wagen überschlägt sich, wühlt den Waldboden auf. Sie wird in hohem Bogen mit Blumen und Bäumchen von der Pritsche geschleudert – wie in Zeitlupe läuft das in ihrer Erinnerung ab –, hört Glas splittern, Blech scheppern, versucht, sich in der Luft zu drehen. Grasbüschel treffen sie im Gesicht, dann landet sie hart auf dem Waldboden. Und der letzte Gedanke: »Ich hab' ein weißes Kleid an!«

»Gib mir deinen Mantel«, flüsterte Jakob und nahm ihr das Käsebrötchen aus der Hand. »Und reiß dich am Riemen! Toi, toi, toi!«

Sie lief auf die Bühne, verlangsamte die Bewegung und erhob sich mit einem Ruck aus der V. Position im lockerem demi-plié auf die Spitzen, die Füße eng geschlossen. Das »Schwanensee«-Motiv kam auf die Sekunde genau aus den Lautsprechern.

Jakob beobachtete unruhig jeden Schritt von Annas

Pas seul, aß voller Nervosität ihr angebissenes Brötchen auf, spähte aber auch zur Jury, die unmittelbar neben der Bühne saß. Valentine d'Arbanville, die Vorsitzende, hielt die Augen fast immer geschlossen. Nur selten nahm sie eine Passage von Anna in Augenschein, was die anderen Juroren verwunderte.

Anna tanzte mit einer schwebenden Leichtigkeit, die sie sich sonst nur in ihren Träumen vorgegaukelt hatte. Nur undeutlich nahm sie den Bühnenboden unter ihren Füßen wahr, und ihr Herzschlag, so schien ihr, übertönte die Musik.

Ein Jurymitglied beugte sich zu Mademoiselle Valentine und flüsterte: »Sie haben kaum hingeschaut.«

»Ich sehe, was ich sehen muß, und Tanzfehler höre ich. Ich habe bei diesem Mädchen keine Fehler gehört. Haben Sie welche gesehen?«

»Kleine Unsicherheiten.«

»Unsinn! Es sind fast noch Kinder. Die eine trinkt vor Aufregung Mineralwasser, die andere stopft sich mit Konfekt den Magen voll – so ist das eben. Dieses Mädchen da oben hat starke Zahnschmerzen.«

Die nächste Kandidatin tauchte in der Gasse auf. Valentine d'Arbanville lehnte sich zurück und schloß die Augen. Anna gelang gerade noch der obligate Knicks zur ausklingenden Musik, bevor sie wie gehetzt von der Bühne lief. Jakob wollte sie erfreut in die Arme schließen, doch sie wetzte an ihm vorbei zur nächsten Toilette.

Als sie wieder auftauchte, half er ihr in den Bademantel und fragte: »Weißt du, wie du aussiehst? Wie durch die Mangel gedreht. Du bist ganz blaß. Wo warst du?«

»Wo wohl? Ich bin seekrank gewesen. Aber jetzt geht es mir wieder gut.« Sie hielt sich die linke Wange. »Bloß, diese Schmerzen sind wieder da. Ich glaube nicht, daß ich das noch lange aushalte.«

»Cognac gibt es nicht mehr!« Er merkte, daß sein Scherz nicht ankam.

»Hab' schon mehr gelacht«, antwortete sie gequält.

Jakob legte seine Hand um ihren Hinterkopf. »Sperr mal den Schnabel auf, ich will es sehen.« Anna riß den Mund auf wie ein Karpfen, und Jakob kniff die Augen zusammen: »Echt schwarz«, urteilte er beeindruckt.

»Was?«

»Das Loch im Backenzahn. Wir gehen sofort zum Zahnarzt. Bis zur Siegerehrung und Preisverteilung hast du mindestens eine Stunde Zeit.«

Jakob gab ihr einen leichten Schubs in Richtung auf den Umkleideraum. »Du ziehst dich jetzt um, ich sage Bescheid, wo du bist, und erkundige mich, wohin wir gehen können. Die Oper hat für Notfälle Ärzte jeder Sparte unter Vertrag.«

Anna fühlte sich enorm gut aufgehoben. Jemand kümmerte sich um sie und nahm ihr Entscheidungen ab ...

Dr. Gremillon, der Zahnarzt, war entzückt, einmal eine deutsche Patientin behandeln zu können. Mit Mundspiegel und Sonde untersuchte er flink Annas Gebiß und nahm ihr durch unermüdliches Schwatzen die Angst. »Sehr verdienstvoll, dieser internationale Ballettwettbewerb. Aus welcher Stadt kommen Sie?«

»Aut Mömmschen«, nuschelte Anna, die das Zahnarztbesteck am Sprechen hinderte.

Dr. Gremillon nahm Spiegel und Sonde aus ihrem Mund. »Woher?«

»Aus München.«

»Eine wundervolle Stadt.« Er kratzte mit der Sonde an jener schwarzen Stelle am Backenzahn, die schon Jakob entdeckt hatte. »Ich habe dort drei Semester Kieferchirurgie gehört . . .«

Wie ein eiskalter Blitz raste der Schmerz durch Annas Nervenkostüm. Sie rutschte im Behandlungsstuhl so weit hinunter, wie es ging. Dr. Gremillon glich die zehn Zentimeter Höhenunterschied durch Betätigung der Sesselhydraulik aus, bis Annas Mund wieder korrekt im Lichtkegel des Punktscheinwerfers erschien. Jovial fuhr er mit seinem Bericht fort: »Anschließend bin ich nach Straßburg gegangen. Dort habe ich auch meine Frau kennengelernt.«

Der Zahn schien ihn jetzt gar nicht mehr zu interessieren. Er freute sich und machte eine Geste zu der blonden Helferin, die mit einer Karteikarte neben Anna wartete. »Und meine Tochter assistiert mir schon.«

Die beiden Mädchen lächelten, Anna nur verkrampft.

»Links unten sechs kariös, provisorische Füllung«, diktierte Gremillon, und seine Tochter machte Notizen und ein Kreuzchen auf dem vorgedruckten Zahnschema.

»In Straßburg gab es auch ein excellentes Ballett«, nahm er seine Ablenkungsmanöver wieder auf. »Zeitweise wurde Felix Labisse für Ausstattung und Bühnenbilder der Ballettwerke engagiert.«

Unauffällig griff er die wassergekühlte Turbine vom Bohrerständer.

»Pierre Lacotte hat dort auch getanzt, bevor er nach New York ging.«

Seine Tochter hängte Anna den Absauger in den Mundwinkel.

»Besonders gut hat mir hier an der Pariser Oper Madeleine Lafon gefallen, eine Meisterschülerin von Valentine d'Arbanville.«

Sein Gesicht nahm einen konzentrierten Ausdruck an.

»Kann sein, daß es jetzt ein bißchen weh tut.«

Die Turbine mit dem Diamantbohrer heulte auf, Anna zuckte zusammen, spürte außer Schmerzen das Kühlwasser auf die Zunge spritzen, hörte das Geräusch des Absaugers.

Dr. Gremillon unterbrach die Behandlung. »Sie werden von Mademoiselle d'Arbanville geprüft, nicht wahr?«

Annas Bewußtseinszustand hatte sich dem einer mißhandelten Sklavin genähert. Sie blinzelte furchtsam in das freundliche Gesicht Gremillons und nickte sehr schwach. Irgendwas vermißte sie auch – das Röhrchen des Absaugers hing plötzlich nicht mehr in ihrem Mund.

»Großartige Frau.« Er steckte einen Rosenbohrer auf, um im Nervenbereich zu arbeiten. Seine Tochter machte eine Nelkenöl-Einlage fertig. Anna zwinkerte in die Behandlungslampe und verkrampfte ihre Finger ineinander. Ihr Mund wurde um einiges breiter, weil auf einmal eine Watterolle zwischen Wange und Zahnfleisch steckte.

Gremillon trat auf den Fußschalter. Der Bohrer surrte. »Schade, ich habe sie nie tanzen sehen.« Er widmete sich dem Rest der Karies. »Sie muß weit über siebzig sein – bald achtzig, nehme ich an.«

Anna konnte nicht nicken, artikulierte sich jedoch zustimmend mit unzusammenhängenden Lauten. Gremillon war an diese Form der Kommunikation gewöhnt.

Ihm war völlig gleichgültig, was die Patientin von sich gab. Er säuberte die Bohrung mit der Mehrzweckspritze – erst Wasser, dann Luft –, was Anna durch Mark und Bein ging. Eine Pinzette grabschte die nasse Watterolle aus der Backentasche.

Gremillon drückte dem Zahn die Einlage wie ein Stückchen Knetmasse in das Loch, damit der Nerv sich durch das Nelkenöl zurückzog und beruhigte. Seine Tochter mischte eine fingernagelgroße Portion Zement für die Füllung an, die Gremillon elegant vor Ort verschmierte.

Annas Hände entkrampften sich, ihre Zunge befummelte den Backenzahn. Die hydraulische Stuhllehne hob sich, Anna saß wieder senkrecht, und plötzlich war die ganze Sache ausgestanden.

»Es hat doch nicht weh getan?« fragte Gremillon, der die Sensibilität seiner Bohrkünste offenbar weit überschätzte, neugierig.

»Nö«, versicherte Anna erleichtert. »Hat Spaß gemacht.«

Auf der Straße hakte Anna sich bei Jakob ein, hüpfte ein wenig an seinem Arm und genoß plötzlich Leben und Treiben auf dem Boulevard Haussmann.

»Du hast Nerven«, sagte er verwundert. »Interessiert dich denn überhaupt nicht mehr, wer gewinnt?«

Sie deutete mit dem linken Zeigefinger auf sich. »Diese kleine Person!«

»Du? Sei bloß vorsichtig, daß du nicht gleich abhebst!« Jakob war überrascht.

Sie schaute ihn heiter an. »Papa sagt manchmal: Erst wenn man an den Fluß kommt, soll man die Schuhe ausziehen.«

Jakob wußte nichts damit anzufangen. »Ein chinesischer Spruch. Aber der paßt doch nun wirklich nicht hierher.«

Er nahm sie bei der Hand und überquerte mit Anna die Fahrbahn. »Apropos Schuhe: Du mußt dich wieder umziehen, denn mit den Turnschuhen kannst du der d'Arbanville nicht unter die Augen treten.«

»Wie Professor Happe«, bemerkte sie.

»Muß ich den kennen?«

»Nein. Aber für mich war er ein wichtiger Mann.«

Auf der Bühne des großen Ballettsaales stand ein mit Blumen drapiertes Sprechpult.

Unter dem Beifall der geladenen Gäste betrat Valentine d'Arbanville die Bühne, stellte sich jedoch nicht hinter, sondern neben das Pult. In gekonnter Bescheidenheit nahm sie den Applaus entgegen, gebärdete sich jedoch in damenhafter Weise überfordert, als das Klatschen zwar gemäßigter, aber nicht beendet wurde. Eine diskrete, ablehnende Handbewegung von ihr bat um Ruhe. Rein zufällig hüstelte Sonja Kralow mitten hinein in die eintretende Stille.

Mademoiselle Valentine wartete den kleinen Anfall ihrer ehemaligen Schülerin ab, ehe sie ihre Abschlußrede begann: »Meine Damen und Herren, Ladies und Gentlemen, Mesdames et Messieurs, liebe Freunde, Kollegen und Kolleginnen. Ich weiß ganz genau, was hinter meinem Rücken erzählt wird.« Amüsiert ließ sie den Blick über die Anwesenden schweifen und deutete eine Verbeugung an. »Wenn die d'Arbanville den Vorsitz hat, kann man die Mitglieder der Jury ruhig nach Hause schicken, weil sich niemand traut, gegen ihre Entscheidung zu intervenieren.«

Sie wartete ab, bis sich das von ihr einkalkulierte Gelächter legte. »Ich bin in einem Alter, in dem ich die schonungslose Wahrheit ertragen kann. Ja, der Vorwurf stimmt – unsere wirklich kenntnisreiche, ausgezeichnete und unparteiische Jury war einstimmig meiner Meinung.«

Abermals wurde ausreichend gelacht. Valentine d'Arbanville sagte das jedes Jahr – so oder so ähnlich.

Hinter der Bühne machten die Wettbewerbsteilnehmer sich aufgeregt flüsternd bemerkbar. Mademoiselle Valentine hob die Stimme: »Den ersten Preis . . .«

Kunstpause.

Frau Kralow und Jakob beugten sich auf ihren Plätzen vor.

». . . hat die Jury nicht vergeben. Weder bei den Herren noch bei den Damen.«

Sonja Kralow schlug die Enttäuschung auf die Atemwege. Sie mußte sofort ihre Aerosoldusche benutzen. Und Anna, eben noch selbstsicher in der Bühnengasse wartend, schien wie vom Donner gerührt. Der schwarze Sonnyboy vom »Chorus Line«- Ballett, nur interessehalber bei der Preisverkündung anwesend, zog sie tröstend an sich, und daraus wurde sogleich eine gekonnte Pose, und ausgerechnet die sah Valentine d'Arbanville bei einem Seitenblick zu den Mädchen, die im Tütü auf den Fortgang der Ereignisse harrten.

»Den zweiten Preis erhält Wanda Petacci aus Mailand.«

Ein zierliches, dunkelhaariges Persönchen erschien jubelnd auf der Bühne, winkte ins Publikum, nahm von Mademoiselle Valentine knicksend eine Urkunde entgegen und empfing als zusätzliche Weihe links und rechts Wangenküßchen.

»Den dritten Preis bekommt Chris White vom Covent Garden.«

Während der junge Mann zur Bühnenmitte lief, genoß Mademoiselle Valentine die Enttäuschung von Sonja Kralow, die es vermied, auf die Bühne zu sehen, sondern angewidert die Deckenkonstruktion des Saales musterte.

Und noch um einige Minuten mehr kostete die d'Arbanville Sonjas Niedergeschlagenheit aus. »Den Sonderpreis der Jury, verbunden mit einem Studiensemester in der Ehrenklasse der Pariser Oper, erhält Grit Söbjerg aus Kopenhagen.«

Vor Überreichung der Urkunde schritt Mademoiselle Valentine quer über die Bühne, blickte hinterhältig zum Platz der Kralow, die das in ihrem Zorn kaum bemerkte, und nahm die enttäuschte Anna bei der Hand.

»Die gleiche Auszeichnung erhält Anna Pelzer aus der Bundesrepublik Deutschland. Die Jury hat auf die Vergabe des ersten Preises verzichtet, weil sie glaubte, nur mit den Stipendien den Leistungen der Mädchen gerecht zu werden.«

Starker Applaus belohnte die beiden Elevinnen.

»Warum sie verletzt mich!« zeterte Sonja. »Daß ich mich nicht allein berühmen kann mit Anna!«

»Sie sollten das nicht so eng sehen«, flüsterte Jakob.

»Hah! Ich werde zeigen der Valentine!« schimpfte Frau Kralow. »Anna geht nicht nach Paris.«

»Was sagen Sie?«

»Du verstehst nicht? Paris nie! Nie, nie, nie!«

Jakob ärgerte sich so sehr, daß er sogleich auf Distanz ging und über den Seiteneingang zur Bühne lief, um Anna zu gratulieren. Forsch zog er sie hinter den

Vorhang. »Halb betrunken zu siegen, das bringst nur du fertig.«

»Also, ich muß gestehen, ganz sicher war ich mir doch nicht . . .«

»So bescheiden? Wie kommt das denn?«

»Weil ich vorhin vor Wut fast geheult hätte.«

»Die d'Arbanville hat dich sichtlich zappeln lassen, was? Das macht hart – und klein. Weißt du, ich beneide dich. Ich könnte zehn Stunden am Tag trainieren – so ein Stipendium würde ich nie bekommen. Aber jetzt mal zur Sache: Herzlichen Glückwunsch.«

Er umarmte sie und gab ihr einen zärtlichen Kuß auf den Mund. Als Ausdruck des Glückwunsches zu lange und zu intensiv, doch Anna fand die Sache, für das erste Mal, nicht übel. Sie schloß die Augen und blieb stocksteif stehen.

Jakob hob den Kopf und schaute sie neugierig an. »Ist noch was?«

»Ja – noch mal.«

Er wurde verlegen. Sein Kuß war durchaus kameradschaftlich gemeint. Aber die Wirkung auf Anna war absolut nicht platonisch. Da er die Sache an sich auch nicht schlecht fand, umarmte er sie intensiver und küßte sie zum zweitenmal, allerdings wesentlich einfühlsamer.

Gerade begann es, den beiden richtig Spaß zu machen, da tauchte – ihr siebter Sinn hatte sie geleitet – Sonja Kralow auf und starrte entsetzt auf den Austausch von Zärtlichkeiten.

»Ach! Das ist wichtig, Anna! Geh sofort auf Bühne! Gratulationscour nicht zu Ende!«

Beide fühlten sich ertappt, fuhren erschrocken auseinander, bekamen rote Köpfe und spürten, daß ihr Gehirn total aussetzte. Anna drehte sich sofort um und lief davon. Und ehe Jakob sich's versah, hatte ihm Sonja Kralow eine schallende Ohrfeige versetzt.

Auf dem großen Arbeitstisch in Stefans Werkstatt lag eine abgebeizte Heiligenfigur, die dringend der Restauration bedurfte, aber Stefan war unkonzentriert und behielt seit Stunden Telefon und Wanduhr möglichst gleichzeitig im Blick. Nach dem Tagesplan auf Annas Einladung mußte der Wettbewerb beendet und die Entscheidung gefallen sein ... Jetzt fehlte nur noch der Anruf der Siegerin.

Da das Telefon immer noch nicht klingeln wollte, beruhigte er sich und seinen Mitarbeiter Josef mit einer Art Selbsthypnose: »Es kann ja noch nicht soweit sein. So ein Wettbewerb wird ja nicht von jetzt auf gleich entschieden. Da wird diskutiert und um den heißen Brei geredet, bevor mal eine Entscheidung fällt.«

Als Antwort darauf machte Josef einen Riesenfehler. Er fragte: »Hat Anna wirklich Chancen, Chef?«

Ein geradezu furchtbarer Blick aus Stefans Augen traf ihn, und eisig kam die Antwort:

»Selbst-ver-ständ-lich!!«

Quälende vier Minuten und dreißig Sekunden später klingelte das Telefon. Stefan und Josef rannten gleichzeitig los. Josef war schneller, hob jedoch den Hörer nur beflissen ab und reichte ihn dem Chef, bemüht, die Schuld abzubüßen, die er auf sich geladen hatte.

»Hier ist Papa«, rief Stefan so laut, als sei eine Verbindung mit Paris nur durch ein Sprachrohr zustande gekommen. »Anna? Nein? Jakob! Ach, du Schreck! Ist etwas passiert mit Anna?«

Josef zuckte zusammen, als sei er durch seine vorherige Frage schuld an offenbar unglücklichen Umständen. Doch er konnte Stefans einsilbigen Antworten nichts entnehmen, was den Pariser Hintergrund aufhellte.

Stefan nickte und nickte und sagte »Ja?« und »Ja!« und wieder »Ja!!«, und sein Gesichtsausdruck hellte sich von »Ja« zu »Ja« auf, bis er klar war und von reinstem Glück strahlte.

Mit einemmal legte er den Hörer fast zärtlich auf die Gabel zurück, sprang auf Josef zu, drückte ihn an die Brust und rief: »Diesen Monat sind zweihundert Mark drin für Sie!«

Josef nutzte die dargebotene Gelegenheit und hakte sofort nach: »Steuerfrei?«

Aber das hörte Stefan schon nicht mehr. Nur sein bekleckster Kittel lag noch auf dem Werkstattboden.

Ohne sich in irgendeiner Weise um die Straßenverkehrsordnung zu kümmern, jagte Stefan seinen Wagen durch die Stadt. Er war in völliger Glücksstimmung, als er mit einer Vollbremsung vor dem Blumengeschäft hielt.

Ohne ein Wort der Erklärung abzugeben, stürmte er in den Laden: Er küßte zuerst Utes Floristin Christina ab. Dann ließ er sie, als sei sie lästig geworden, einfach stehen und wandte sich Ute zu, um an ihr seinen Freudentaumel auszutoben. Sein Schnurrbart verlor die mühsam gebürstete Form.

Dann ließ er auch Ute stehen, lief wieder hinaus zum Wagen, kehrte mit einer Flasche Sekt zurück und rief ganz außer sich: »Du errätst es nicht!«

»Doch«, meinte Ute amüsiert. »Ich errate es schon. Sie hat . . . gewonnen?«

»Nein.« Das lehnte er kategorisch ab. Erst nach einer

Kunstpause rückte er mit der Wahrheit heraus: »Anna hat einen Sonderpreis gewonnen! Ein Studiensemester an der Pariser Oper! Ein Stipendium! Was sagst du jetzt?!«

Ute sagte erst einmal gar nichts, weil die stets vorlaute Christina die Familienfreude dämpfte: »Wer sagt denn, daß sie das Stipendium annimmt?«

Mit der Frage wußten die beiden Pelzers nicht viel anzufangen, und Stefan begann, haltlos zu träumen: »Ich könnte mich in Paris um Aufträge bemühen. Da ist viel kaputt. Und auf diese Art und Weise käme man auch mal in die Pariser Oper.« Er entkorkte die Sektflasche. »Warum sollte Anna das Stipendium ablehnen? Wenn die sich was in den Kopf setzt, führt sie das auch durch.«

Ute stoppte seinen Optimismus ebenfalls. »Weißt du, was Philipp sagen würde?«

»Na?«

»Für Anna wäre es immer ein großer Unterschied gewesen zwischen dem, was sie könnte, und was sie wollte.«

Christina hatte noch ein Nachwort auf der Zunge. »Und wie ich Frau Kralow einschätze – ich weiß das nur von Jakobs Erzählungen –, redet die auch noch ein Wörtchen mit.«

Die Sieger des *»XXIII. Concours International de Danse«* mußten zum festlichen Abschluß des Wettbewerbs ihre Soli noch einmal zeigen. Allerdings galt die Aufmerksamkeit von Frau Kralow und Jakob nicht ungeteilt Annas Tanz.

Jakob hatte sich beim Ensemble von »Chorus Line« umgehört und eröffnete ihr das Ergebnis der Fühlungnahme: »Ich habe ein Musical-Angebot.«

Sie reagierte zunächst nicht und tat, als nähme Annas Vortrag sie voll in Anspruch.

Etwas lauter sagte er: »Ich gehe nach London.«

Sie ließ ihm nicht den Triumph, sie mit diesem Plan gekränkt zu haben. »Viel Glück!«

Damit war die von ihm geplante Rache für die Ohrfeige ein Schlag ins Wasser. Trotzdem setzte er nach: »Ich werde einige Wochen weg sein.«

»Wann fährst du?« fragte sie kühl.

Er wurde unsicher, denn über Termine war noch nicht gesprochen worden. »Also, ich weiß noch nicht ...«

»Fahr sofort! Jetzt gleich!« Sie ignorierte seine Anwesenheit völlig und applaudierte Anna, die ihren Tanz beendet hatte und einen tiefen Knicks machte. Frau Kralow erhob sich und verließ den Saal. Sie überlegte, ob sie mit Jakob etwas verloren hätte, einen hochbegabten Tänzer etwa. »Nein«, sagte sie sich, »er hat alles erreicht, was er erreichen konnte, und mehr wird es niemals werden – nur, er kennt seine Grenzen nicht.«

Herzlich war der Abschied zwischen Valentine d'Arbanville und Sonja Kralow gewesen. Ein paar falsche Komplimente, die zum Beruf gehörten, wurden bis zur letzten Minute ausgetauscht, dann trennten die Größten sich mit dem Bewußtsein, die andere sei nicht ganz so groß. Von Anna war nur in Andeutungen die Rede.

Und nun saß Sonja Kralow in Annas Pensionszimmer und bewunderte den Schwung, mit dem das Mädchen die zahlreichen Taschen mit ihren Siebensachen vollstopfte, wieder umpackte und immer etwas übrigbehielt. Dann schien der Moment gekommen zu sein, in dem alles tatsächlich an seinem Ort war. Anna hielt letzte Ausschau nach vergessenen Stücken und fragte: »Wo kann er denn sein?«

»Unter dem Bett!« sagte Frau Kralow.

Anna rutschte auf dem Boden herum und kramte tatsächlich ein Sweatshirt und ein Paar Sandalen hervor. »Das meine ich nicht . . .«

»Was dann? Liegt nix mehr herum!«

»Jakob.«

Frau Kralow verzog die Mundwinkel. »Vielleicht besucht er Freunde – oder Freundin!«

»Haben Sie etwa mit ihm gemeckert?« fragte Anna hellhörig.

»Ich habe ihm eine geknallt!« Das klang so, als sei sie sehr zufrieden mit sich selbst.

Anna mußte erst einmal tief Luft holen, und dann sagte sie viel zu laut: »Was haben Sie? Das ist ein erwachsener Mann!«

Die Ballettmeisterin reagierte unsicher. »Vielleicht ein Fehler, im Moment aber richtig! Er ist ein Kind!«

Anna schleuderte das Sweatshirt in die Tasche und die Sandalen hinterher. »Warum müssen Sie sich eigentlich in alles einmischen? Das ging Sie doch gar nichts an . . ., wen er küßt, oder wen ich küsse!«

Sonja Kralow lachte trocken. »Willst du von Liebe reden?«

»Nein, aber ich platze gleich vor Wut! Und wenn Jakob nun irgendeine Dummheit begeht?«

Abermals lachte Sonja Kralow ihr trockenes, überhebliches Lachen: »Wegen dir?«

»Ja, wegen mir!« ereiferte Anna sich. »Er ist nämlich sehr sensibel und sensitiv!«

»Bezeichnung für Leute, die keine Verantwortung übernehmen wollen!« traf Sonja Kralow die Sache auf den Punkt.

Anna wurde jetzt richtig zornig: »Wenn Sie sagen, er sei ein Kind, dann ist das eine weise Erkenntnis. Aber wenn ich sage, er ist sensibel, dann hat die doofe Anna Mist geredet, ja? Vielleicht wäre es gut, wenn wir ihn suchen.«

Frau Kralow fischte ihren Inhalator aus der Handtasche und hielt ihn für alle Fälle bereit. »Er ist nach London gefahren.«

»Das sagen Sie erst jetzt? Und wohin dort?«

Die Antwort klang vernichtend. »Ein Musical!«

»Das ist keine Adresse.«

»Ein Zirkus hat auch keine Adresse!«

»Und das haben Sie zugelassen, Frau Kralow? Daß dieses ›Kind‹, wie Sie ihn bezeichnen, so mir nichts, dir nichts nach England . . .«

»Es war seine Entscheidung!« unterbrach die Kralow schroff. »Er mußte selbst wissen, ob er nach London geht oder mit uns zurückfährt!«

»Ach, nein, auf einmal finden Sie okay, was er entscheidet. Und vorher haben Sie ihn geschlagen.«

Sonja Kralow machte eine Gebärde, als ekele sie sich. »Wie sich das anhört: geschlagen!« Dann senkte sie ihre Stimme zu mütterlichem Verständnis. »War alles heute sehr viel für dich: Zahnschmerzen, Alkohol, Stipendium und erste Kuß. Ich weiß, Mädchen drehen dann durch. Komm jetzt! Zug geht bald!«

»Ich bin noch nicht fertig mit Packen«, rief Anna, voller Trotz.

Frau Kralow erhob sich. »Ich rufe Taxi und warte unten.« Die Zimmertür schlug wohl nur aus Versehen zu.

Zehn Minuten später saßen sie schweigend und verbittert nebeneinander im Wagen. Sie waren zu sehr mit sich und dem Problem Jakob beschäftigt, um zu bemerken, daß sie an einen Taxifahrer geraten waren, der sie nicht von der Oper auf normalem, kurzem Weg über die Rue Lafayette zum Gare de l'Est brachte, sondern kreuz und quer durch das 2. Arrondissement zum Bahnhof kutschierte, bis seine Taxiuhr achtzig Francs anzeigte.

Bis zur Abfahrt blieb noch eine Stunde Zeit. Sie setzten sich in ein Straßencafé in Sichtweite des Bahnhofs an einen Tisch, Anna verteilte das Gepäck malerisch um sich herum und setzte die Kopfhörer ihres Walkman auf, um jede neue Auseinandersetzung im Keim zu ersticken.

Sonja betrachtete ihre Schülerin griesgrämig aus den Augenwinkeln. Anna tat, als sei die Musik so unheimlich gut, daß sie den Rhythmus auf der Tischplatte mitklopfen müsse. Das Schweigen und das Knattern der Fingernägel verdroß Frau Kralow mehr als jeder Wortwechsel. Schwer atmend hob sie den Inhalator zur Nase, bis sie sich einigermaßen gefangen hatte. Danach reckte sie ihren Arm und pflückte Anna den Kopfhörer von den Ohren. »Du willst mich reizen!«

»Natürlich. Und wie Sie merken, ist es mir gelungen!«

»Diese Dudelmusik kannst du im Zug anhören!«

»Ich wollte sie jetzt hören – weil ich genug habe von Paris und von dem ganzen Wettbewerbs-Trara.« Und damit schob sie das Problem Jakob beiseite.

Sonja Kralow glaubte, sie habe nicht richtig gehört. »Aber du hast Stipendium, und Stipendium bei Valentine ist einmalige Chance! Viele andere würden ihr dafür küssen die Füße! Nach Studium in Paris, dir steht ganze Welt offen! Allein der Name Valentine d'Arbanville macht auf Tür und Tor!«

»Mag ja sein.« Anna wischte die ganzen Pluspunkte mit einer gleichgültigen Handbewegung vom Tisch. »Aber ich möchte erst dann in Paris studieren, wenn ich besser geworden bin.«

»Was heißt ›besser‹? Ich versteh' nicht! Du bist gut! Willst du Stipendium hinschmeißen?«

Anna geriet ins Schwärmen. »Nein. Aber Mademoiselle Valentine hat mir erzählt, wie brillant Sie als junge Tänzerin waren. Na ja, so gut möchte ich eben erst werden.«

Sonja Kralow lächelte gerührt. »Und soll das heißen . . .«

Anna nickte. »Ich bleibe noch ein Jahr bei Ihnen, ehe ich hierher zurückgehe.«

Frau Kralow brauchte tatsächlich eine ganze Tasse Mokka, ehe sie Annas Erklärung verdaut hatte.

Mit dieser Annäherung der beiden war jedoch das Thema Jakob noch nicht aus der Welt geschafft.

Auf dem Bahnsteig blieb Anna plötzlich stehen und schmetterte eine ihrer Taschen auf den schmutzigen Boden. »Trotzdem! Sie hätten Jakob nicht nach London fahren lassen dürfen!«

»Ist er wirklich gefahren? Weiß' nicht!« Und zu Annas Ärger tippte sie sich mit dem Zeigefinger an die Stirn und wiederholte: »Er ist noch ein Kind!«

»Der möchte ich nicht noch mal begegnen.« Ute war entsetzt, als sie sah, daß hinter Anna auch Sonja Kralow aus dem Zug stieg.

Sie, Stefan und Philipp, die mit Blumen und Sekt zum Empfang erschienen waren, suchten hastig hinter einem Zeitungskiosk Schutz.

»Im Rahmen der Bekanntschaftspflege geht man sich lieber aus dem Wege«, blödelte Philipp.

»Ich fand die Frau nicht schlecht«, sagte Stefan und klopfte Ute versöhnlich dahin, wo sie sonst saß. »Stell dir mal vor, alle Menschen wären einer Meinung – das wird auf die Dauer ganz schön langweilig. Ich geh' hin. Was soll Anna denn denken?!«

»Warte doch noch«, bat Ute gepreßt. »Vielleicht geht die Kralow ja gleich.«

Stefan wartete nicht, sondern marschierte los. Er breitete die Arme aus, aber Anna verzichtete im Hinblick auf ihre Begleitung darauf, ihrem Vater um den Hals zu fallen. Ein artiges Wangenküßchen ersetzte den Überschwang der Gefühle.

Von Anna enttäuscht, machte Stefan Frau Kralow einige Komplimente, bewunderte ihr Aussehen, fragte, ob sie ihre Handtasche in Paris gekauft, ob ihr der Aufenthalt zugesagt und ob sie mehr als die Oper gesehen habe. Und während er das alles hervorbrachte, verbeugte er sich und zog ihre Hand empor.

Doch sie zierte sich damenhaft und rügte, nicht entrüstet, sondern eher nachsichtig: »Ein Handkuß im Freien? Das gehört sich nicht!«

Nun gehörte auch er zu den Kralowschen Opfern, und er nahm sich vor, Ute Abbitte zu leisten. Sonja nutzte seine Verwirrung, um sich in Lobeshymnen über Anna zu ergehen: ihre fabelhafte Disziplin, ihr einmaliger Tanz, ihr Gefühl für Maß und Takt, ihre Bescheidenheit. Kurzum: ein Vorbild.

Anna wußte mit dem Übermaß an Komplimenten nichts anzufangen. Sie ahnte ja nichts vom Besuch von Sonja Kralow bei ihren Eltern.

Stefan kannte seine Tochter. Was Sonja Kralow über Annas Tanz sagte, das mochte schon sein. Aber die anderen erstklassigen Charaktereigenschaften beunruhigten ihn: Sollte eine Woche Paris ausgereicht haben, aus Anna einen anderen Menschen zu machen?

Damit die Bahnhofsbegegnung sich nicht zu sehr in die Länge zog, fragte er: »Werden Sie abgeholt, oder sollen wir Ihnen eine Taxe rufen?«

Frau Kralow hob die Hand, als hätte sie soeben einen ganz köstlichen Einfall gehabt. »Nein, ich fahre jetzt mit S-Bahn nach Hause. Von Taxis habe ich Nase voll! Der Fahrer in Paris hat uns um sechzig Francs beschissen!«

Anna prustete los.

Diese Vokabel hatte sie nie zuvor aus dem Munde von Sonja Kralow gehört. Und auf einmal wurde die Stimmung ganz entspannt. Auf dem sonst so starren Porzellangesicht der Ballettmeisterin zeigten sich zwei Plisseefalten, die ganz eindeutig von Anna als Lächeln identifiziert wurden.

»Und warum haben Sie sich nicht beschwert?« fragte Stefan und bereute die Frage sogleich. Vielleicht sprach sie gar nicht französisch.

Aber was er befürchtet hatte, trat nicht ein. Sonja Kralow sagte aufgeräumt: »Ich kann mangelhaftes Deutsch! Glauben Sie, mein Französisch ist besser? Nicht gut genug für Auseinandersetzung mit Betrüger. Hat uns durch halb Paris gefahren zum Bahnhof, der

Filou! Gebe ich normal von Oper zum Bahnhof zwanzig Francs mit Trinkgeld! Was hab' ich bezahlt? Achtzig!«

»So ein Kerl«, schimpfte Anna. »Wenn der mir noch mal begegnet . . .«

Frau Kralows Lachfalten waren noch nicht verschwunden. »Fünfzehntausend Taxis in Paris! Mußt du lange suchen!«

Während die drei sich offensichtlich amüsierten, spähten Philipp und Ute ungeduldig hinter dem Kiosk hervor. Ute beschwerte sich: »Der Papa findet kein Ende. Möchte wissen, was es so Interessantes mit der Frau zu bereden gibt.«

»Laß uns ein paar Schweinswürstl essen gehen«, schlug Philipp vor. »Ich kriege langsam Hunger.«

»Gedulde dich, ich hab' zu Hause alles fertig. Anna muß ja auch hungrig sein.«

Weil sie so abgelenkt waren, hatten sie den Moment verpaßt, in dem Sonja Kralow sich verabschiedete, und Ute und Philipp wurden von der wild auf sie losstürzenden Anna regelrecht überrumpelt. Ute busselte ihre Tochter ab, und Philipp gab seiner Schwester einen Kuß, als sie sagte: »Ich habe einen Heißhunger auf Schweinswürstl mit Kraut, das könnt ihr euch gar nicht vorstellen.«

»Eine glänzende Idee«, rief Stefan und dachte eher an einen halben Liter Bier als Beilage zu den Würstln.

Philipp erstickte Utes aufkeimenden Protest mit einer Armbewegung: Rainer saß feixend in seinem Rollstuhl, spitzte die Lippen zum Kuß und winkte. Er hatte die ganze lange Ankunftsszene auf seinem Videoband.

Ein bißchen übergangen kam sich Ute schon vor, als sie später zu Hause in der Küche das vorbereitete und von allen verschmähte Abendbrot stehen sah.

Rainer nahm ihr Gesicht in Großaufnahme auf und dann im Gegenschuß die kalten Platten.

Stefan ließ einen Sektkorken knallen, goß fünf Gläser voll und stand ganz allein da, als er anstoßen wollte: »Anna! Wenn ich dir schon nicht vernünftig gratulieren konnte zu deinem Erfolg in Paris, dann stoß wenigstens mit mir an«, rief er.

Unruhig lief sie an ihm vorbei. »Ohne ihn macht mir die Feierei keinen Spaß.«

In die nachfolgende Stille hinein sprach Philipp poetisch: »Es wurde ganz leise im kleinen Kreise . . .«

Zuerst begriff Rainer. Er war ja anwesend. Um ihn konnte es sich also nicht handeln. Auch Stefan fühlte, daß Annas Satz ungeheures Gewicht hatte.

Ute kam aus der Küche, und sie spürte sofort, daß die Stimmung soeben den Tiefstpunkt erreicht hatte. »Was ist denn los mit euch?«

»Anna vermißt jemanden, mit dem sie ›Romeo und Julia‹ tanzen kann«, sagte Rainer bedrückt.

»Du halt dich da raus«, warnte Philipp ihn leise.

Und schon schwebte Jakobs Geist durch den Raum. Stefan reichte Ute ein Glas, und die beiden Eltern nahmen einen tiefen Beruhigungsschluck.

Anna geriet vollends außer Kontrolle. Sie schlug auf das Telefon und schimpfte: »Und warum ruft er nicht an? Ich weiß nicht mal, wo er wohnt! Wenn er überhaupt irgendwo wohnt!«

Ute durchquerte das Zimmer so vorsichtig, als wollte sie einen Schmetterling fangen. Besänftigend legte sie ihrer Tochter die Hände auf die Schultern und sagte:

»Mein Schätzchen, jetzt mal alles in Ruhe und eins nach dem anderen. Ich weiß zwar nicht, wer irgendwo nicht wohnt und sich nicht meldet, aber wir werden jetzt hier ein bißchen feiern, denn keiner von uns kann den herzaubern, den du vermißt.«

Bei Stefan spielte schon wieder die väterliche Eifersucht eine Rolle, denn er äußerte sich wesentlich gröber. »Wenn wir nicht mal in Paris deinen Erfolg miterleben durften, dann kannst du uns wenigstens jetzt einige Minuten deiner kostbaren Zeit opfern und uns erzählen, wie das alles abgelaufen ist. Oder bist du der Meinung, das interessiert uns nicht?«

»Vielleicht ist er auch gar nicht in London«, überlegte Anna geistesabwesend und verließ das Wohnzimmer.

Stefan sah seine Frau betroffen an. »Eijeijei! Die hat es aber erwischt – oder was meinst du? Frau Kralow sprach zwar von Annas fabelhafter Disziplin, ihrem Gefühl für Maß und Takt, ihrer Bescheidenheit und bezeichnete sie als Vorbild, aber vielleicht hat sie gar nicht unsere Tochter gemeint. Gehst du zu ihr oder ich?«

Ute rettete sich in die Ironie. »Du natürlich.«

Er hatte auch keine andere Antwort erwartet, und schon folgte er seiner »Kleinen«.

Anna saß einsam auf einer Stufe der Treppe zum oberen Stockwerk, Ellenbogen auf den Knien, Kinn in die Hände gestützt.

Als Stefan sich neben sie hockte, rückte sie einen Zentimeter zur Seite und murmelte unzufrieden: »In dem Haushalt gibt es ja nicht mal ein Kursbuch.«

»Willst du schon wieder verreisen?«

»Wollen nicht . . ., aber es könnte ja sein.«

Er lauschte dem Satz eine Weile hinterher, ehe er Stellung nahm. »Darf ich fragen, wohin?«

»Du darfst.«

»London, vermute ich.« Zu der Annahme gehörte nicht viel. »Vielleicht ist er auch gar nicht in London«, hatte sie vorhin gesagt. Wer?

Auf Antwort oder Bestätigung mußte er verzichten, denn Anna wechselte das Thema. »Wann hast du zum erstenmal geküßt?«

»Bitte?« Stefan war schwer überfordert.

»War nur 'ne Frage«, versuchte Anna abzuwiegeln.

Natürlich ahnte, wußte Stefan, daß Annas Problem ein Mann war, aber daß er ihr nun mit Rat helfen sollte, überraschte ihn. »Auf die Frage bin ich nicht vorbereitet. Das habe ich mir nicht gemerkt. Mit Mama . . .«

»Ich meine, zum erstenmal. Oder hast du Mama im Kindergarten kennengelernt?«

»Weißt du . . .«

»Papa, mach es dir doch nicht so schwer. Bleib doch locker. Ich bin schon siebzehn, und in der Schule hatten wir Unterricht über das alles. Ich will doch bloß die schlichte Frage beantwortet haben: Wann hast du zum erstenmal geküßt? Ist das denn so unsinnig, wenn ich das wissen will?«

Er versuchte, sich aus dem Thema herauszuretten. »Die Ute habe ich auf einem Ball von der Kunstschule kennengelernt, wir tranken Bowle, glaube ich, und wie das so ist beim Tanzen und dann . . .«

»Papa! Glaubst du, es gibt ein Kind, das sich für das Liebesleben der Eltern interessiert? Komm zur Sache.«

»Ich war fünfzehn«, gestand er.

»Und weiter?« Das klang immer noch gelangweilt.

»Sie hieß Inge.«

»Jetzt kommen wir der Sache schon näher. Die hast du geküßt?«

»Nein, sie mich.«

Endlich zeigte Anna einen Hauch von Aufmerksamkeit. »Und was war? Was hast du gespürt?«

»Nichts. Ich fand's blöde.«

»Und warum?«

»Es war wie beim Preisschießen«, sagte er. »Sie ging in unsere Klasse und war sehr schlau. Wir kupferten ihre Schularbeiten ab, und von jedem verlangte sie dafür einen Kuß.«

»Mist! Irgendwann mußt du doch mal gemerkt haben, daß Küssen was Besonderes ist. Ich will von dir jetzt endlich wissen, wie alt du gewesen bist, als du wirklich richtig geküßt hast.«

Er holte zum zwischenmenschlichen Rundumschlag aus. »Ganz sicher ist, daß Mädchen ihren ersten Kuß ganz anders erleben als ein Junge . . .«

Sie ließ ihn nicht ausreden. »Paß mal auf, Papa. Wie Mädchen den erleben, weiß ich. Merkste nicht, daß ich wissen möchte, wie ein Mann reagiert? So! Jetzt sag es mir doch! Der Jakob hat mich geküßt, ja, hat er, brauchst gar nicht so zu gucken, und ich hab' mich in ihn verknallt. Und er muß auch in mich verliebt sein, denke ich. Aber warum hat er sich dann aus dem Staub gemacht, und warum ruft er nicht an?«

»Vielleicht hat er sich gar nicht in dich verliebt.«

Das war nun wahrscheinlich die Wahrheit, aber genau die falsche Antwort. Anna sprang auf, rannte die Treppe hinauf, verschwand in ihrem Zimmer und schloß sich ein.

Daß ihre Tür zu laut ins Schloß fiel, wurde natürlich auch im Wohnzimmer gehört. Rainer rollte heraus, sah Stefan forschend an und blickte dann nach oben. »Ja – ich muß jetzt gehen.«

»Ich fahre dich natürlich«, bot Stefan an und fummelte die Wagenschlüssel heraus.

Auch Philipp erschien. »Quatsch, Papa, das mach' ich schon. Du hast schon was getrunken.«

Stefan ging eine Menge durch den Kopf, als er Rainer ungeschickt die Hand gab. Dieser Junge hatte heute etwas erfahren, was er sicher nur schwer verarbeiten konnte. Im Krankenhaus und im Sanatorium hatte er die hilflose Anna monatelang jeden Tag für sich allein gehabt, sie aufgebaut und getröstet. Und nun war er zum erstenmal mit der Tatsache konfrontiert worden, daß die gesunde Anna ein Leben ohne ihn leben konnte und das auch wirklich tat. Und es gab einen Rivalen, einen, der nicht im Rollstuhl saß, einen, der sie unglücklich machte, einen, nach dem sie ganz offensichtlich Sehnsucht hatte.

»Laß dich wieder sehen«, sagte Stefan.

»Ja – bis bald, Herr Pelzer.« Rainer rollte zur Wohnungstür und bat Philipp: »Fahr mich nicht mit dem Auto. Laß uns zu Fuß gehen.«

»Das ist aber ein langer Marsch.«

»Brauche ich jetzt«, antwortete Rainer knapp.

Stefan schlenderte unzufrieden ins Wohnzimmer und legte Ute seinen Arm um die Schulter. »Schöne Siegesfeier, was? Komm, jetzt trinken wir den Sekt aus, und ich erzähle dir alles.«

Anna lag im Bett, dem Fluchtpunkt aller jungen Frauen bei starken seelischen Belastungen.

Was sie sich in der Dunkelheit des Zimmers erträumte, war ein gemeinsamer Tanz mit Jakob, wobei sie selbst als Mittelpunkt seltsam unwirklich blieb. Sie war wie ein Schatten, mit dem er den Pas de deux tanzte, ein Schemen, dem er die Hände zur Hebung um die Hüften legte, eine Silhouette nur, die er in die Arme nahm und küßte.

Sie sah ihn auf dem Boden liegen, niedergeschlagen von Sonja Kralow, doch sie konnte ihm nicht helfen, einfach nicht helfen. Es gab keine Möglichkeit, die geringe Distanz zu ihm zu überwinden.

Die Kralow rannte kichernd davon und stieg in eine wartende Taxe. Er streckte ihr seine Arme entgegen, aber Anna saß im Behandlungsstuhl des Zahnarztes und hatte keine Kraft, sich zu befreien.

Da fragte Dr. Gremillon: »Es hat doch nicht weh getan?«, und Jakob ging unter in der »Vision«: Der Wagen überschlägt sich, wühlt den Waldboden auf. Sie wird in hohem Bogen mit Blumen und Bäumchen von der Pritsche geschleudert – wie in Zeitlupe läuft das in ihrer Erinnerung ab –, hört Glas splittern, Blech scheppern, versucht, sich in der Luft zu drehen. Grasbüschel treffen sie im Gesicht, dann landet sie hart auf dem Waldboden. Und der letzte Gedanke: »Ich hab' ein weißes Kleid an!«

Anna setzte sich auf, schüttelte den Traum ab und stieg aus dem Bett. Sie ging die wenigen Schritte zum Fenster und schaute erwartungsvoll auf die Straße.

In ihrem Wachtraum erschien Jakob dort unten und klatschte laut viermal. Wie bei ihrem Schrei vor dem Prüfungsausschuß der Howard-Schule. Er schaute zum Fenster hinauf und setzte zum Temps levé an, seltsamerweise ein Sprung für Kinder und Anfänger. Es sah jedoch aus, als schwebte er wie Waslaw Nijinskij.

Sie fand seine Bemühungen albern. Sah Frau Kralow denn nicht, daß er zu wenig trainiert hatte? So durfte er auf keinen Fall in London auftreten. Sie schob eine Kassette mit der Filmmusik von »Chorus Line« in den Recorder, sah auf die Straße hinunter und erschrak.

Jakob trug einen glitzernden Pailletten-Frack und einen Zylinder. Er versuchte sich in Synkopen und Breaks, doch alles mißlang ihm gründlich. An die Laterne gelehnt stand der schwarze Solist aus dem Tanzensemble und lachte.

Anna drückte die Stopptaste.

Die Straße war leer. Nur die Bäume und Äste neben der Straßenlaterne warfen Schatten auf den Bürgersteig.

Die Verkehrsampel am Fußgängerüberweg sprang von Gelb auf Rot. Philipp blieb stehen.

Rainer jedoch schaltete die Videokamera ein, die auf der Halterung steckte, ergriff den Handlauf der Räder, riß seinen Rollstuhl auf die Fahrbahn und spurtete durch den Querverkehr hinüber auf die andere Seite. Zwei Wagen mußten wegen Rainer notbremsen: Reifen quietschten auf dem etwas feuchten Pflaster, ein Auto schleuderte hinter dem Rollstuhl vorbei. Fassungslos blickten die Fahrer hinüber zu dem grinsenden behinderten Jüngling.

Rainer wendete auf der gegenüberliegenden Straßenseite den Rollstuhl und winkte Philipp zu. In seinem Gesicht stand eine Wildheit, die Philipp nie zuvor bemerkt hatte: Sieg im russischen Roulett, Triumph über den bewußten Leichtsinn.

Als die Fußgängerampel auf Grün schaltete, lief Philipp hinüber zu ihm. »Du bist ein riesengroßer Idiot! Wolltest du irgendwem beweisen, daß du' ne Macke hast? Du hättest auch tot sein können.«

Rainer schaltete die Kamera aus, schraubte sie vom

Halter ab und verstaute sie im Futteral: »Keine besonderen Gründe. Einfach so.«

»Und das alles hier hast du auch noch gefilmt?«

»Was dagegen?« fragte Rainer aggressiv.

Philipp packte den Griff an der Rückenlehne des Rollstuhls und schob los. »Ein paar Millionen von deinen kleinen grauen Zellen müssen schon verfault sein!«

Rainer versuchte ihn abzuschütteln. »Laß los, ich kann alleine fahren.«

»Hab' ich eben gemerkt. Ich bringe dich jetzt bis an dein Bett, *capito*?«

Anna fand am nächsten Tag ein neues Opfer, das sie über Küsse und deren unmittelbare Folgen auf die menschliche Psyche ausfragen konnte: Philipp.

In brüderlicher Güte wollte er sie zur Ballettschule fahren, was er allerdings schon nach den ersten Fragen von Anna schwer bereute.

Sie begann ganz harmlos: »Gestern bist zu ziemlich spät nach Hause gekommen, oder?«

»Ich habe Rainer bis vors Bett gekarrt. Er hat wieder den starken Mann gespielt. Bei Rot mit dem Rollstuhl über die Straße und so. Da war es besser, daß ich bei ihm geblieben bin.«

»Und dann? Sigrid? Gehst du eigentlich fest mit ihr?«

Die Frage fand er schon recht intim: »Was heißt schon ›fest‹? Wir sehen uns ab und zu.«

Anna blickte sein Profil an, fand es nicht übel und sagte zuversichtlich: »Ihr habt euch natürlich längst geküßt?«

Er verkniff sich eine Antwort, suchte angespannt einen Sender im Autoradio und konzentrierte sich voll auf diese wichtige Tätigkeit.

Sie ließ nicht locker. »Ja oder nein?«

Für Philipp war das Thema nicht wichtig: »Klar – manchmal fällt einem ja absolut nichts ein, was man sich erzählen könnte.«

»Und? Macht es dir Spaß?«

»Hast du 'n Schaden, Anna?! So einen Blödsinn hat mich noch niemand gefragt.«

»Dann wird es ja Zeit. Ich will wissen, wie das ist beim Küssen. Ist man da gleich verliebt – als Junge, meine ich?«

Er dachte nach, kam jedoch zu keinem Ergebnis. »Kann ich eigentlich nicht sagen.«

»Und Sigrid?«

Philipp schob seine Ledermütze in den Nacken, was ausdrückte, daß er sich einer Situation hilflos ausgeliefert fühlte. »Sag einmal, machst du 'ne Umfrage für irgendein Institut, oder ist das 'n Aufsatzthema?«

»Mit dir kann man kein ernstes Wort reden.«

Abermals war Anna nicht auf den interessanten Kern der Dinge vorgestoßen. Wenn sie von zwei Küssen aus der Balance geraten war, mußte das zwangsläufig bei Jakob die gleiche Wirkung gehabt haben. Das war ihre feste Meinung. Doch die beiden Männer in ihrer Familie, zum heiklen Thema um Stellungnahme gebeten, verbreiteten bloß Qualm.

Bis zu dem Moment, in dem er Anna vor der Ballettschule absetzte, zerbrach Philipp sich den Kopf darüber, ob er Sigrid geküßt hatte, weil er in sie verliebt war, oder weil er Spaß an der Sache hatte.

Hatte er Herzklopfen oder Atembeklemmungen bekommen? Nein. Von Sigrid wußte er das nicht. Er konnte ihr schließlich nicht nach jedem Kuß den Puls fühlen. Geseufzt hatte sie jedenfalls nicht. Er auch nicht. Dann war es wohl auch keine Liebe ...

Als sie ausstieg, fragte er: »Du hast die ganze Zeit über Jakob geredet, ja?«

Anna nickte, rammte die Wagentür zu und verschwand im Eingang von Sonja Kralows Tanzinstitut. Sie war spät dran, merkte sie.

Aus dem Ballettraum tönte Frau Kralows harte Kommandostimme: »Und eins, und zwei, und drei, und stehn! Und eins, und ...«

Herr Weber hackte auf die Klaviertasten. Der Parkettboden ächzte im Rhythmus. Am Oberlicht des Garderobenraumes drehte sich der Ventilator.

Anna öffnete den Spind, in dem sie ihre Trainingssachen verwahrte, und schlenkerte die Schuhe von den Füßen. Gerade wollte sie aus den engen Jeans steigen, da hörte sie, daß die Tür leise zufiel. Anna spürte siedende Hitze im Körper aufsteigen. Erschrocken drehte sie sich um und starrte ungläubig auf den Mann im Lederblouson ...

Jakob.

Er lehnte an der Tür und fixierte Anna, als wollte er prüfen, ob sie sich verändert hatte.

Völlig überrascht sagte sie: »Ich denke, du bist in London.«

Er ging auf sie zu, legte ihr den Zeigefinger seiner rechten Hand auf die Lippen und flüsterte: »Es braucht uns niemand zu hören. Ich muß noch einiges erledigen, bevor ich fahre. Und ich wollte dir adieu sagen. Die Kralow braucht nichts davon zu wissen, daß ich hier bin.«

»Was soll denn diese ganze Heimlichtuerei? Das ist

doch Krampf.« Anna leuchtete nicht ein, warum er ausgerechnet hierher gekommen war. Er hätte zu Hause anrufen und sich ganz normal mit ihr treffen können. »Du schleichst hier rum, als ob du dich für immer aus dem Staub machen willst . . .«

»Was heißt schon für immer? Ein Engagement in London. Das ist doch direkt vor der Haustür.«

»Musical?«

»Schon möglich. Vielleicht ›Chorus Line‹.«

Anna sah das Dunstbild der letzten Nacht genau vor sich, seine unglücklichen Tanzschritte im weißen Pailletten-Frack und weißem Zylinder, seine mäßigen Sprünge. Und sie sagte, als sei es Wirklichkeit gewesen: »Weißt du, im silbernen Frack und Zylinder – irgendwie paßt das nicht zu dir.«

»Du hast mich noch gar nicht im Kostüm gesehen . . .«

»Nein, aber ich kann es mir gut vorstellen.« Sie dachte, daß er sie doch küssen müßte, wenn er für längere Zeit wegging. Er konnte Paris nicht völlig vergessen haben. Aber er machte nicht einmal Anstalten, ihr die Hand zu geben.

Durch diese Enttäuschung wurde sie ein wenig normaler, und sie sagte schnippisch: »Wenn man's genau betrachtet: eine Riesenkarriere vom ›Prometheus‹ zum Musical-Tänzer.«

Sie hatte genau das ausgesprochen, was ihn unglaublich bedrückte, sensibel wie er war. Der schnelle Entschluß – aus der Empörung heraus geboren –, alle Brükken hinter sich abzubrechen, erwies sich als blamable Fehlentscheidung. Er schämte sich vor Anna, floh aus dem Garderobenraum und rannte zum Ausgang.

Sie lief hinterher. »Jakob – warte doch!«

Er drehte sich noch einmal um und machte eine beschwörende Geste mit den Armen, ihm nicht zu folgen. »Alles Gute, Anna.«

»Du blöder Feigling!« schrie sie. Mehr fiel ihr nicht ein, mehr blieb auch nicht zu sagen. Er war gegangen. Wie ein Fremder.

Anna wurde überwältigt von Trauer, Verzweiflung und Wut. War denn Liebe nichts weiter als ein blödes Wort?

»Assemblée vor! Assemblée rück! Und vor, und rück!«

Die Stimme von Sonja Kralow holte Anna in die Wirklichkeit zurück. Sie zog ihr Trainingskostüm an und ging in den Übungssaal.

Sonja Kralow verpackte die Rüge in die Kommandos: »Assemblée und vor! Entzückend, daß du schon kommst! Und rück! Und vor!«

Sigrid unterbrach das Training und eilte auf Anna zu. »Fein, daß du wieder hier bist. Und herzlichen Glückwunsch zum Erfolg in Paris.«

Sie klatschte in die Hände, und auch die anderen Mädchen applaudierten. Frau Kralow hielt sich zurück. Ein bißchen genoß sie sogar die spontane Huldigung, denn ein wenig davon fiel dabei auch für sie ab.

Sigrid umarmte Anna, doch die ließ den Kopf hängen und freute sich anscheinend nicht über den Empfang.

»Was ist?« fragte Sigrid leise. »Für 'n Glückskind siehst du aber reichlich niedergeschlagen aus.«

Offenbar bedurfte es nur dieses einen Satzes als Auslöser. Anna weinte, daß der Tränenstrom nicht zu stoppen war.

Sonja Kralow gab Repetitor Weber ein Zeichen, und der spielte das eben abgebrochene Thema weiter. Mit einer zweiten Armbewegung scheuchte sie die Mädchen an die Ballettstange. Dann nahm sie Anna bei der Hand, führte sie in den kargen Raum, der als Büro diente, und warf ihr ein Handtuch zu.

Anna trocknete sich ihre Augen und ihre Wangen, doch das Schluchzen hielt noch an. »Entschuldigen Sie ...«

Frau Kralow fragte distanziert: »Sind das Nachwirkungen von Paris?«

Anna fühlte sich angegriffen. »Er war hier und hat sich verabschiedet.«

»Nein!«

»Er kam wie ein Dieb in der Nacht, damit er Ihnen nicht begegnen mußte.«

Die Kralow war empört. »Was redest du da?«

»Warum haben Sie ihm eine Ohrfeige gegeben?« Obwohl sie nicht Zeugin der erbärmlichen Szene gewesen war, malte Anna sich aus, wie erniedrigend das für Jakob gewesen sein mußte, als Sonja Kralow so haarsträubend und ohne Verständnis reagiert hatte.

»Ich habe schon gesagt: War sicher Fehler!« versuchte Sonja Kralow einzulenken.

»Und warum haben Sie gesagt, er sei in London?« rief Anna unbeherrscht. »Er war überhaupt nicht in London. Er war immer hier. Sie haben nicht das Recht, sich in unser Privatleben einzumischen, das gehört nicht zum Ballettunterricht.«

»Kind ...«

Dieses eine Wort konnte Frau Kralow noch sagen, dann brach sie zusammen. Nicht elegant, sondern wie ein todkranker Mensch. Sie war dem Ersticken nahe ...

Anna riß die Tür zum Ballettsaal auf und rief: »Herr Weber! Helfen Sie! Frau Kralow ist umgefallen!«

Weber sprang auf, sein Klavierhocker stürzte um, Notenblätter flatterten zu Boden. Wie ein Schwarm aufgeschreckter Gänse kamen die Mädchen zur Bürotür geflattert. Weber drängte sich durch, nahm kaum von Frau Kralow Notiz, sondern riß das Telefon an sich, wählte die Nummer der Feuerwehr und gab für den Notarztwagen die Adresse an. Dann jagte er die Mädchen davon. »Los, raus hier! Zieht euch an und geht nach Hause!«

»Nein«, rief Assistent Nierich, der meist dann auftauchte, wenn alle ihn gern vermissen wollten. »Niemand geht nach Hause! Wir setzen den Unterricht fort! Alles auf die Plätze!«

»Aber sie bekommt keine Luft mehr«, rief Anna ängstlich und zeigte auf Sonja Kralow.

»Sie soll ja auch nicht trainieren«, entgegnete Nierich. »Wenn ich also bitten darf! Auch Sie sind gemeint, Herr Weber!«

Mitten hinein in die Aufregung kam die Ambulanz. Zwei Helfer brachten im Geschwindschritt die Trage, der Notarzt leitete im Büro keine Hilfsmaßnahmen ein, sondern ließ Frau Kralow eilends in den Wagen bringen, wo er ihr die Sauerstoffmaske aufsetzte. Erst danach versuchte er, ihren Kreislauf zu stabilisieren.

»Du wußtest doch ganz genau, daß sie krank ist«, flüsterte Sigrid. »Warum hast du denn mit ihr Krach angefangen?«

»Es war kein Krach. Ich mußte etwas bereinigen. Ein bißchen laut bin ich vielleicht gewesen, aber konnte ich ahnen, daß es so schlimm steht?«

»Etwa wegen Jakob?«

»Jakob? Warum kommst du denn auf den?«

»Philipp«, klärte Sigrid auf.

Vor dem Gebäude wurden Blaulicht und Martinshorn

eingeschaltet. Der Notarztwagen fuhr zum Krankenhaus.

Plötzlich brach die Musik ab, und der Klavierdeckel knallte zu.

Herr Weber klappte den Notenständer um, sah Nierich einen Augenblick an, als müsse er die richtigen Worte finden, und erklärte dann: »Nach diesem traurigen Vorkommnis sehe ich mich außerstande, vernünftig zu arbeiten. Herr Nierich, wollen Sie bitte für heute ohne mich auskommen.«

Ohne eine Antwort abzuwarten, verließ er den Trainingssaal.

Die Mädchen bewunderten seine Haltung, und das machte sie Nierich gegenüber sehr mutig.

Die ersten zwei schlüpften aus der Tür, drei andere folgten, dann zogen noch ein paar nach, und schließlich stand Nierich allein im Ballettsaal.

Wütend rannte er hinterher in den Umkleideraum, wurde jedoch durch Sigrid schon auf der Schwelle energisch gestoppt: »Damengarderobe, Herr Nierich! Ich muß doch sehr bitten!«

Es sah wie Zufall aus.

Anna ging von der Ballettschule zur Bushaltestelle, und gerade dort machte Rainer seine Spazierfahrt. Er fuhr einige Meter schweigend neben Anna her, und sie hatte ihn im Verdacht, daß er gerade irgend etwas ausbrütete.

»Stimmt das eigentlich« wollte er wissen, »Paris soll die schönste Stadt der Welt sein?«

»Mich darfst du nicht fragen, ich habe nur die Oper, meine Pension, eine Zahnarztpraxis und den Bahnhof kennengelernt.« Als sei es nebensächlich, setzte sie hinzu: »Und eine unmögliche Disko.«

»Warst du da mit . . . mit ihm?«

»Mit wem?«

»Na, mit ihm eben.«

»Mit dem war ich beim Zahnarzt. In der Disko bin ich mit vier anderen gewesen. Du tust grade so, als ob du eifersüchtig bist.«

»Natürlich bin ich eifersüchtig!« trumpfte er auf. »Wenigstens das darf ich sein, ja? Oder das auch nicht?«

»Wie redest du denn plötzlich?« Anna war überrascht. »Darauf wäre ich nie gekommen. Du hast mir nie gezeigt, daß du mich magst.«

»Ich denke doch. Aber du hast es nicht begriffen oder nicht gemerkt, weil du immer nur an dich denkst.«

Sie blieb stehen, suchte ein Papiertuch aus der umfangreichen Schultertasche und putzte sich verlegen und lange die Nase. Um Zeit zu gewinnen, lief sie zurück zum Abfallkasten an einem Laternenmast und warf das Tuch weg.

Als sie zurückkehrte, streckte er die Arme beschwichtigend vor: »Okay, okay. Wahrscheinlich ist es auch meine Schuld. Ich bin immer lustig, und ich hab' immer 'n flotten Spruch draufgehabt. Ja – aber im Gegensatz zu mir ist der Jakob natürlich ein ernsthafter Künstler. Und außerdem«, er packte die Armlehnen des Rollstuhls und rüttelte wie ein Verrückter daran, »kann ich nicht tanzen . . .«

»Jetzt mach aber mal 'nen Punkt! Du bist mein bester Freund!«

»Danke! Vielen Dank«, rief er verletzt und gekränkt.

»Paris reicht ja noch nicht, was? London spukt dir schon im Kopf rum. Du willst ihn doch vor diesem Musical retten, stimmt's? Du wolltest doch gestern schon fahren. Warum bist du denn immer noch hier? Womöglich macht er noch Karriere, wenn du nicht rechtzeitig eintriffst und das verhinderst!«

Mit wütendem Schwung setzte er seinen Rollstuhl in Bewegung und fuhr davon.

Nur langsam wurde Rainer wieder ruhiger. Und je länger er auf den Wegen im Englischen Garten dahinrollte, desto gegenwärtiger wurde ihm jene Anna Pelzer, die einmal hilfloser gewesen war als er. Und übergangslos sah er sich über die Hänge am Sudelfeld und Spitzingsee wedeln. Im Vollbesitz seiner Kräfte nahm er die Slalomtore, Anna stand am Rand der Piste und klatschte ihm jubelnd zu. Und als er als Sieger über die Ziellinie schoß, stand sie dort und gratulierte ihm mit einem Kuß.

Am Ausgang des Parks näherte er sich einem Übergang, dessen Ampel während der Nacht nur in der Gelbphase blinkte. Es war kaum noch Verkehr auf der Straße. Rainer machte die Kamera schußfertig und wartete. Er ließ zwei Wagen passieren, aber als er ein Motorrad näher kommen hörte, stellte er sich in Position.

Er rollte dicht an den Straßenrand und filmte das auf ihn zukommende Fahrzeug. Als es nur noch dreißig Meter von der Ampel entfernt war, zählte er bis drei und spurtete mit dem Rollstuhl zur Mutprobe los. Einen Meter vor der Maschine überquerte er die Fahrbahn. Haarscharf an seinem Rücken preschte die Maschine vorbei. Zwei, drei antreibende Griffe in die Rollstuhlräder, und er hatte den gegenüberliegenden Bürgersteig erreicht.

Der Motorradfahrer bremste schlingernd, bockte die Maschine auf und kam verstört angelaufen. Rainer ließ die Kamera aus der Hüfte laufen und hatte seinen Gegner voll im Bild.

Der junge Mann im Lederdreß stülpte seinen Helm ab und nahm erschrocken den Rollstuhl in Augenschein. Als er keine Beschädigung entdecken konnte, lief er einmal um Rainer herum und sagte erleichtert: »Entschuldige, bittschön! Dös Wagerl von dir hoab i net gsehn. Tut mir wahnsinnig leid, gell, Bub. Dir is scho nix passiert, was?«

»Nee, natürlich ist nichts passiert. Ich hatte Sie ja gesehen. Ich bin eben schneller. Sie müssen das sportlich nehmen, Mann, nicht so verbissen.«

»Sportlich? Mei, du hoast vielleicht Nerven! Machst dös zum Spaß, ha?«

»Genau!« Rainer freute sich. »Und noch 'n schönen Abend! Gute Nacht!«

»Aan Hammer hast, nix weiter!«

Ganz früh, als Ute noch auf dem Blumengroßmarkt einkaufte, tauchte Anna im Blumengeschäft auf. Wie nebenbei fing sie mit Christina ein Gespräch an und spielte dabei die kleine Maus, die gerne Besuche macht. Nachdem allerlei Minuten durch harmloses Wortgeplänkel vertan worden waren, stieß Anna mutig auf das Hauptthema vor. »Darf ich dich mal was fragen?«

Christina amüsierte sich. »Seit wann fragst du, ob du fragen darfst? Das bin ich von dir gar nicht gewohnt.«

»Weil es sich mehr um ein Gespräch von Frau zu Frau handelt«, entgegnete Anna großartig.

Blitzschnell überschlug Christina ihren Wissensstand, soweit er intime Bereiche betraf, und fühlte sich allen Fragen gegenüber gewappnet, die eine Siebzehnjährige mutmaßlich stellen konnte – offenbar war Paris nicht ohne Folgen geblieben. Vertrauenerweckend sagte sie: »Sprich dich ruhig aus, Anna.«

»Wie hast du Jakob kennengelernt?«

Christina war auf vieles vorbereitet, nur nicht auf Geschichten, in denen Jakob mitwirkte. »Kennengelernt ist ein großes Wort. Ich kam vor rund drei Jahren in ein Studentenwohnheim. Er war einer von denen, die da schon wohnten. Wir haben halt dort zusammen gelebt. Das hat sich so ergeben. Unfreiwillig gewissermaßen.«

Anna kaute unzufrieden auf dieser Antwort herum. »Ich meine wie, nicht so sehr wo. Und wenn es dir nichts ausmacht, möchte ich auch ganz gerne wissen, wie es weiterging.«

Christina schüttelte prustend den Kopf. »Zwischen mir und Jakob ging nichts weiter, weil gar nichts angefangen hat, verstehst du?«

Anna tat, als hätte sie nichts verstanden: »Was hat nicht angefangen, bitte schön?«

»Na, das! Ich muß dir doch nicht etwa einen Vortrag über zwischenmenschliche Beziehungen halten, oder? Wir waren nur gute Freunde, und das sind wir immer noch – hoffe ich.«

Als sei eine Inspektion der Auslage im Schaufenster dringend notwendig, betrachtete Anna eingehend die Blumen und stellte in einen Nelkenstrauß hinein die Gretchenfrage: »Geküßt hat er dich nie?«

»Das schon.« Christina zeigte auf ihre Stirn, die Nase,

die Augen und auf den Mund. »Hier und hier und dort und hier. Aber nicht so, daß mir seine Küsse in dauernder Erinnerung geblieben wären.«

Nun war Anna zwar im Zentrum der Nachforschungen angekommen, hören mochte sie das aber gar nicht gern. Da stand also ein Objekt seiner Zärtlichkeit leibhaftig vor ihr und zeigte auf Gesichtspartien, die er gekost hatte. Igitt!

Christina setzte noch ein I-Pünktchen drauf. »Jakob küßt leidenschaftlich gern.«

Anna erwischte eine Rolle Blumendraht, von der sie einen halben Meter abwickelte, durch mehrfaches Biegen abbrach und aus dem Stück Phantasiefiguren drehte.

Christina schaute andächtig zu und plauderte heiter: »Er ist ein großer Küsser vor dem Herrn, weißt du? Wann immer er sich über etwas freut und auf etwas stolz ist, oder zum Geburtstag oder anderen Fest- und Jubeltagen gratulieren will – er nimmt die Leute in den Arm und küßt sie. In der Hauptsache Mädchen.«

»Aber er muß doch Unterschiede machen«, entgegnete Anna entsetzt und hoffnungsvoll zugleich.

»Hab' ich nichts von gemerkt«, bedauerte Christina wahrheitsgemäß.

Das war ein schwerer Schlag für Anna, die in dem von Jakob empfangenen Kuß eine einmalige, weltbewegende Handlung gesehen hatte: »Ehrlich? Ob da eine will oder nicht – er tut's einfach? Ohne sich etwas zu denken?« Der Blumendraht geriet zum unentwirrbaren Knoten.

Und Christina machte nicht halt; weise und abgeklärt verkündete sie einen für Anna unglaublichen Satz: »Wenn man erst anfängt zu denken, macht Küssen keinen Spaß mehr.«

Aus diesem Abgrund mußte Anna um jeden Preis herausfinden: »Hat er zu dir irgend etwas gesagt wegen London?«

»London? Nein, aber das will nichts bedeuten. Ich sagte ja schon: So innig ist unser Verhältnis nun auch wieder nicht. Was will er in London? Und was hat er dort vor? Etwa Tanzen?«

»Musical«, antwortete Anna verächtlich. »Ist gar nicht sein Metier. Er kommt vom klassischen Ballett und wird sich nur seinen Stil verderben. Am liebsten würde ich auch nach London gehen.«

»Wie?«

»Trampen«, sagte Anna leichthin, als brauchte sie sich nur an die nächste Ecke zu stellen und den Daumen hochzuhalten, denn da mußten ja Wagen vorbeikommen, die ganz zufällig nach London wollten.

»Sag mir Bescheid, bevor du abhaust.« Christina machte das freundlichste Gesicht der Welt. Keine Spur von Ironie. »Ich leih' dir auch mein Wörterbuch. Außerdem habe ich noch ein nützliches Werk im Schrank: ›London, wie es keiner kennt.‹ Das mußt du unbedingt einpacken. Es hilft dir garantiert in allen Lebenslagen.«

»Verdammt noch mal, du nimmst mich nicht ernst«, empörte Anna sich.

Christina grinste: »Das hast du gesagt – aber ich hätte es nicht besser formulieren können.«

Draußen fuhr Ute mit einer Ladung Kakteen an der hinteren Tür vor. Sie war erfreut und mißtrauisch zugleich, ihre Tochter zu sehen. Mütter bekommen in solchen Situationen einen ganz eigenartigen, mit nichts zu vergleichenden Ausdruck im Gesicht. »Fällt die Schule heute aus?«

»Nur die ersten zwei Stunden«, log Anna nicht besonders gekonnt.

»Dann hilf mir mal abladen. Ich habe übrigens Rainer überholt. Er ist auf dem Weg hierher. So früh kommt er eigentlich selten.«

Anna dachte an den vergangenen Abend und Rainers Reaktion: »Er hat wahrscheinlich ein schlechtes Gewissen.«

»Habt ihr euch gekabbelt?« fragte Ute vorsichtig.

»Er hat gestern den eifersüchtigen jungen Mann gespielt, und das tut ihm jetzt offenbar leid.«

»Eifersüchtig? Auf wen?«

»Du kannst Fragen stellen, Mama! Auf Jakob natürlich.«

»So natürlich ist das nun auch wieder nicht«, widersprach Ute. »Daß der dich in Paris geküßt hat, kann Rainer doch gar nicht wissen.«

»Und woher weißt du es?« rief Anna empört.

»Von Papa.«

Jetzt war Anna, die sich verraten und bloßgestellt fühlte, richtig zornig. Sie entwickelte beträchtliche Kraft beim Ausräumen des Wagens. »Dem erzähl' ich nie wieder was!«

Nachdem sie zehn Kartons mit Baby-Kakteen hineingeschleppt hatten, fragte Ute: »Wie lange bleibt die Kralow im Krankenhaus?«

»Keine Ahnung. Ich gehe heute nachmittag hin.«

»Und wer übernimmt in dieser Zeit das Training?«

»Nierich!«

»Und wenn das mit der Kralow nun länger dauert?« überlegte Ute. »Dann kannst du dir ja überlegen, ob du vielleicht doch schon jetzt nach Paris gehst.«

»Machst du Witze. Wie sollen wir das Papa erklären? Nein, nein, ich bleib' noch hier. Die Kralow wird schon gesund werden.«

»Dann fällt deinem Vater ein Stein vom Herzen.« Sie schaute durch die Schaufensterscheibe auf die Straße. »Da kommt noch einer, dem das alles nicht recht paßt.«

Rainer rollte herein, schaute sich um, an Freundin Anna vorbei, nickte mehrmals, als sei er mit dem Anblick der Umgebung – bis auf den Störfaktor Anna – hochzufrieden, und sagte zu Ute: »Ich suche ein neues Hobby.«

Ute, als erfahrene Ehefrau auf Zwischentöne spezialisiert, wußte den Satz zu deuten: Rainer gab vor Annas Ohren zu verstehen, sie solle sich keinesfalls einbilden, sie sei jemals mehr als eine Art Hobby für ihn gewesen. Bei näherer Betrachtung dieses Hobbys sei er ohnehin zu dem Ergebnis gekommen, daß es – also Anna – seinen Ansprüchen nicht genügte. Als Mann von verwöhnter Lebensart suche er nun andere Unterhaltung, anspruchsvollere, wenn möglich.

»Soll es zum schieren Zeitvertreib sein, oder suchst du ein Ventil für künstlerisch und gestalterisch unerfüllt gebliebene Wünsche?« Ute brachte das Angebot einigermaßen ernst über die Lippen.

»Was haben Sie denn anzubieten?« Das klang schon wieder fast humorvoll.

»Wie ich dich kenne, solltest du mit Ton arbeiten«, empfahl Ute. »Töpfern, das wäre was für dich.« Sie zeigte in den anschließenden Raum. »Nebenan ist die Töpferscheibe, und Material ist genug da. Anna kann dir die Grundbegriffe zeigen.«

»Danke, nicht nötig. Ich möchte unbefangen an die Sache herangehen.« Wie einer, der alles kann, rollte er in Utes Werkstatt.

Er näherte sich der neuen Aufgabe tatsächlich unbefangen.

Er schaltete den Scheibenmotor ein, fand Ton in einer Schüssel, ein Eimerchen mit Wasser, aber was ihm bei mehreren Versuchen nicht gelang: Er traf mit dem Klumpen Ton nicht das Zentrum der Töpferscheibe. Er probierte zwar, das Material mit nassen Händen und Gewalt in die rotierende Mitte zu rücken, doch dabei verformte sich der Ton zu einem breiten Omelette, das auf der Scheibe merkwürdig eierte. Lösen konnte er die Masse auch nicht mehr, weil er nicht wußte, daß dazu ein Draht nötig war.

Nach fünf Minuten hatte er Geduld und Lust am neuen Hobby verloren und zerteilte den Tonklumpen mit einem Handkantenschlag wütend in zwei Teile.

Von den Geräuschen angelockt, ging Ute zu ihm. Ein kurzer Blick genügte ihr, um die Wahrheit zu erkennen. Sie strich ihm über das Haar und sagte vorsichtig: »Es gibt ein paar Tricks. Wenn du die weißt, kannst du schon ganz schön arbeiten. Soll ich sie dir zeigen?«

»Das lerne ich nie!« sagte Rainer bestimmt.

»Du willst es auch gar nicht, oder?«

Er hob die Schultern und drückte sich damit um eine präzise Antwort.

»Hattest du dich mit Anna nur in der Wolle, oder ist es etwas Schlimmes?«

»Wolle oder nicht Wolle, das ist hier die Frage. Mir wird schon etwas einfallen.«

Die Stationsschwester brachte Anna zum Zimmer von Frau Kralow: »Wir hatten sie vierundzwanzig Stunden unter dem Sauerstoffzelt, aber jetzt geht es ihr schon besser. Sie können mit ihr ein paar Minuten reden. Ich muß leider dabeisein, denn wenn die Patientin Atemnot bekommt, muß ich ihr Sauerstoff geben.«

Scheu trat Anna an das Bett und hockte sich auf die vorderste Kante des Besucherstuhls. Frau Kralow, totenblaß und ohne ihr auffälliges Porzellan-Make-up, gab nicht zu erkennen, ob sie sich freute oder ob ihr Annas Gegenwart unangenehm war.

Ihre Stimme klang nach wie vor hart, hörte sich jedoch besonders leise an. »Warum bist du denn nicht beim Training?«

»Ich habe keine Lust, mit Nierich zu arbeiten.«

»Was sein muß, muß sein. Ich bin nicht freiwillig im Krankenhaus!«

Anna schaute zu der Stationsschwester, die sich im Zimmer zu schaffen machte, ohne zu erkennen zu geben, ob sie dem Gespräch folgte. »Verraten Sie mir, wie es Ihnen geht, Frau Kralow?«

»Wenn ich sehe, wie du Talent verplemperst und mit Training aufhörst, geht mir noch schlechter als nötig!«

Anna versuchte es mit einem kleinen Lächeln. »Wenn Sie schon wieder so meckern können, kann es Ihnen so schlecht nicht gehen.«

»Fühl meine Hände, Anna!« Matt hob sie einen Arm. »Sehr kalt, nicht wahr?«

»Nicht sehr warm«, wich Anna aus, als sie die eiskalten Finger anfaßte. »Richtig kalt würde ich das nicht bezeichnen.«

»Du lügst schlecht! Willst du, daß die alte Kralow Fieber hat? Das würde grade noch fehlen!«

»Nein, nein, so habe ich das nicht gemeint . . .«

Annas Stimmlage machte Frau Kralow hellhörig. »Oder bist du gekommen, dich zu verabschieden? Für Paris? Gehst du doch zu Valentine d'Arbanville?«

»Absolut nicht. Warum sehen Sie immer alles negativ? Es ist ein ganz normaler Besuch, kein Abschiedsbesuch.«

»Dann ist es immer noch die Sache mit Jakob!« sagte Sonja Kralow leise.

Anna nickte unentschlossen. »Wir hätten etwas für ihn tun sollen. Das ist jetzt noch meine Meinung. Aber nun ist er endgültig weg.«

»Du hackst auf dem Thema rum wie auf Amboß!« ereiferte Sonja Kralow sich und wurde prompt von einem heftigen Hustenanfall geschüttelt.

Die Schwester drückte ihr sofort die bereitliegende Sauerstoffmaske auf das Gesicht und sagte leise zu Anna: »Sie haben eine besonders unglückliche Art an sich, jemanden außer Fassung zu bringen. Es ist besser, wenn Sie jetzt gehen. Sie sehen ja: Frau Kralow ist noch nicht belastbar – und sie darf sich auf gar keinen Fall aufregen.«

Der Friede bei Pelzers wurde empfindlich dadurch gestört, weil – nach Stefans Meinung zu unangemessener Zeit – das Telefon klingelte: während der Abendnachrichten im Fernsehen.

Außerdem war der Anruf nicht für ihn, sondern für Anna. Er nahm den Apparat, stöpselte den Stecker in die Anschlußdose der Diele und rief nach seiner Tochter.

Mit Schwung kam sie die Treppe heruntergesegelt, landete polternd vor Stefans Füßen und strahlte: »Das muß er sein!«

Stefan hielt ihr den Hörer hin und verschwand eilig, um ja nichts vom Brüsseler Agrarbericht der EG-Kommission zu verpassen, ein Thema, das ihn gewöhnlich überhaupt nicht interessierte.

Sie preßte den Hörer ganz dicht ans Ohr. »Hallo, Jakob? Hier spricht Anna!«

»Ich wollte mich bloß mal melden.« Seine Stimme klang unterkühlt, fand sie.

»Bist du in London?« versuchte sie ein Gespräch in Gang zu bringen.

»Ja.« Das klang einsilbig und zugeknöpft.

»Erzähl mal, wie es dir geht.«

»Im Augenblick hänge ich rum . . . Bei dir ist alles in Ordnung?«

»Frau Kralow liegt im Krankenhaus.«

»Schlimm?«

»Das Asthma.«

»Macht Nierich das Training?«

»Ja. Und was ist mit dem Musical?«

»Ich ruf' aus einer Zelle und hab' kein Kleingeld mehr«, sagte er hastig, um den Satz noch vor der Unterbrechung loszuwerden. »Servus.«

Es knackte zart englisch, und Anna vernahm aus dem Hörer nur noch Rauschen. Enttäuscht legte sie auf. Das war kein Telefongespräch gewesen, sondern eine Gemeinheit von ihm: formell, gleichgültig, abweisend.

Sie schlich sich ins Wohnzimmer und hoffte, keine Fragen beantworten zu müssen. Sie ließ sich in einen Sessel sinken und machte sich ganz klein.

Zuerst sah Ute ihre Tochter an, dann wandte Stefan den Kopf, und zuletzt warf Philipp ihr einen Blick zu. Die Familie, mit Annas Mimik seit einigen Jahren bestens bekannt, konnte nicht die Spur von Glück und Zufriedenheit in ihrem Gesicht erkennen. Das hieß, ein Gespräch, in dem Jakob eine Rolle spielte, war tabu.

Nach dem Wetterbericht ergriff Philipp die richtungweisende Initiative. »Macht Rainer bei dir eigentlich auch diese verrückten Sachen, Anna – bei Rot mit dem Rollstuhl über die Straße und so?«

»Ist der verrückt?« schimpfte Stefan, ohne das Fernsehbild aus den Augen zu lassen.

»Es geht ihm zur Zeit nicht gut«, sagte Anna.

»Könnt ihr ihm das nicht abgewöhnen?« fragte Ute besorgt.

Philipp machte eine Grimasse Rainers nach, wenn der im Rollstuhl losspurtete. »Es könnte sein, daß er den Unsinn absichtlich bis an die Grenze treibt. Das schlimme ist ja, daß er es immer wieder macht und dabei dann auch noch die Videokamera laufen läßt. Ich glaube, bei ihm ist etwas ausgehakt.«

»Überleg dir, was du sagst«, rügte Ute diesen Verdacht.

»Denkst du, ich sauge mir das aus den Fingern, Mama?« Philipp war gekränkt: »Der Junge steckt in irgendeiner Krise. Und weißt du, wer die Krise ist? Anna!«

»Und Jakob«, rief Stefan.

»Gute Nacht!« rief Anna beleidigt und lief wütend nach oben in ihr Zimmer.

»Na, was ist?« fragte Philipp provozierend. »Will sich keiner von euch beiden um sie kümmern? Ihr seid doch sonst immer so besorgt.«

»Wenn sie in Paris wäre, müßte sie auch allein zurechtkommen.« Stefan sprach so abgeklärt, als hätte er sich längst von seiner Tochter abgenabelt.

»Mädchen sind schnell mal deprimiert«, sagte Ute, »das gibt sich auch ebenso schnell.«

»Ist ein Mädchen deprimiert, bist du meistens angeschmiert«, gab Philipp seinen Kommentar dazu.

Stefan warf ihm einen vernichtenden Blick zu und erhob sich entschlossen. Er marschierte zur Diele. »Aber noch ist sie nicht in Paris, noch ist sie bei uns.«

Er nahm immer zwei Stufen auf einmal ins Obergeschoß, drückte Annas Türklinke, konnte aber nicht zu ihr ins Zimmer. Sie hatte abgeschlossen.

»Ich schlafe schon, Papa.«

»Ich wollte dir nur noch einen Gutenachtkuß geben«, sagte er leise gegen die Türfüllung.

»Nett von dir, aber ich sagte ja: Ich schlafe schon. Gute Nacht.«

Stefan war verwirrt und resignierte. »Na, dann bis morgen. Gute Nacht.«

Anna lag nicht im Bett.

Sie saß auf dem Teppich und studierte den Stadtplan von London.

Sonja Kralows Assistent Henning-Harald Nierich, bei Anwesenheit der Meisterin eher schlicht gekleidet und ebenso zurückhaltend in seinem Auftreten, machte über Nacht eine erstaunliche Verwandlung durch. Sein Trainingskostüm war plötzlich von körpernaher, erlesener Eleganz, und er setzte sich laut, anmaßend und selbstüberzeugt in Szene.

Er war schon immer ein hämischer Beobachter der Proben gewesen, nun konnte er jedem einzelnen Schüler genau sagen, was er, Nierich, vom ihm hielt.

Unter seiner Leitung wurde der Ballettsaal zur Zuchtanstalt umfunktioniert, in der die Tanzeleven nicht mehr ernsthaft, sondern mißgelaunt unter Zwang trainierten.

Seine Kritik, meist unberechtigt und banal, beschränkte sich nicht allein auf den Tanz, sondern schloß den Tanzenden beleidigend mit ein.

Repetitor Weber unterbrach sein Klavierspiel, weil Nierich gerade einen jungen Tänzer zurechtwies: »Herr im Himmel! Tanzen nennst du das? Wie eklig! Dein Gehüpfe reicht nicht mal für ein Gastspiel in Kötschenbroda an der Knatter – Sommerbühne, vormittags bei freiem Eintritt!«

Gestelzt nahm er gewissermaßen die Front ab, blieb vor Anna stehen und zeigte mit einem Stöckchen auf sie. »Jetzt du!«

Anna suchte Blickpunkt an der Wand, präparierte sich und drehte einige sorgfältige Tours en l'air, Bewegungen, die eigentlich in den Männertanz gehörten.

»Hübsch anzuschauen, Anna, aber schlampig ausgeführt. Hast du die Armhaltung bei der alten Valentine d'Arbanville in Paris gelernt?«

»Und bei Frau Kralow. Was ist daran falsch, Herr Nierich?«

»Alles! Und daß ich eine abweichende, eine ganz andere Auffassung vom Training habe als Frau Kralow, dürfte bekannt sein! Und jetzt bin ich euer Ballettmeister! Ist das klar?«

Anna wandte sich ab, trat in die zweite Reihe zurück und stellte sich hinter Sigrid. »Diesem Kerl werde ich es zeigen! Ich bin sowieso geladen.«

»Du kannst dir das auch leisten«, flüsterte Sigrid. »Wenn es dir nicht paßt, schwirrst du einfach nach Paris ab. Aber uns – uns macht er fertig.«

Abermals schritt Nierich von Tänzerin zu Tänzerin, bemängelte sie im allgemeinen, korrigierte aber nichts. Besonders lange ruhte sein mitleidiger Blick auf Sigrid. »Am besten, du suchst dir rechtzeitig einen Ehemann und gibst Kurse an der Volkshochschule – über Topflappenhäkeln beispielsweise.«

Für Sigrid war das zuviel. Sie spürte einen Kloß im Hals, schluchzte und rannte verzweifelt aus dem Ballettsaal. Nierich rief ihr hinterher: »Unbegabt und auch noch empfindlich! Was für einen merkwürdigen destruktiven Schwung hat Frau Kralow hier reingebracht?!«

»Das ist wirklich das Letzte!« fuhr Anna aus der Haut.

Henning-Harald, schon im fortgeschrittenen Alter, aber durch strenge Diät auf tadellose Körperform bedacht, schlug mit dem Stöckchen auf seinen Oberschenkel, als müßte er sich selbst über ein Hindernis treiben. »Ich habe dich nicht um deine Meinung gebeten!«

Anna brachte sich unter Kontrolle und sagte sachlich: »Wenn Sie so weitermachen, werden wir nicht mit Ihnen arbeiten!«

»Ich hab' wohl nicht richtig gehört? Als stellvertretender Schulleiter kann ich von meinem Recht Gebrauch machen, jeden vom Institut zu entfernen, der sich nicht einordnet! Und was willst du hier anzetteln? Eine Meuterei?«

»Frau Kralow wird Sie loben, Herr Stellvertreter! Wenn Sie sich hier auf Ihre Pensionierung vorbereiten wollen, sollte die Schule besser keinen Konkurs anmelden. Wir gehen nämlich alle!«

Nierich bekam eine rote Stirn. »Du bist eine derartig unverschämte Person, daß mir kein Vergleich einfällt! Anscheinend ist dir Paris zu Kopf gestiegen!«

»Logisch! Weil ich zu Mademoiselle Valentine aufschauen konnte. In diesem Zusammenhang, Herr Nierich: Wo haben Sie eigentlich solistisch gearbeitet? Oder waren Sie nur Gruppentänzer im Freilichttheater von Kötschenbroda?«

»Ich muß mich hier nicht rechtfertigen!« Seine Finger ballten sich in rascher Folge zu Fäusten.

»Sie können sich wohl nicht mehr erinnern? Liegt wohl auch lange zurück«, ging Anna nun bewußt über alle Grenzen.

»Du bist vom Unterricht suspendiert, Anna Pelzer!« brüllte er.

»Ich danke Ihnen, Herr Nierich.« Sie klaubte ihre Beinwärmer und eine Tasche auf und verließ, die Nummer »One« aus »Chorus Line« summend, den Trainingssaal.

Im Umkleideraum saß Sigrid und schluchzte. »Gegen so einen bin ich richtig hilflos.«

»Mach dir nichts draus. Mich hat er eben auch rausgeschmissen. Suspendiert, sagte er. So blöde ist er gar nicht – er kann sogar Fremdwörter«, versuchte Anna einen Scherz.

Sigrid lächelte, wenn auch eher verbittert. »Aber er wird dich zurückholen. Du bist doch hier der Star.«

»Ich mußte mich einfach mal abreagieren. Wenn er so weitermacht, werden wir alle nur schlechter.«

Irgend etwas in Sigrids Gesichtsausdruck störte sie. »Sag mal, findest du, daß ich eklig geworden bin oder arrogant?«

»Seit Paris kommst du direkt hinter der Königinmutter.«

»Meinst du die englische . . .«

»Nein, Frau Kralow.«

»Ich hab' sie besucht. Sie konnte schon ganz gut reden, und prompt hatten wir wieder Krach.«

Es wurde geklopft und die Tür einen Spalt geöffnet. Nierich steckte grinsend den Kopf herein. »Anna, kann ich dich einen Moment sprechen?«

»Na bitte, was habe ich gesagt?« flüsterte Sigrid.

Anna ging locker auf Nierich zu, wich jedoch zurück,

als er ihr vertraulich seinen Arm um die Schultern legen wollte.

»Unsere Auseinandersetzung vorhin war nicht sehr klug«, lenkte er ein.

»Ich habe nicht angefangen.« Anna blieb auf ihrem Standpunkt.

Nierich lachte verzeihend, verständnisvoll. »Wir sollten das abhaken unter der Rubrik ›Theaterdonner‹. Wir Leute vom Bau«, und damit bezeichnete er ausdrücklich sich, »sind eben manchmal – wie soll ich's bezeichnen – impulsiv.«

»Bei all Ihrer Impulsivität sollten Sie an die sehr kranke Frau Kralow denken und nicht ihre Arbeit zerstören. Sie kann jetzt keine schlechten Nachrichten gebrauchen.« Anna war nicht bereit, das alles so einfach zu vergessen.

»Ich werde dich in Zukunft deinem Talent entsprechend fördern«, versicherte er.

»Sehr freundlich. Mein Talent hängt an einem seidenen Faden. Den sieht man allerdings nur auf einem Röntgenbild.«

Nierich nickte wissend. »Jedenfalls ist es schön, daß wir uns wieder vertragen haben, und es ist auch nicht nötig, daß unser kleines Rencontre an die große Glocke gehängt wird, nicht wahr, Anna?«

Anna lächelte falsch, wandte sich zum Umkleideraum und sprach nicht aus, was sie dachte.

Stefan arbeitete allein in der Werkstatt. Mit einem Achatstift glich er winzige Falten in der Goldauflage eines restaurierten Stuckteiles aus. Er war so sehr in die Feinarbeit vertieft, daß er erschrak, als Anna auf einmal vor ihm stand. Er hatte mit ihr nicht gerechnet, schlimmer noch, er hatte sie und ihr verändertes Wesen verdrängt. Er wollte nicht daran denken, daß Anna von diesem Jakob geküßt worden war und die Familie in nicht zulässiger Weise an diesem schlichten Vorgang beteiligte.

So wenig Aufmerksamkeit war Anna nicht gewohnt. »Tag, Papa!« grüßte sie forsch.

Stefan antwortete nicht, sondern massierte die Goldauflage mit dem Achat in einer Weise, als sei er eigens für diese Arbeit auf die Welt gekommen.

»Du hast mich wohl nicht mehr lieb«, sagte Anna mit künstlichem Trauerknick in der Stimme.

Er blickte sie über seine Halbbrille an, und sie las in seinen Augen, daß er sie anscheinend für schwachsinnig hielt.

»Du findest mich bescheuert, was?« Das klang ernst.

Er hob die Schultern und nickte zweifelnd. »Das hast du gesagt.«

»Kann man mit dir auch vernünftig reden?«

Stefan schüttelte energisch den Kopf. »Wer eine siebzehnjährige Tochter hat, sollte tunlichst alle Vernunft begraben.«

Verärgert knallte sie ihre Tasche auf den Arbeitstisch. Im Seitenfach steckte die »Times«. Stefan wies mit dem Kinn auf die englische Zeitung. »Steht schon was über ihn drin? Eine Kritik?«

Im Augenblick durchschaute sie ihn nicht. Nahm er sie auf den Arm, oder meinte er das ganz ernst?

Sie nahm das Blatt und schlug den Veranstaltungskalender auf. Über fünfzig Theater boten mit ihren Spielplänen ein überaus reichhaltiges Programm an, ebenso das Sadler Well's, das Royal Ballet, das London Festival

Ballet und das Ballet Rambert. Aber es war wie verhext – kein Wort von »Chorus Line«, und natürlich war Jakob mit keiner Silbe erwähnt.

Stefan wartete gespannt, ob Annas Finger wie wild auf eine der Anzeigen pieken würde. Ihr Finger piekte nicht.

»Und wenn er nun gar kein Engagement hat?« gab Stefan zu bedenken. »Wenn die ihn in ›Chorus Line› nicht tanzen lassen, weil er mit dem Ensemble nicht genügend trainiert hat? Ich kann mir vorstellen, daß so etwas nicht von heute auf morgen geht.«

Da in diesem Satz entfernt Kritik an Jakobs Leistung liegen konnte, fiel Anna sofort in Verteidigungsposition: Sie setzte ein Siegerlächeln auf, hob den Arm und schnippte über ihrem Kopf mit den Fingern. »Jakob macht doch nur so!« – sie schnippste – »Dann hat er ein Engagement!«

»Wenn du das so genau weißt . . .«

»Aber du meinst ›Nein‹, was?«

»Ich werde mich hüten, Anna Pelzer. So gut kenne ich seine Qualitäten nun auch wieder nicht.«

Leicht verstört von diesem Gespräch, faltete sie die Zeitung zusammen und versenkte sie in der Tasche. »Kannst du das nicht begreifen – diese Ungewißheit macht mich ganz kribbelig. Ich weiß einfach nicht, was ich mit mir anfangen soll.«

»Dann hilf mir bei der Arbeit. Das bringt dich auf andere Gedanken. Philipp macht das auch.«

Anna strich mit den Fingern über die glatte Goldauflage. »Dazu hab' ich gar nicht die Nerven . . .«

»Streß, ja?« versuchte Stefan dem Seelenzustand seiner Tochter sehr nahe zu kommen.

»Bleib doch einmal sachlich, Papa!«

Stefan begriff, daß seine Tochter litt und daß er mit einem falschen Wort am falschen Platz nur Unheil anrichtete.

Er ging um den breiten Arbeitstisch herum und drückte sie fest an sich. »Ich habe dich trotzdem lieb, auch wenn ich mal unernst bin. Nimmt dich denn die Geschichte so sehr mit?«

Sie schnüffelte, und Stefan gab ihr sein Taschentuch. Mit unterdrücktem Schluchzen fragte sie: »Ist das eigentlich ein schlechtes Zeichen, daß Jakob mir nicht einmal seine Adresse in London gesagt hat?«

Das war keine schwierig zu beantwortende Frage für einen erwachsenen, erfahrenen Mann. Aber als Vater wußte Stefan nicht weiter: Wie war das früher gewesen, wenn er ein Mädchen nicht mehr sehen wollte? Er hatte keine oder eine falsche Adresse angegeben. Und wenn eine wirklich einmal zu Hause anrief, hatte er sich von seiner Mutter verleugnen lassen. So einfach war das. Nur: Durfte ein Vater so eine Palette der Gemeinheit seiner Tochter als die unvermeidliche Wahrheit offenbaren, oder nahm er ihr damit jegliche Lebensfreude? Vorsichtig sagte er: »Vielleicht hat er noch keine feste Adresse in London.«

»Aber irgendwo muß er doch wohnen! Oder glaubst du, er schläft unter einer Brücke?« Anna klang tatsächlich besorgt.

»Also, das glaube ich nun ganz und gar nicht. Jakob als Stadtstreicher? Das kann ich mir nicht vorstellen.«

»Aber wenn man nun an jemandem hängt, dann muß man doch das Bedürfnis haben, ihm zu sagen, wo man sich befindet. Wie war denn das, als du Mama kennengelernt hast? Habt ihr da nicht sofort telefoniert, wenn ihr euch einmal einen Tag lang nicht gesehen habt?«

»Ich war nie in London«, wich der geplagte Stefan aus.

»Du bist schon wieder unernst. Ich möchte jedenfalls wissen, wo er sich aufhält. Zu Hause habe ich probiert, mit London zu telefonieren . . .«

»Ohne eine Nummer von ihm zu haben?« unterbrach er sie skeptisch.

»Ja, ich wollte wenigstens mit den Ohren in London sein.«

»Und wen hast du als Ersatz angerufen . . .?« Stefan dachte voller Entsetzen an die Kosten eines Ferngesprächs.

»Erst mal die Fernsprechauskunft. Da lief ein Band.« Sie imitierte die Sprecherin: »›Hier Fernamt, bitte warten Sie.‹ Das kam mindestens zwanzigmal. Ich habe mich nach der Nummer der Londoner Zeitansage erkundigt. Das war aber eine Fehlanzeige . . ., die kann man vom Ausland her nicht anwählen. Die Ansage für die Wettermeldungen auch nicht. Aber den privaten Veranstaltungskalender . . .«

Stefan wies auf die »Times«. »Veranstaltungen stehen doch in der Zeitung.«

»Ich wollte hören, verstehst du? Englisch aus London hören und dabeisein.«

»Und nun?«

Anna lächelte zaghaft. »Nun will ich wissen, ob Mama als junges Mädchen auch so bekloppt war wie ich.«

Er überlegte zwei Sekunden. »Ich mußte ihr mal ihre Lieblingsplatte durchs Telefon vorspielen, weil sie nicht einschlafen konnte. Aber da war sie schon kein junges Mädchen mehr . . .« Stefan kam sichtlich ins Schwärmen.

»Papa, du hast ü-ber-haupt kein Taktgefühl!« Liebesbeweise dieser Art waren das letzte, was Anna jetzt vertragen konnte.

Rainer hatte sich für seine »Mutproben« die Straßen rund um den Englischen Garten ausgesucht. Bei jeder Spazierfahrt hielt er Ausschau nach heiklen Situationen. Die Videokamera steckte stets schußbereit auf dem Halter des Rollstuhls.

Am lästigsten waren ihm wohlmeinende Passanten, die ihm helfen wollten, an Fußgängerüberwegen auf die andere Straßenseite zu kommen. Er konnte ihnen schließlich nicht sagen, daß er nur auf die Gelegenheit wartete, auf lebensgefährliche Weise die Fahrbahn zu überqueren

Er sah auf die Uhr.

Er war mit Anna verabredet, und das Treffen versprach, eine besonders kitzlige Sache zu werden: Als er sie auf ihrem Fahrrad kommen sah, schaltete er die Kamera ein. Anna winkte und stieg ab, weil die Fußgängerampel von Grün auf Gelb sprang.

Der Fahrer des Lkw, der auf seine Grünphase wartete, trat die Kupplung, beschleunigte die Motorumdrehung und schob den ersten Gang ein. Rainer machte einen Kameraschwenk von Anna nach links auf den Mann in der Fahrerkabine hinter der hohen Windschutzscheibe.

Die Ampel schaltete auf Rot für die Fußgänger, auf Grün für den Autoverkehr.

Der Lkw-Fahrer ließ die Kupplung langsam kommen und gab Gas. Der schwere Wagen setzte sich röhrend in Bewegung. Rainer griff hastig mit beiden Händen zu und brachte seinen Rollstuhl in Schwung, die Kamera auf den breiten Bug des Lastwagens gerichtet.

Die »Mutprobe« hatte begonnen.

Der Rollstuhl nahm die abgeflachte Bügersteigkante, das rechte Rad rutschte plötzlich in einen Schlitz des Gullydeckels am Straßenrand, verfing und verkeilte sich. Der Lkw-Fahrer bemerkte das nicht.

Anna erkannte, daß Rainer sich in Todesgefahr befand, sie schrie und hatte in der Sekunde die von ihr gefürchtete »Vision« vom Unfall mit Philipp: Der Wagen überschlägt sich, wühlt den Waldboden auf. Sie wird in hohem Bogen mit Blumen und Bäumchen von der Pritsche geschleudert – wie in Zeitlupe läuft das in ihrer Erinnerung ab –, hört Glas splittern, Blech scheppern, versucht, sich in der Luft zu drehen. Grasbüschel treffen sie im Gesicht, dann landet sie hart auf dem Waldboden. Und der letzte Gedanke: »Ich hab' ein weißes Kleid an!«

Ohne zu überlegen, ließ sie ihr Rad fallen, rannte, ohne auf die startenden Autos zu achten, über den Fahrdamm zu Rainer, zerrte am Rollstuhl, bekam ihn nicht frei.

Jetzt erst trat der Fahrer des Lastwagens fluchend auf die Druckluftbremse, der Rollstuhl und das Mädchen verschwanden aus seinem Gesichtsfeld, befanden sich rechts unten im toten Winkel.

Anna packte Rainer, zog ihn aus dem Rollstuhl, die Kamera schepperte auf die Fahrbahn, wurde vom rechten Vorderrad des Lkw erfaßt und plattgewalzt.

Irgendwo in seinem Hinterkopf dämmerte es Rainer, daß er diesmal überzogen, seine Möglichkeiten überschätzt hatte. Aus angstgeweiteten Augen starrte er auf Annas Hände, die ihn festhielten.

Noch zweimal fauchte die Druckluftbremse des Lastwagens, dann stand das schwere Fahrzeug. Der Fahrer stieg aus, lief auf die beiden zu und rief schon von weitem: »Das war aber nicht meine Schuld!« Er zeigte drohend auf Rainer. »Er wollte noch bei Rot rüber!«

»Er wollte nicht rüber«, rief Anna. »Er hat auf mich gewartet, und da ist das Rad vom Rollstuhl in den Gully gerutscht. So war das!«

»Ist doch gelogen, was du erzählst, Mädel«, polterte der Fahrer und zeigte auf die kleinen Rollen des Stuhls. »Seine Vorderräder war'n ja schon vorher von der Bürgersteigkante runter!« Er zog ein buntes Taschentuch heraus und wischte sich damit über Stirn und Nacken.

Anna lief zu großer Form auf und verteidigte Rainer: »Mit so einem Riesenschlitten kutschiert man auch nicht so dicht ran und gefährdet andere! Sie haben gesehen, daß jemand da war, der behindert ist!«

»Trotzdem war es nicht meine Schuld!« Unsicher wies er mit dem Daumen auf die Kameratrümmer unter dem Laster. »Und das Ding bezahle ich bestimmt nicht!«

»Schon gut, schon gut, es ist alles in Ordnung«, sagte Rainer schwach.

»Bestimmt?«

»Ehrlich«, bestätigte Anna. »Keine Polizei, keine Anzeige, nur unglückliche Umstände, verstehen Sie? Es ist ja nichts passiert – außer dem Schreck.«

Der Mann lief zu seinem Wagen zurück, und ein paar Fußgänger, die neugierig stehengeblieben waren, zogen sich zurück. Tatsächlich, es war nichts passiert . . .

Anna holte den Rollstuhl und half Rainer hinein.

Dann holte sie ihr Fahrrad, stieg gereizt auf und fuhr auf dem breiten Fußweg im Englischen Garten einen Meter vor ihm her. »Ich hab' ja nicht geahnt, wie dämlich du bist.«

Er hielt zwar ihr Tempo, doch das rechte Rad des Stuhls eierte leicht. Sich schuldbewußt verteidigend, rief er: »Den Übergang schaffe ich normalerweise in vier Sekunden.«

»Du redest wie ein Kind. Halt lieber die Klappe!«

Der Schock der großen Gefahr, der er entronnen war, suchte sich jedoch in weiteren unsachlichen Gründen ein Ventil. »Wenn die Wagen mit einer Geschwindigkeit zwischen vierzig und fünfzig Stundenkilometern herankommen, weiß ich genau, wann ich durchstarten muß.«

»Phantastisch – aber offenbar nicht ganz genau. Du kommst mir vor wie der kleine Hävelmann.«

»Kenn' ich den?«

»Der hat gedacht, wenn er in seine Bettlaken pustet, rollt sein Babykorb wie ein Segelboot. Das ist eine Geschichte von Storm.«

»Hat nicht geklappt mit dem Pusten, was? Ich halte mich an primitivste Mathematik.«

»Ehrlich? Und du glaubst wirklich, daß deine alberne Rechnung immer aufgeht?«

»Na ja, immer ist geprahlt – heute war's gut, daß du pünktlich gekommen bist«, gab er zu.

Anna bremste, stieg ab und beugte sich zu Rainer hinunter. »Ach, nee! So einfach ist das für dich?«

Er versuchte es mit falscher Heiterkeit und vollführte mit den Händen ein paar Larifari-Bewegungen. »Du warst in meiner mathematischen Gleichung gewissermaßen die Unbekannte.«

Sie blieb in der gebückten Stellung und fuhr ihn an: »Gut, daß ich nicht so fabelhaft rechnen kann wie du. Ich würde bestimmt schon beim erstenmal überfahren werden.«

Er schaute albern nach links und rechts und fragte wie

einer, der die richtige Antwort schon weiß: »Hast du das ironisch gemeint?«

»Ja, ironisch, stell dir vor!« Sie stieg wieder auf ihr Fahrrad. »Weil ich dich nicht mehr ernst nehmen kann nach dieser Sache. Philipp hat mir schon erzählt, daß du das machst. Ich habe es nie glauben wollen. Ich habe schon die Vorführung an der schrägen Auffahrt vor deinem Haus nicht verstanden, wo Philipp sich drei Rippen gebrochen hat.«

Er bekam wieder Oberwasser. »Er mußte ja nicht vor den Rollstuhl laufen. Wenn er rechtzeitig zur Seite gesprungen wäre . . .«

Anna trat stark in die Pedale, um sich die kranke Theorie nicht anhören zu müssen. Er spurtete ihr so angstvoll hinterher, als befürchtete er, sie zu verlieren. »Wo willst du hin?«

»Ballettschule.« Anna war mehr als knapp.

Seine Hände arbeiteten an den Rädern wie Baggerschaufeln. »Darf ich mit?«

»Ich kann es dir nicht verbieten«, rief sie über die Schulter.

»Warte doch, Anna! Kann ich auch zugucken?«

»Wenn es dir hilft.«

Anna trainierte allein an der Stange. Grande ronde de jambe jetée, zuerst en dehors, dann en dedans.

Rainer hatte seinen Rollstuhl in den äußersten Winkel des Saales geschoben, um den größtmöglichen Abstand zwischen sich und Anna zu haben. Er saß nur da und schaute zu. Mit keinem Wort machte er sich bemerkbar.

Henning-Harald Nierich beachtete ihn gar nicht, als

er den Übungsraum betrat und Annas Trainingsprogramm für einige Minuten verfolgte. »Wundervoll, Anna, *superbe*! Die Woche in Paris hat dir gutgetan«, lobte er überschwenglich.

Seine Worte interessierten sie nicht, aber sie sagte sich, daß er einen Grund haben mußte.

Er kam näher und flüsterte in gönnerhaftem Ton: »In der nächsten Woche verfüge ich über eine Vakanz in der Oper. ›Schwanensee.‹ Einer von den vier kleinen Schwänen ist zu besetzen. Wenn du magst, darfst du einspringen.«

»Ich bin noch in der Ausbildung«, entgegnete sie laut und beschrieb mit dem linken Bein einen Kreis durch die II. Position nach vorn. »Und während der Ausbildung aufzutreten, ist uns streng untersagt.«

»Dann frag Frau Kralow«, lenkte er liebenswürdig ein. »Im übrigen – es wird gut bezahlt. Dreihundert Mark. Ist doch zu überlegen, oder nicht?« Anna drehte sich, um ihm zu antworten, er war jedoch schon verschwunden.

Rainer fuhr ein Stückchen zur Saalmitte und schwenkte den Rollstuhl spielerisch tanzend auf dem Parkett. »Warum hast du denn Hemmungen?« fragte er. »Ich würde es machen, wenn es da Geld gibt. Wer will das denn verbieten?«

»Es steht im Ausbildungsvertrag.«

»Und wer hat denn den unterschrieben?«

»Frau Kralow.«

Rainer machte eine Kopfbewegung zur Tür hin, durch die Nierich verschwunden war. »Er hat doch gesagt, du sollst sie fragen. Komm, mach es.«

Gedankenvoll sah sie ihn an. »Ist so eine Videokamera sehr teuer?«

Anna war in einer schwierigen Situation: Einerseits war sie so müde, daß sie kaum die Augen offenhalten konnte, andererseits wurde im Fernsehen ein Musical-Film gesendet. Unentschlossen pendelte Anna in Gedanken zwischen schlafen und fernsehen.

»Hast du dich entschieden?« wollte Ute wissen.

»Nein - sag du mir, was ich machen soll: ›Ein Amerikaner in Paris‹ ansehen oder einfach schlafen.«

»Ich kann dir nur einen Vorschlag machen: Schau mal rein in den Film, und wenn dir die Augen zufallen, legst du dich hin. Gut? Soll ich dir was zum Knabbern bringen?«

»Gott behüte, Mama, ich muß an meine Linie denken. Und ich wollte dich um etwas bitten: Kann ich für morgen einen Blumenstrauß haben? Es müßte aber ein besonders schöner sein!«

»Willst du zur Kralow ins Krankenhaus?« Ute hatte schnell geschaltet.

»Ja.«

Anna ließ sich in einen Sessel sinken und sah Gene Kelly zu »I Got Rhythm, I Got Music« inmitten einer Kinderschar steppen. »Was hat Valentine d'Arbanville gesagt?« dachte Anna. »Steptanz ist nur eine etwas umständliche Art, Mäuse totzutreten?«

»Denkst du jetzt an Jakob?« fragte Ute wie nebenbei.

»Ich denke immer an ihn!« antwortete Anna ehrlich.

Ute betrachtete ihre Tochter aufmerksam. »Willst du das jetzt wirklich sehen, oder kann ich dich etwas fragen?«

»Ich gucke nicht wirklich.«

»Den ganzen Nachmittag war bei uns das Telefon besetzt. Und als Philipp nach Hause kam, lag der Hörer neben dem Apparat. Rate mal, wer dran war? Ein Engländer. Philipp meint, es war so eine Art Programmansage für Theater und Kinos und Sportveranstaltungen. Aber in London!« Scheinheilig forschte sie: »Kannst du mir das erklären?«

Wie der Blitz setzte Anna sich kerzengerade auf. »Ach, du mein Gott! Ich hab' vergessen aufzulegen!«

»Das wird teuer«, sagte Ute trocken. »Das Geld geht von deinem Taschengeld ab. Und warum wolltest du wissen, was abends in London los ist?«

»Ich dachte, da wird gesagt, wann und wo ›Chorus Line‹ startet. Das wäre wenigstens ein Anhaltspunkt gewesen. Ich weiß ja überhaupt nicht, wo er sich da drüben aufhält.«

»Und? Weißt du es jetzt?«

»Nein. Über das Musical wurde kein Wort verloren.«

»Papa war übrigens nicht mein großer Schwarm«, sagte Ute unvermutet, und Anna wußte, daß sie ihrer Mutter nichts Neues erzählen konnte. Stefan hatte über ihren Besuch in der Werkstatt schon haarklein Bericht erstattet.

Aus Zorn über den Verrat gönnte sie ihm, daß er nicht der große Schwarm ihrer Mutter war. »Das ist ja was! Wer war es dann?«

»So ein betriebsames Bürschchen auf der Kunstschule. Er war gute fünf Jahre älter als ich. Ich bekam immer rote Ohren, wenn er nur in meiner Nähe auftauchte . . .«

»Peinlich.«

»Das kann ich dir sagen! Einmal hat er mich aus Versehen berührt – hier.« Ute tippte auf ihre linke Schulter. »Ich bin fast tot umgefallen, weil ich dachte, der Blitz habe eingeschlagen. Von diesem Moment an wollte ich irgend etwas von ihm haben . . .«

»Eine Locke?«

»Unsinn«, Ute mußte lachen. »Ich habe ein Paar Turnschuhe von dem ... ich weiß gar nicht mehr, wie er hieß, erwischt, die er immer in der Kunstschule während des Unterrichts getragen hat. Die habe ich dann zu Hause angezogen.«

»Was heißt erwischt? Gestohlen?«

»Geklaut, ja«, gab Ute fröhlich zu.

»Mama – das sind Abgründe, die sich jetzt auftun!«

»Ich habe kein schlechtes Gewissen bekommen. Als Wiedergutmachung habe ich ihm einen langen Schal gestrickt, aber ich traute mich einfach nicht, ihm das Ding zu geben. Deswegen habe ich den Schal dann selber getragen – aber irgendwie glaubte ich, es sei sein Schal.«

»Menschenskind, Mama, das ist ja fast so schlimm wie mein Telefonat nach London.«

»Darum erzähle ich es dir ja. Später erfuhr ich, daß er mich gar nicht zur Kenntnis genommen hat. Überlege mal – das ist eine schlimme Erkenntnis für eine Frau, nicht beachtet worden zu sein.«

»Aber er ...«

»Ich rede mal für dich weiter, ja?« schlug Ute vor, weil sie genau wußte, was dieses abgebrochene »aber er« bedeutete. »Du meinst, Jakob hingegen muß dich beachtet haben, denn sonst hätte er dich nicht geküßt. Oder liege ich falsch mit meiner Annahme?«

Anna tat, als sei das, was Gene Kelly als amerikanischer Maler Jerry Mulligan in Paris tat, unheimlich fesselnd.

Sie nickte jedoch.

Für eine Mutter wie Ute war es gar nicht so schwer, ihrer siebzehnjährigen Tochter nun die ganze Wahrheit zu sagen: »Küsse bedeuten nicht zwangsläufig Liebe.«

Anna wollte nun rasch das Thema wechseln. »Bei Papa hast du keine roten Ohren bekommen?«

Ute paßte sich an. »Deinen Vater habe ich damals gar nicht für voll genommen. Er behauptet allerdings, er sei zu der Zeit schon unsterblich in mich verliebt gewesen.«

»Er hat mir erzählt, daß er dir deine Lieblingsschallplatte am Telefon vorspielen mußte, weil du nicht einschlafen konntest.«

Anna war nach wie vor entzückt über diesen Liebesbeweis.

Mutter Ute schnappte nach Luft. »Also das ist ja nun wirklich ganz anders gewesen! Dein Vater ist ein riesengroßer . . .«

Anna feixte. »Sag's mal.«

»Ich werde mich hüten! Mein Lieblingslied war ›Night and Day‹ von Cole Porter. Das wußte er. Eines Nachts, kurz nach unserer Verlobung, so zwischen zwölf und eins, wo ich ganz tief schlief, klingelte plötzlich das Telefon. Ich sauste aus dem Bett, weil ich dachte, es sei was passiert. Als ich den Hörer abnahm, spielte nur das Orchester Les Brown ›Night and Day‹, und kein Mensch hat ein Wort gesagt . . .«

Anna zeigte auf den Bildschirm. »Entschuldige, daß ich dich unterbreche, schau mal hin, Paris – unten an der Seine.«

Gene Kelly und Leslie Caron tanzten zu »It's Very Clear«.

Ute kicherte und sagte: »Das soll Paris sein? Im Zweifel ist das in einem Hollywood-Atelier gedreht worden.«

»Nimm mir nicht meine Illusionen«, bat Anna.

»Ein großer Satz«, sagte Ute hintergründig.

»Wieso?«

»Denk mal scharf nach, Anna.«

Hellhörig war Anna ja, und da diese Aussprache zwischen Mutter und Tochter von Zwischentönen lebte, fand auch sie eine passende Umschreibung. »Willst du mir in allerfeinster Weise zu verstehen geben, ich soll Jakob keinen Schal stricken?«

»So ähnlich.«

»Lieber dem Rainer?« fragte Anna wachsam.

»Du kommst der Sache reichlich nahe, und darum meine ich, wir sollten das Thema jetzt nicht mehr unnötig strapazieren. Und du weißt, wer das Thema ist . . .«

Eigenhändig hatte Ute den farbenprächtigen Strauß gebunden, den Anna im Krankenhausflur vor sich her trug. Sie klopfte an die Tür von Sonja Kralow, und eine Stimme, die sie hier nicht erwartet hatte, rief: »Herein, wenn's kein Schneider ist!«

Anna drückte die Klinke herunter und sah vorsichtig ins Zimmer. Tatsächlich, da saß sie: Valentine d'Arbanville.

Anna war sprachlos bis auf zwei Worte. »Mademoiselle Valentine!«

Sonja Kralow, die noch sehr blaß war, lächelte sehr weich, und ihr gelang sogar ein Scherz. »Nun weißt du nicht, für wen sind die Blumen, ja? Für Valentine oder für Sonja?«

Da es im Krankenzimmer keine leeren Vasen gab, legte Anna den Strauß ins Handwaschbecken und sagte den Satz, den sie jetzt für angemessen hielt: »Mit herzlichen Grüßen und guten Genesungswünschen von meiner Mutter.«

»Ich hatte Frau Pelzer verboten, nach Paris zu fahren«, erläuterte Sonja Kralow für Valentine d'Arbanville.

»Dann hätte ich dir keine Blumen geschickt«, rief die d'Arbanville. »Frau Pelzer muß ein wirklich großes Herz besitzen, wenn sie dir das verzeiht. Hätte ich je eine Tochter gehabt, ich wäre ihr nicht von der Seite gewichen.«

»Aber du hast keine!« sagte Sonja schadenfroh.

»Und du?«

»Valentine, das ist unsachlich!«

Die unsachliche alte Dame aus Paris fixierte Anna und erkundigte sich: »Und wie geht es dir, mein Kind?« Ohne die Antwort abzuwarten, schränkte sie ihre Frage ein: »Sag nicht ›gut‹, das wäre oberflächlich. Du weißt nämlich nicht alles, und ich habe gewisse Informationen.«

»Valentine!« warnte Frau Kralow.

»Du bist krank, und du darfst dich nicht aufregen«, betonte Mademoiselle Valentine. »Ich rede jetzt mit Anna über Jakob. Ich gebe zu, daß man sich in diesen Kerl vergucken kann.«

»Valentine!« zeterte Sonja.

»Tu doch nicht so! Du doch wohl auch! Denk einmal vierzig Jahre zurück. Da haben dich solche Jakobs jeden Tag umschwärmt, und du hast es genossen.«

Anna wollte die Erinnerung an vergangene Primaballerina-Zeiten nicht ganz genau erfahren und lockte die d'Arbanville auf das Ursprungsthema zurück. »Er macht jetzt in London Karriere, nicht wahr?«

»Macht er nicht«, sagte Valentine hart und klopfte zur Beteuerung einmal mit ihrem eleganten Spazierstock auf den Boden.

»Macht er nicht?« fragte Anna enttäuscht. »Er war ganz sicher . . .«

»Nein.« Valentine d'Arbanville machte ein Gesicht,

als wollte sie eine Traueranzeige aufgeben. »Er hat nicht den Biß, und er hat nicht den Willen, sich durchzusetzen. Er läßt sich treiben, weil er meint, er sei der Größte. Beim Training, hörte ich, läßt er das Ensemble spüren, daß er ein klassischer Tänzer ist und das Musical und den Jazz-Tanz im Grunde seiner Seele verabscheut.«

»Valentine!« Sonja Kralow rutschte unruhig auf dem Laken herum. »Können wir nicht Thema wechseln? Zwischen Anna und mir ist immer Ärger, wenn die Rede kommt auf Jakob!«

»Dann sprich du«, gestattete die alte Dame großzügig. »Im Grunde geht mich Jakob nichts an.«

»Erzähl mir von der Schule, Anna«, bat Frau Kralow. »Mit Nierich – geht das?«

Valentine riß das Gespräch sofort wieder an sich. »Nierich? Ich hab' mich schon immer gewundert, daß du den als Assistenten genommen hast.«

Sonja hob die Hand von der Bettdecke. »Der Sinn von Besuch ist, den Patienten aufzumuntern, nicht aufzuregen!«

»Ich bin nicht krank.« Warum Valentine sarkastisch wurde, wußte sie selber nicht.

»Aber ich!«

»Du läßt dich nur hängen«, zeterte Valentine. »Ich werde den Eindruck nicht los, daß es dir gefällt, vor uns hilfsbedürftig im Bett zu liegen. Ich frage mich, ob du nach Paris gekommen wärst, wenn es mir schlechtginge.«

Anna warf sich, sinngemäß, zwischen die Duellantinnen, um noch gröbere Ausrutscher zu verhindern. »Ich hatte Streit mit Nierich.«

»Gott sei Dank«, rief Valentine zufrieden.

»Hatte ich befürchtet«, sagte Sonja. »Verrat' ich dir:

Nierich kann Leute mit mehr Talent, als er hat, nicht verknusen.«

»Der hatte überhaupt nie Talent«, schimpfte Valentine. »Er war schrecklich, das Schrecklichste, was je auf einer Bühne herumgehopst ist.«

»Aber guter Pädagoge und Choreograph«, verteidigte Frau Kralow ihren Assistenten.

Valentine war erschüttert: »Choreograph? Der? Pädagoge? Nierich? Sonja, Liebling, hör auf eine alte Frau: Die meisten Chefs nehmen sich als Assistent einen Menschen, der weniger kann als sie. Dann ist die Führungsposition nicht in Frage gestellt. Ich halte nach Assistenten Ausschau, die mehr können als ich. Ich kann dann die Arbeit delegieren und muß weniger tun. Ab heute wirst du dich zu dieser Anschauung durchringen.«

»Ich bin nicht deine Elevin!« setzte sich Sonja Kralow zur Wehr.

»Ich wünschte, du wärest es noch«, antwortete Valentine aus ganzer Seele.

Anna ging zu einem weißen Stahlrohrsessel an der Wand. »Er möchte, daß ich nächste Woche einspringe. ›Schwanensee.‹ Als einer der vier kleinen Schwäne.«

»Kommt überhaupt nicht in Frage!« rief Sonja Kralow so laut sie konnte.

Sofort zeterte Valentine: »Natürlich ist das überhaupt nicht in Frage gestellt.«

Sonja schien kurz vor einem Asthmaanfall zu stehen: »Wenn ich sage ›nein‹, dann ist ›nein‹!«

»Und wenn ich sage ›ja‹, dann meine ich auch ›ja‹!« setzte Valentine nach.

»Schon gut, schon gut!« Anna winkte den Damen beschwichtigend zu. »Ich mache es ja nicht.«

»Doch!« beharrte die d'Arbanville.

Auch Sonja blieb bei ihrer Meinung. »Nein!«

Anna fand es traurig, daß die beiden sich wegen ihr so erbittert stritten.

»Bitte, streiten Sie sich doch nicht wegen dieser unwichtigen Kleinigkeit«, sagte sie leise.

Abermals ließ Mademoiselle Valentine den Stock poltern. »Wir streiten uns nicht, wir haben eine Meinungsverschiedenheit, und das ist unwürdig! Geh einen Moment vor die Tür.«

Anna verschwand aus dem Krankenzimmer, um den beiden die Gelegenheit zu lassen, unter vier Augen eine für alle akzeptable Einigung herbeizuführen. Schließlich wollten beide nicht ihr Gesicht verlieren.

Kaum hatte die Tür sich hinter Anna geschlossen, setzte sich Valentine vom Besucherstuhl auf Sonjas Bettkante. »Natürlich wirst du der Kleinen erlauben, auf die Bühne zu gehen, und zwar aus folgenden Gründen. A: Es gibt ganz bestimmt ein paar Mark dafür, das spornt an; B: Anna hätte ganz leicht in Paris Hemd und Fahne wechseln können. Sie ist aber bei dir geblieben. Ich habe dich früher auch immer mal als Ersatz in einer Gruppe untergebracht, und du bist glücklich gewesen, wenn du etwas verdient hast. Also? Wie sieht es aus?«

»Als einer der vier kleinen Schwäne? Ich weiß nicht . . .«

»Das war damals auch dein Debüt.«

»Ich kann nicht dabeisein«, murmelte Frau Kralow. »Anna ganz allein – nicht sehr gut . . .«

»Ich mache dir einen Vorschlag, Sonja: Ich muß noch für drei Tage nach Rom. Dann komme ich zurück und erarbeite mit Anna die ganze Partie.«

»Warum stürzt du dich in Unkosten?«

»Weil sich dieser Nierich keinesfalls auf deinem Rükken profilieren darf.«

Vor der Tür kam der Stationsarzt vorbei und blieb vor Anna stehen. »Ich hörte, du bist eine Schülerin von Frau Kralow. Außer dir ist bisher niemand gekommen. Offenbar gibt es keine Verwandten. Madame d'Arbanville haben wir auf ausdrücklichen Wunsch der Patientin hergebeten.«

»Mademoiselle . . .«

»Bitte?«

»Sie legt Wert darauf, mit ›Fräulein‹ angeredet zu werden.«

»In ihrem Alter?« wunderte er sich.

»So streng sind in Paris die Bräuche. Und wie geht es Frau Kralow?«

»Es könnte ihr besser gehen.«

»Mit der Auskunft kann ich nichts anfangen, Herr Doktor«, sagte Anna mutig.

Der Arzt entfernte sich. »Und ich kann dir nicht mehr sagen – du bist keine Verwandte.«

Valentine d'Arbanville öffnete die Tür des Krankenzimmers und rief Anna zu: »Die Geheimkonferenz ist beendet.«

Anna, von der Auskunft des Arztes beunruhigt, zwang sich zu einem freundlichen, neugierigen Lächeln und deutete einen Hofknicks an. »Kann ich ein günstiges Urteil erwarten?«

Sonja Kralow warf Valentine einen schrägen Blick zu und sagte: »Du darfst auf die Bühne, und sie wird mit dir arbeiten.«

Anna riß ungläubig die Augen auf. »Nein . . .«

»Ja!«

»Phantastisch!« Doch sofort dachte sie an ihre Familie, an Rainer und seine Mutter. »Aber wo bekomme ich, Moment mal, drei, vier, fünf, sechs Karten her? Die Oper ist doch immer ausverkauft.«

»Sechs Karten?« wunderte die alte Valentine sich. »Wen willst du denn mitschleppen für die kleine Rolle?«

»Wirklich nur die engsten Verwandten und Freunde, Mademoiselle!«

Valentine d'Arbanville sah Frau Kralow an und lächelte sieghaft. »Ich möchte nicht, daß deine Eltern auch noch von mir schlecht denken, Anna.« Der Elfenbeinknauf ihres Stockes wippte in Richtung von Sonja Kralow: »Wenn ich will, bekomme ich die Intendantenloge. Kein Problem.«

»Aber was ist mit Nierich?« wollte Anna wissen.

Die beiden Damen schauten sich an, und keine Frage, bei diesem Punkt herrschte Übereinstimmung. »Nierich? Vergiß ihn!«

Direktor Fabian erhob sich von seinem Schreibtischsessel, um den angemeldeten Besucher zu empfangen, er nahm sich jedoch vor, ein Exempel zu statuieren, und das bedeutete, er mußte stehen bleiben. Im Sitzen brachte er nicht die notwendige Härte auf.

Jakob erschien, gab sich betont locker und streckte bescheiden lächelnd die Hand aus. Fabian hielt an seinen Prinzipien fest und übersah das. Handgeben bedeutete Frieden. Er wollte keinen. Steif fragte er: »Was kann ich für Sie tun?«

Jakob behielt sein Lächeln im Gesicht. »Alles, Herr Dr. Fabian. Ich bin bereit, die Ballettklasse der Howard-Schule wieder zu übernehmen.«

Das Angebot verblüffte Direktor Dr. Fabian erheblich.

»Das ist doch nicht die Möglichkeit. Sie haben, weiß Gott, Mut, junger Mann!« Er korrigierte sich: »Nein, keinen Mut, Sie haben die Stirn, mich um etwas zu bitten, was Sie mit Füßen getreten haben!«

»Ich habe Sie nicht gebeten. Ich habe gesagt, ich bin bereit.«

Fabian, dialektisch in die Enge getrieben, wandte sich dem Öl-Konterfei des Schulgründers Howard an der Wand zu. »Wir nehmen von Ihrer Bereitschaft Kenntnis, fühlen uns jedoch außerstande, Ihnen die Ballettklasse der Schule erneut anzubieten.«

Jakobs Lächeln gefror. »Was steht dem im Weg?« fragte er bedeutend aggressiver.

»Sie sich selbst.«

»Darf ich um eine Erklärung bitten?«

»Eine Erklärung? Sie tun gerade so, als wären Ränke gegen Sie geschmiedet worden, als hätten Sie ein verbrieftes Recht, an dieser Schule zu unterrichten. Ihre Forderung beinhaltet weiterhin, daß ich Ihnen dieses Recht vorenthalten will. Dazu nehme ich wie folgt Stellung: Sie haben kein verbrieftes Recht, an dieser Schule zu unterrichten, und deshalb kann ich Ihnen auch nichts vorenthalten.«

»Ich habe einen Vertrag. Er ist Grundlage meiner Existenz.«

»Ein Vertrag bedeutet, daß er von beiden Partnern eingehalten wird. Sie haben die von Ihnen unterschriebenen Auflagen gröblich verletzt. Da Ihnen diese Einsicht offenbar fehlt, gestatten Sie mir, ins einzelne zu gehen: Sie sind einfach nach Paris gefahren, ohne mich davon in Kenntnis zu setzen.«

»Ich habe Ihnen vorher gesagt . . .«

Dr. Fabian ließ ihn nicht ausreden. »Sie haben um

einen Tag Urlaub gebeten, den ich gewährte, da nach reiflichem Überlegen übergeordnete Werte im Spiel waren: Anna Pelzer. Ich darf nochmals mit meinem vorher zitierten Satz beginnen: Ohne mich davon in Kenntnis zu setzen oder sich zu entschuldigen oder Gründe höherer Gewalt anzuführen, sind Sie vier Tage Ihrer Verpflichtung nicht nachgekommen, an unserem Institut die Ballettklasse zu unterrichten. Für uns und Ihre Schüler hatten Sie sich schlicht in Luft aufgelöst.«

»Meine Anwesenheit in Paris schien dringend geboten!« rief Jakob.

Dr. Fabian stufte Jakobs Satz als nicht gesprochen ein.

»Nach Ihrer Rückkehr aus Paris sind Sie heimlich, ich betone: heimlich, hier in unserem Übungsraum gewesen und haben sich Ihre Trainingssachen geholt. Sie hielten es nicht für nötig, zumindest den Versuch zu machen, der Schule gegenüber eine Erklärung abzugeben. Wie ich auf Umwegen erfahren habe, sind Sie nach London gereist, und dort verweilten Sie mindestens eine Woche. Schien Ihre Anwesenheit dort ebenfalls so dringend geboten, daß Sie wiederum unentschuldigt unserem Institut fernbleiben mußten?«

»Darf ich fragen, woher Sie Ihre Kenntnisse bezogen haben?« wollte Jakob wissen. Seine Stimme klang jetzt unsicher.

»Es bleibt nichts geheim«, sagte Direktor Fabian.

»Mit anderen Worten . . .«

»Es bedarf keiner Worte mehr«, erklärte Dr. Fabian. »Die Howard-Schule und Sie haben sich getrennt. Damit ist auch die Frage nach der Grundlage Ihrer Existenz hinreichend geklärt, fürchte ich.«

Mit allen Morgenzeitungen des Tages unter dem Arm erschien Stefan Pelzer in seiner Werkstatt. Er zog sich in das kleine Büro zurück, blätterte emsig in den Seiten und las nur jene Stellen aufmerksam, die mit Annoncen und Werbung aus dem Kultur- und Kunstleben versehen waren.

Dann fand er, was er suchte, und rief laut und richtig glücklich: »Jawoll!«

Dann raschelte es wieder hastig, und abermals sagte er stolz und zufrieden: »Jawoll!«

Offenbar gewöhnte Stefan sich an irgendein Erfolgserlebnis, denn er sagte nichts mehr, sondern arbeitete nur noch mit einem gelben Merkstift.

Schließlich raffte er alle Zeitungen zusammen, stürmte in die Werkstatt zurück und breitete sie auf dem Arbeitstisch aus.

»Hier«, rief er und forderte Josef mit weit ausholender Armbewegung auf, einen Blick auf die Blätter zu werfen.

Josef beugte sich über den Werktisch und sah nichts anderes als bedrucktes Papier. Die Frage erhob sich für ihn: Was hatte den Chef so interessiert, daß ein guter Mitarbeiter das sofort wittern mußte? Politik? Die Seiten hatte Stefan nicht aufgeschlagen. Sport? Wohl kaum. Kultur? War wieder ein neuer Rembrandt entdeckt worden, ein falscher, wie die meisten anderen auch? Oder ein van Gogh, zu ungerechtfertigten Millionen verkauft?

»Josef!« haderte Stefan mit dem Schicksal, das sich in Gestalt von Josef eingeschlichen hatte.

Josef kam ins Schwitzen. Ehe er jedoch vollends verzweifelte, sauste neben ihm Stefans Zeigefinger auf die Anzeige des Opernhauses. »Da!«

Josef beugte den Oberkörper, setzte die Lesebrille auf, aber bevor er fündig wurde, piekte Stefans Finger auf das nächste Blatt. »Und da!«

Josef machte einen Schritt nach rechts, um das Studium in dieser Zeitung aufzunehmen, doch Stefans unerbittlicher Zeigefinger machte den dritten Dolchstoß. »Und da! Das ist doch schon was, oder?!«

»Riesig«, sagte Josef und wußte noch immer nicht, worum es sich handelte.

»Ja, riesig«, bestätigte Stefan. »Und gleich mit ›Schwanensee‹. Wahnsinn!«

Endlich hatte Josef einen Anhaltspunkt. Aufmerksam las er die Ankündigung vom Ballettabend in der Oper, und ganz unten, in der vorletzten, ganz klein gedruckten Zeile bemerkte er einen mit Stefans Gelbstift hervorgehobenen Namen: Anna Pelzer.

Nun stellte Josef die überflüssigste Frage des Monats: »Macht sie da mit?«

»Na, logisch!« polterte Stefan. »Sonst würde ja ihr Name nicht da stehen!«

Schnell wollte Josef die Scharte wieder auswetzen. »Anna Pelzer – klingt fast wie Anna Pawlowa. Die ist auch mit ›Schwanensee‹ bekannt geworden.«

»Die Pawlowa ist schon lange tot, und was die getanzt hat, hieß ›Der sterbende Schwan‹.«

»Das wär' schade um Anna«, sprach Josef mit traurigem Timbre in der Stimme. »Sie ist noch so jung.«

»Josef«, sagte Stefan milde, »wir gehen jetzt mal an den Schrank.« Im Schrank stand immer eine Flasche Medizin, deren Grundlage bayerischer Enzian war. Stefan goß ein Glas voll. »Hier, Josef, austrinken! Enzian ist gut für Schwäne!«

Josef kippte den Schnaps, sah wieder auf die kleinen

gelben Striche und sagte abermals das Falsche: »Schöner wäre natürlich, wenn da Anna Pawlowa stände. Pelzer kennt keiner ...«

»Pelzer ist ein sehr schöner, künstlerischer Name, Jo-sef!« Allein die Silbentrennung signalisierte Josef, daß der letzte Satz in dieser Sache gesprochen worden war. Vom Chef.

Repetitor Weber spielte seit zwei Stunden für Anna die Auftrittsmusik der Kleinen Schwäne, und Valentine d'Arbanville feilte an jeder Position der Arme, der Beine und des Körpers. Und immer, wenn Anna dachte, sie sei nach einem Durchgang besonders perfekt gewesen, hörte sie Valentine sagen: »Sehr gut, Anna, wirklich sehr gut. Aber jetzt werden wir die Sache einmal richtig schön machen, weißt du? Wenn man zufrieden ist, sollte man immer wieder ganz von vorn anfangen.«

»Ich kann nicht mehr, Mademoiselle.«

Weber kam ihr schnell zu Hilfe und schlenkerte seine Finger in der Luft. »Ich hab' den Tschaikowsky jetzt zum zwölftenmal gespielt. Zum zwölftenmal! Außerdem muß ich auch einmal etwas essen!«

Die d'Arbanville sah auf ihre Armbanduhr. »Je älter ich werde, um so weniger Zeitgefühl habe ich.« Kopfschüttelnd ging sie durch den Übungssaal. »Ein hungriger Repetitor, eine schlappe Solistin. Also gut, Schluß für heute.«

Kurz bevor sie zur Klinke greifen konnte, wurde die Tür von außen geöffnet. Ein etwa sechzigjähriger Mann mit weißgelockter Frisur und verbindlichem Lächeln machte eine etwas zu tiefe Verbeugung. »Habe ich das Vergnügen mit Madame Valentine d'Arbanville?«

»Seh' ich so aus?«

Der Mann wurde unsicher. »Wenn ich mich recht erinnere, ja.«

»Sie können sich also nicht genau erinnern, habe ich recht?«

Er betrachtete suchend ihr Gesicht, doch ehe er sich entscheiden konnte, sagte sie scharf: »Sie sind doch dieser Kemp! Sie sind Kulturredakteur bei irgendeiner dieser Gazetten hier gewesen. Vor dreißig Jahren haben Sie mich bei einem meiner Münchner Auftritte in der Luft zerrissen. Ich weiß sogar noch, was Sie geschrieben haben: ›Die d'Arbanville, rhythmisch nicht gelöst und auch technisch nicht immer vollkommen, kitzelte am Schluß ihres Auftritts mit diktatorischer Selbstgefälligkeit den Applaus in die Länge.‹ Das, Herr Kemp, ist auch über die Pawlowa geschrieben worden, aber man wird ihren Namen nennen, solange man vom Ballett spricht. Ich wage nicht vorauszuschauen, wie lange man sich Ihres Namens erinnern wird!«

Sie wollte an ihm vorbei an die Tür, blieb jedoch plötzlich stehen, als sei ihr etwas sehr Wichtiges eingefallen. »Sind Sie für die ›Schwanensee‹-Kritik am Mittwoch in der Staatsoper zuständig?«

»Ja, gnädige Frau.«

»Mademoiselle!«

»Gewiß, Mademoiselle.«

»Ich würde einiges von dem vergessen, was Sie über mich geschrieben haben, wenn Sie Ihr Augenmerk auf die Kleinen Schwäne richteten und ganz besonders auf den Kleinen Schwan im zweiten Akt.« Sie entließ ihn mit huldvoller Geste. »Ich danke Ihnen, Herr Kemp.«

Er war enttäuscht. »Aber ich wollte mit Ihnen ein Interview machen.«

»Über mich gibt es nichts mehr zu berichten. In den dreißig Jahren könnte ich auch gestorben sein, und Sie, lieber Herr Kemp, hätten das nicht gewußt. Sie haben mich nicht einmal erkannt. Leben Sie wohl, und denken Sie an den Kleinen Schwan!«

Er wagte abermals eine zu tiefe Verbeugung und entschwand mit wehender weißer Mähne.

»Ich habe mich hoffentlich verhört«, sagte Anna unruhig. »Sie wollten dem Mann eine gute Kritik über mich abluchsen. Das kommt gar nicht in Frage. Ich tanze, so gut ich kann, und er soll schreiben, was er will und was er meint.«

Valentine d'Arbanville hob schulmeisterisch ihren Spazierstock und dirigierte ihre eigenen Erkenntnisse. »Mein Kind, merk dir: Du kannst in deinem Beruf die Größte sein – wenn es keiner merkt, bleibst du eine Null! Es ist eine Lüge, daß das, was gut ist, allein den Weg nach oben findet. Da die meisten Menschen nicht wissen, was gut ist, muß man ihnen das immer und immer wieder sagen. Vielleicht schreibt der Mann ja ganz ordentlich – sonst wäre er nicht dreißig Jahre lang Kulturredakteur.«

Philipp erwartete seine Schwester vor dem Haus.

Mit nassem Haar stürzte sie auf den Wagen zu und vernahm die längst bekannte Rüge: »Schal um, Mütze auf!«

Er zog drei Meter gestrickte Wolle aus ihrer Tasche und wickelte ihr die um den Hals. »Wenn ich zu anstrengend für dich bin, mußt du es sagen.«

Er lächelte.

»Brüder sind immer anstrengend.« Sie hielt ihm ein

Schalende unter die Nase. »Wenn du wüßtest, wem der gehört!«

»Udo Jürgens?«

»Quatsch. Einer Frau mit Vorleben.«

Er grinste nicht sehr intelligent und kroch hinter das Steuer. »So eine kennst du?«

»Ja – Mama!«

Da er die Geschichte von Mutters früher Liebe in der Kunstschule nicht kannte, fand er das nicht besonders komisch und lenkte ab: »Ich laß bloß noch den Wagen waschen, und dann geht es sofort nach Hause.«

An der Tankstelle fuhr er langsam an die automatische Waschstraße und wartete, bis der Haken am Laufband das Auto in die Anlage zog.

»Können wir drinbleiben?« fragte Anna.

»Klar – aber mach bloß kein Fenster auf.«

Anna duckte sich unwillkürlich, als nasse Walzen auf die Karosserie trommelten, Druckduschen alles in der Gischt verschwinden ließen und endlich der Riesenfön das Fahrzeug trockenfauchte.

Am Ende der Waschstraße polierte ein junger Mann Scheiben und Lampen nach, richtete Außenspiegel und Wischer.

Anna erstarrte und flüsterte Philipp zu: »Jakob!«

Und plötzlich schauten sich alle drei mit offenen Mündern an. Jakob trat zurück, Philipp lenkte den Wagen an die Seite, und Anna stieg aus.

Jakob schaute betreten zu Boden, als suchte er ein Loch, in dem er auf Nimmerwiedersehen verschwinden konnte. »Hallo, Anna – hat nicht so geklappt, wie ich dachte. Einmal Vortanzen und sonst nur Versprechungen.«

Sie dachte an Valentine d'Arbanville: »Er hat keinen

Biß«, hatte sie gesagt. »Er läßt sich treiben, weil er meint, er sei der Größte.«

»Warst du überhaupt drüben in London?« fragte sie.

»Natürlich«, beteuerte er etwas zu eifrig.

»Aber meine Telefonnummer hattest du vergessen, ja? Und meine Adresse auch, du Feigling.«

»Es hat eben nicht gereicht. Vielleicht bin ich deshalb zu feige gewesen, mich zu melden.«

»Wenn du groß rausgekommen wärst, hättest du angerufen, ja?« rief sie ironisch. »Wenn etwas danebengeht, verkriechst du dich. Auch eine feine Art. Und was hast du jetzt vor?«

»Ich will jetzt Werbung machen, Modenschauen und so was. Morgen stelle ich mich vor.«

»So ein Schwachsinn. Und was ist mit ›Prometheus‹ und all dem, was du gemacht hast? Alles vergessen? Schmeißt du alles weg, ja? Was ist mit der Schule? Was sagt denn Dr. Fabian?«

»Fabian will mich nicht mehr.«

»Und das hier?« Sie zeigte auf die Waschanlage.

»Von irgend etwas muß ich doch leben«, sagte er trotzig.

Sie verlor die Lust, mit ihm zu debattieren. »Falls dich wenigstens das interessiert: Frau Kralow liegt noch immer im Krankenhaus.«

Jakob blickte wieder zu Boden und wischte sich seine feuchten Hände am Overall ab. »Alles Gute für dein Debüt. Ich habe es gelesen.«

»Ciao«, sagte sie, stieg wieder zu Philipp in den Wagen und sagte, bevor sie die Tür schloß: »Ich versteh' dich nicht. Du bist ein so fabelhafter Tänzer . . .«

»Du wirst bessere kennenlernen, Anna.«

Langsam kurbelte sie das Fenster runter. »Modenschau und Werbung! Eine glänzende Karriere, wirklich!«

Philipp startete den Motor und fuhr zur Kasse.

Jakob lief noch einige Schritte hinter dem Wagen her und versuchte mit einer letzten Rechtfertigung, sein Gesicht zu wahren. »Aber einmal habe ich angerufen . . .«

Ohne den Kopf zu drehen, rief Anna: »Bestimmt nicht aus London!«

Das einzige, was Sonja Kralow an diesem Mittwoch in der Zeitung fesselte, war die dick umrandete Anzeige der Staatsoper für den Ballettabend mit »Schwanensee«.

In Klammern stand sogar der französische Titel »Le lac de cygnes«. Längst hatte sie den Namen ihrer Schülerin entdeckt, von der sie eine glänzende Zukunft auf der Tanzbühne erwartete: Anna Pelzer.

Sie vergegenwärtigte sich die ersten Exercices von Anna an der Ballettstange und verglich sie mit dem Tanz dieses leichtfüßigen Wesens vor dem Prüfungsausschuß in Paris. Was für ein Riesenfortschritt, was für ein Erfolg. Und nun wurde die Ausbildung mit dem ersten öffentlichen Auftritt gekrönt.

Sonja hörte die Auftrittsmusik der Kleinen Schwäne, vernahm das Pizzicato Tschaikowskys, sah die vier Mädchen dicht nebeneinander auf Spitzen und im weißen Tütü aus der Kulisse in die Mitte der Bühne hinausgleiten.

Das sollte tatsächlich in wenigen Stunden stattfinden, und sie lag im Krankenhausbett, ohne teilhaben zu können an diesem Erfolg, der auch ihr Erfolg war. Sie spürte, sie würde nie wieder das Glück haben, eine so begabte Elevin ausbilden zu können.

»Ohne Zweifel«, dachte sie, »Anna wird eines Tages Odette, die Königin der weißen Schwäne, sein, und dann hat sie mich vergessen . . .«

Zwei, drei Tränen rollten über ihre Wange. Leise wimmernd träumte sie sich in den Pas de deux von Odette und Prinz Siegfried, die sich gegenseitig Liebe schwören, umtanzt vom Corps de ballet. Und sie ängstigte sich vor dem Zauberer Rotbart und seiner Tochter Odile, in der Siegfried seine Odette zu erkennen glaubt. Als Rotbart den Schwanensee über die Ufer treten läßt, damit die Schwäne, die Menschengestalt angenommen hatten, ertrinken, brach Tschaikowskys Musik plötzlich ab, und Frau Kralow erwachte schweißgebadet.

Mühsam stützte sie den Oberkörper in die Höhe und setzte sich schwer atmend auf die Bettkante. Einige Minuten mußte sie so verharren, bis das Schwindelgefühl vergangen war. Erst dann stand sie auf und schlurfte vorsichtig an den Wandschrank und öffnete ihn. Dort hingen die Sachen, in denen sie eingeliefert worden war, dort standen die Schuhe und das kleine Make-up-Köfferchen.

Ächzend und hüstelnd zog sie sich an, nahm das Köfferchen auf und trug es zum Spiegel am Waschbecken. Ihre Hände zitterten, als sie mit dem Schminken begann.

Es klopfte, und sie erschrak. »Wer mag das sein«, dachte sie. »Die Stationsschwester, eine Helferin, der Arzt?« Aber die hätten nach dem Klopfen sofort die Tür geöffnet, ohne ein »Herein!« abzuwarten.

»Herein?« sagte Frau Kralow zaghaft und beobachtete im Spiegel, wer wohl zu ihr wollte.

Jakob trat ein, blickte zum leeren Bett, schloß die Tür hinter sich. »Frau Kralow?«

Sie gab keine Antwort, trug bedächtig ihr Make-up auf, nahm ihn nicht zur Kenntnis.

Jetzt entdeckte er sie. »Ich glaubte, Sie seien krank und müßten im Bett liegen.«

Abermals schwieg sie, streckte jedoch den rechten Arm zur Seite und hielt Jakob den Handrücken hin. Die Aufforderung verstand er sofort, trat zu ihr, verbeugte sich, gab ihr einen Handkuß. »Ich habe das Gefühl, Sie sollten nicht aufstehen.«

Sie verteilte Rouge auf den Wangenknochen und verrieb es emsig. »Zerbrich dir nicht Kopf!«

»Haben Sie den Arzt gefragt?«

»Red keinen Unsinn!« Sie zeigte auf den Nachttisch, auf dem das Telefon stand. »Ruf Taxe! Nummer steht auf Klebezettel am Apparat.«

Während er kopfschüttelnd einen Wagen bestellte, schminkte sie sich zu Ende und bewegte sich leicht schwankend und nach Luft ringend zum Bett zurück. Sie hielt sich am Fußende fest, und als Jakob den Hörer auflegte, bat sie: »Gib mir meine Schuhe!«

Er lief zum Schrank, brachte ihr das einzige Paar, das er dort fand, und stellte es vor ihre Füße, damit sie nur hineinzuschlüpfen brauchte. »Ich weiß nicht, was Sie vorhaben und wo Sie hinwollen, Frau Kralow, aber richtig ist es sicher nicht.«

»Wartet das Taxi?«

»Sie sind sehr wacklig auf den Beinen . . .«

»Sind meine Beine! Wenn du Besuch machst, weil du schlechtes Gewissen hast wegen Paris und London, mußt du Folgen tragen, Jakob! Gib mir deinen Arm!«

»Darf ich erfahren, wohin wir gehen?«

Sie hielt sich an ihm fest. »Zu Anna!«

»Das hätte ich mir denken können«, gab Jakob zu.

»Ich habe die Anzeige von ›Schwanensee‹ gelesen. Wer hat sie denn für den Auftritt trainiert? Doch nicht etwa Nierich?«

»Valentine d'Arbanville!«

Er mußte erst einmal schlucken bei dem Gedanken, daß Anna so intensive Protektion zuteil wurde. Er versuchte, diese ihm nie angetragene Förderung abzuwerten und amüsierte sich unangemessen. »Alter französischer Adel? Vermutlich eine geborene Dupont.«

»Verbitte mir deine Albernheit, Jakob! Sie heißt Antoinette Valentine d'Albert-Gobineau et d'Arbanville!«

Anna stand hinter der Bühne. Sie war zappelig, wandte den Kopf nach links, nach rechts, interessierte sich für alles, was um sie herum geschah. Mitwirkende schoben sich vorbei. Bühnenarbeiter, Garderobieren, Maskenbildner huschten durch die Gassen. Vor dem Leuchtpult mit dem Regieplan stand der Choreograph. Abendregisseur, Inspizient und Helfer fahndeten nach letzten Fehlern, die übersehen worden waren.

Unbeeindruckt beobachtete Mademoiselle Valentine den von allen mühsam unterdrückten Streß. Sie hielt Annas Hand und suggerierte ihr damit eine gewisse Nonchalance.

»Und wenn ich falle?« fragte Anna ein bißchen zittrig.

»Wir sind nicht beim Eis-Ballett.«

»Aber mein Rücken.«

»Der ist wesentlich jünger als meiner.«

»Sie müssen ja auch nicht da raus.«

»Ein Glück. Die Leute würden nur lachen.«

Im Zuschauerraum ertönte das letzte Klingelzeichen. Die hellen Kandelaber wurden auf Dämmerungsbeleuchtung heruntergeschaltet, das Stimmen der Instrumente im Orchestergraben verstummte.

In der Intendantenloge war es für die Pelzers und für Rainer und seine Mutter ein bißchen eng. Für Sigrid war auch Platz geschaffen worden. Sie saß neben Philipp, und der tat so, als hätte man ihm die Loge zu verdanken.

Ute schweifte mit dem Opernglas über Zuschauerraum und Ränge, bis Stefan sagte: »Von hier aus kannst du Anna auch ohne deinen Feldstecher erkennen.«

Rainer kam sich ein wenig verloren vor, weil er keine Kamera hatte, um das Geschehen für die nahe und ferne Zukunft festzuhalten.

Das Licht im Zuschauerraum erlosch. Nur der Vorhang wurde von den Soffitten und fünf Scheinwerfern angestrahlt.

Dann erhellte ein Spotlight den Dirigenten im Orchestergraben. Er hob den Taktstock, und die Ouvertüre erklang.

Langsam ging der Vorhang auf.

Das Bühnenbild zeigte das Schloß des Prinzen Siegfried, der volljährig geworden ist und ein Fest feiern wird.

Das Corps de ballet, fertig zum Auftritt in den Gassen der Bühne, wartete auf das Zeichen.

Dann ertönte der Auftakt zur Festmusik – und schon verschwanden die Gruppen auf die Bühne, tauchten ein in das gleißende Licht.

Die d'Arbanville hielt noch immer Annas Hand. »Du hast noch Zeit. Vor vielen Jahren wollte Sonja auch zu früh raus.«

Gluckstend verkniff sie sich das Lachen.

Durch einen Seiteneingang hatten Frau Kralow und Jakob das Theater betreten. Niemand behelligte sie. Sonja Kralow gehörte so gut wie zum Haus.

Das Gehen fiel ihr schwer, und sie bekam kaum Luft.

»Sonst hatten Sie immer ein Inhaliergerät dabei«, sagte Jakob besorgt.

»Hilft mir nicht mehr! Aus - vorbei!«

Sie blieb erschöpft stehen und schaute zur Tür des Bühnendurchgangs, der nur zehn Meter entfernt war. Ihr schien die Distanz hundert Meter zu betragen. Eine Strecke, die für sie kaum zu bewältigen war.

Da sich keine fremden Personen mehr in den Vorräumen befanden, hielt Jakob sie unter beiden Armen fest und brachte die leichte Person fast tragend ins Bühnenhaus.

Dort schüttelte sie seine Hilfe ab und zwang sich mit eiserner Energie zum Geradeauslaufen. Jakob bewegte sich einen halben Meter vor ihr, damit sie sich notfalls stützen konnte. Niemand bemerkte, daß sie zwischen den Vorhängen der Bühnengasse erschienen.

Einer der Inspizienten tauchte bei Anna und ihren Kolleginnen auf. »Achtung! Die vier Kleinen!«

Mademoiselle Valentine spuckte Anna über die Schulter. »Toi, toi, toi!«

Die Mädchen standen nebeneinander, hatten sich die Arme auf die Schultern gelegt und hielten Blickverbindung zum Dirigenten: Auftakt zum Pizzicato! Raus!

Sonja Kralow verfolgte den Auftritt der vier zarten Mädchengestalten im hellen Scheinwerferlicht, sah sich selbst als einen der vier jungen Schwäne, identifizierte sich mit Annas Tanz. Sonjas Kopf machte exakt die Bewegungen mit, schwang nach links, nach rechts, neigte sich zu Boden.

Jakob beobachtete sie und merkte, daß sie die Augen geschlossen hielt. »Ich werde einen Stuhl besorgen.«

Frau Kralow tanzte in Gedanken weiter, doch das machte sie so unsagbar müde. »Bitte! Ich hätte bleiben sollen in Bett!«

Jakob fand einen Hocker mit hoher Lehne, brachte ihn zu Sonja Kralow und half ihr, sich zu setzen. Sie schaute auf das Stückchen Bühne, das sie sehen konnte, straffte den Oberkörper und faltete ihre Hände auf dem Schoß. Sie sah die weißen Schwäne fliegen, sich niederlassen auf dem See und menschliche Gestalt annehmen – nur ein einziger Schwan erhob sich hoch in die Lüfte und flog für immer davon . . .

Die Vierergruppe beendete den Auftritt und erntete donnernden Applaus. In der Gasse nahm Mademoiselle Valentine Anna in die Arme und drückte sie an sich. »Du warst wirklich glänzend. Ich bin froh, daß Sonja deinen ersten öffentlichen Auftritt miterlebt hat.«

Annas Herz klopfte heftig vom Tanzen. »Sagen Sie bloß, die ist heimlich aus ihrem Bett geklettert und hergekommen.«

Die alte Dame nickte lachend und wies nach hinten in die Gasse. »Ich hab' ihr das zugetraut.« Sie gingen auf Sonja Kralow zu, deren Kopf auf die Brust gesunken war, und Valentine rief: »Hat meine kleine Sonja unsere Anna doch noch gesehen, was?«

Da erst bemerkte Anna, daß Jakob in der Vorhangnische stand. Sein Gesicht war tränenüberströmt, und er versuchte nicht, sich abzuwenden.

»Sonja?« fragte Valentine ungläubig und berührte vorsichtig die Halsschlagader der Freundin. Mit verschwommenem Blick sah sie zu Anna. »Nein – Sonja ist schon nicht mehr bei uns . . .«

Ein unbehauener Stein mit Bronzelettern stand auf dem Grab. KRALOW. Sonst stand nichts verzeichnet: Kein Vorname, kein Geburts-, kein Sterbedatum. Sie hatte das so gewollt und in einer Verfügung hinterlassen.

Anna ging jede Woche einmal auf den Friedhof, brachte neue Blumen und säuberte das Grab. Jedesmal sagte sie zu Sonja: »Danke – danke für alles.«

Einmal stand Jakob am schmiedeeisernen Tor und wartete auf Anna, als sie vom Grab kam. Er blickte sie unsicher, ein bißchen linkisch an und suchte nach einer Ausrede. »Ich kann da noch nicht hineingehen – es ist wie eine Sperre.«

Anna horchte in sich hinein und fragte versonnen: »Ist dir eigentlich in den Jahren mal aufgefallen, daß die Kralow immer mit Ausrufungszeichen geredet hat? Manchmal hat sie richtig gebellt.« Sie versuchte, seinen unsteten Blick zu erhaschen. »Aber irgendwann wirst du dich sicher überwinden, ja?«

»Versprochen.«

»Was tust du jetzt?«

»Ich trainiere bei Nierich. Er macht mich jeden Tag fertig, als ob ich der letzte Anfänger wäre.«

»Sehr gut.«

»Was ist daran gut?«

»Mademoiselle Valentine hat gesagt, daß Nierich nur Leute fertigmacht, die etwas können. Aus Wut, verstehst du? Also freu dich drüber.«

Sie wickelte ihren langen Schal ab und hängte ihn Jakob um den Hals. »Schenk' ich dir, damit du dich nicht erkältest. Den hat meine Mutter mal gestrickt – ist schon ein paar Jahre her.«

»Das habe ich nicht verdient.«

Anna hatte sich seit langem innerlich weit von ihm

entfernt, und deshalb klang ihre Stimme heiter. »Mag sein, aber falls du mal wieder nach London gehst, soll er dich daran erinnern, daß du mich ab und zu mal anrufst.«

Rainer wartete vor dem Bühneneingang der Oper. Anna gehörte nun fest zum Ballett des Hauses.

Als sie mit ihren Kolleginnen auf der Straße erschien, sagte er unzufrieden: »Das war aber eine lange Probe heute.«

»Aber toll! Ich bin völlig geschafft. Laß uns gehen. Wahnsinn . . .«

»Was?«

»Na, daß ich hier einfach so rauskomme . . ., und du holst mich ab. Als ob es immer so war. Vor einiger Zeit hätte man daran gar nicht denken dürfen.«

»Dein Traum ist halt in Erfüllung gegangen.«

»Glück«, behauptete sie.

»Nee - du kannst was!«

Sie blieb stehen, er stoppte den Rollstuhl. Sie küßte ihn, aber gleich wollte er sein Lob absichern. »Wirst du trotzdem nach Paris gehen? Ich meine, so ein Stipendium schmeißt man ja nicht weg.«

»Erst mal stricke ich dir einen Schal – wird ja langsam Herbst. Und frag mich nicht solche Sachen, auf die ich keine Antwort weiß.« Sie breitete die Arme aus und tanzte um ihn herum.